Weinwandern in Südtirol

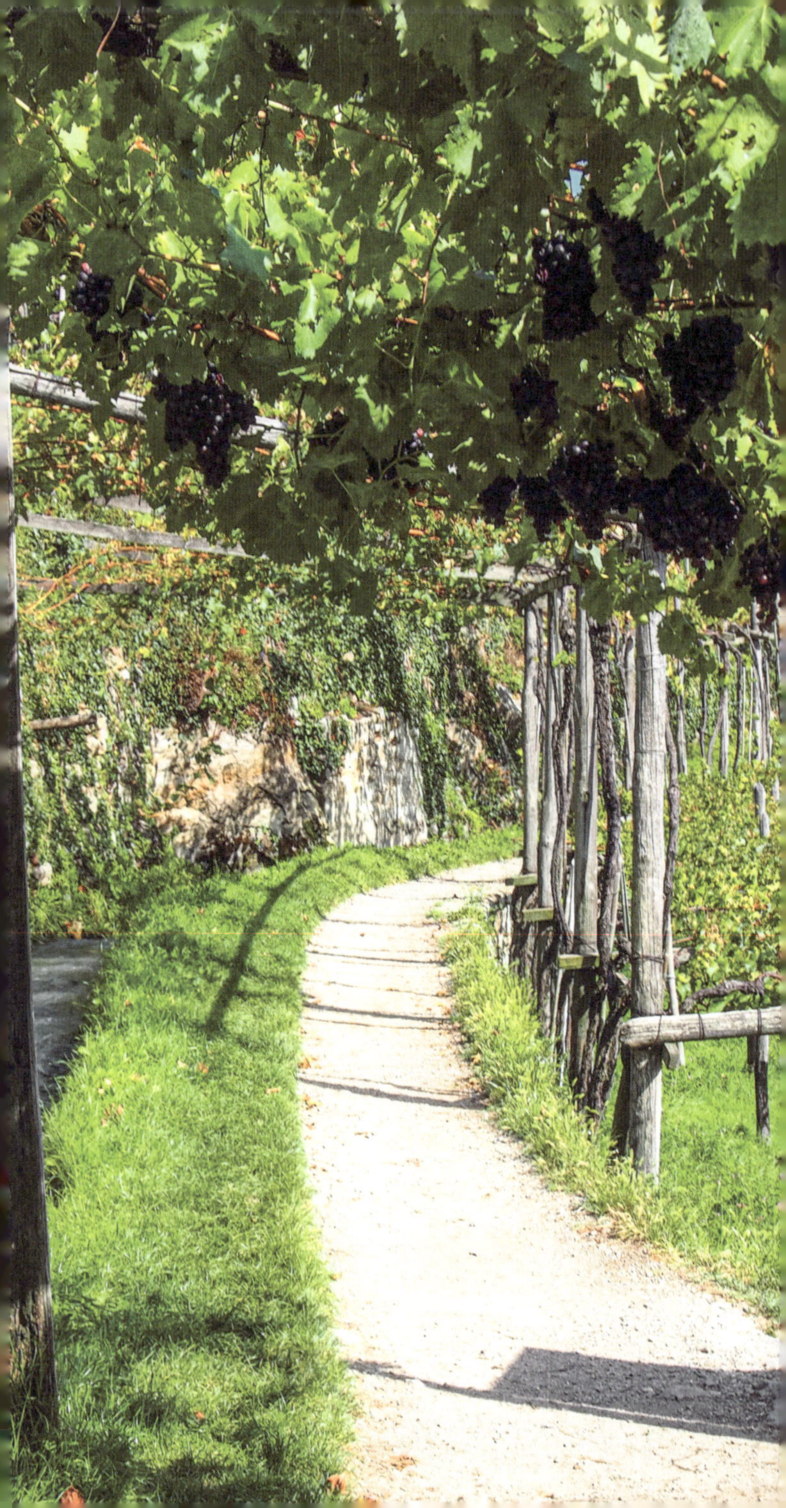

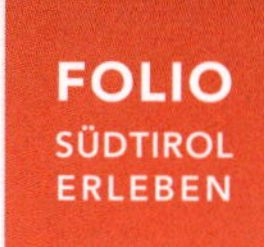

Oswald Stimpfl

Weinwandern in Südtirol

Mit Weinwissen von Walter Schullian und Einkehrtipps

Folio Verlag Wien – Bozen

Herausgegeben mit freundlicher Unterstützung der Abteilung Deutsche Kultur der Autonomen Provinz Bozen – Südtirol

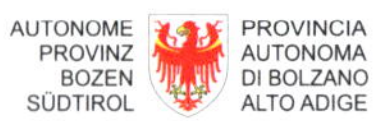

HINWEIS

Alle Angaben erfolgen nach bestem Wissen und Gewissen. Sämtliche Informationen wurden gewissenhaft recherchiert, doch Ruhetage oder Öffnungszeiten können sich kurzfristig ändern. Daher empfehlen wir Ihnen, sich vorher zusätzlich telefonisch zu informieren. Die beschriebenen Spaziergänge und Wanderungen werden auf eigenes Risiko unternommen; Autor und Verlag übernehmen keinerlei Haftung.

SYMBOLE

- Charakteristik
- Start
- Schwierigkeit
- Gehzeit
- Höhenleistung
- Strecke
- Beste Jahreszeit
- Anfahrt + Parkplatz
- Öffentliche Verkehrsmittel
- Wanderung
- Weinwissen
- Wissenswertes
- Insidertipp, Zusatzinformation

BILDNACHWEIS

Umschlagbild: Südtirol Wein / Benjamin Pfitscher
Messner Mountain Museum / Georg Tappeiner: S. 92
Tourismusverein Eppan: S. 94
Wikicommons / Noclador: S. 45
Alle übrigen Fotos stammen von Oswald Stimpfl.

Redaktion: Adele Brunner
Korrektorat: Joe Rabl
Grafikkonzept: no.parking, Vicenza
Satz und Druckvorstufe: Typoplus, Frangart
Kartografie: Casa editrice Tabacco Srl, Tavagnacco
Printed in Italy
ISBN 978-3-85256-845-4

www.folioverlag.com

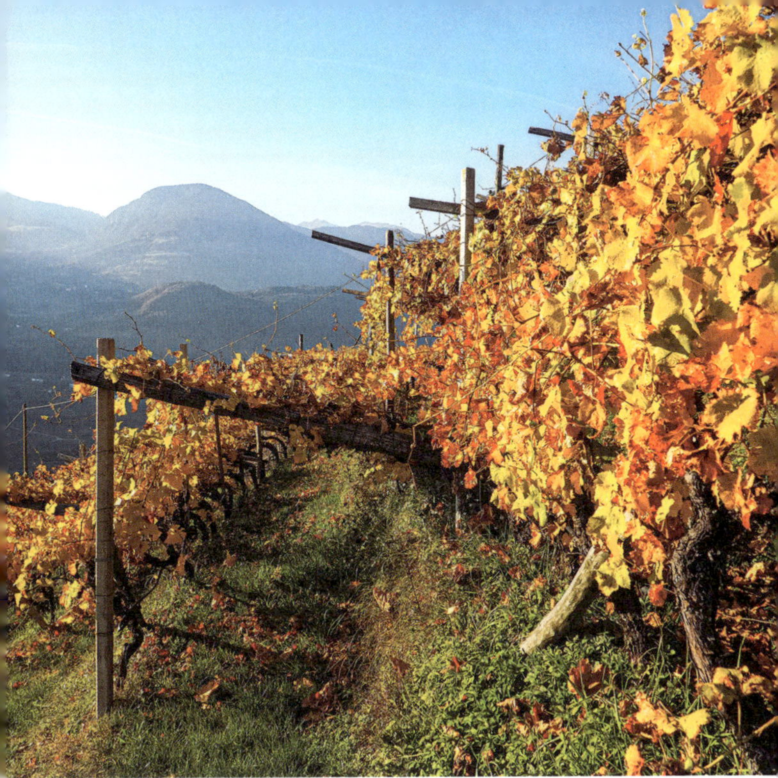

Inhaltsverzeichnis

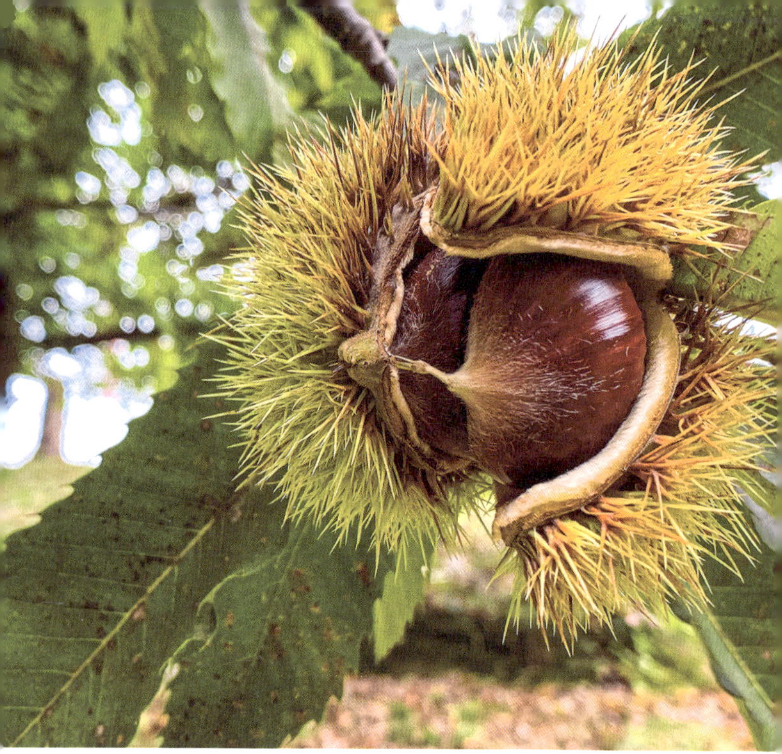

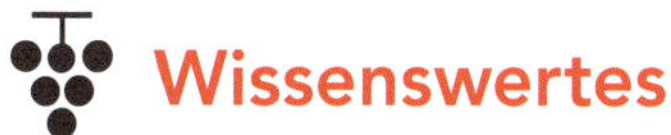

Wissenswertes

rund um das Thema Südtiroler **Wein** vom Experten **Walter Schullian**

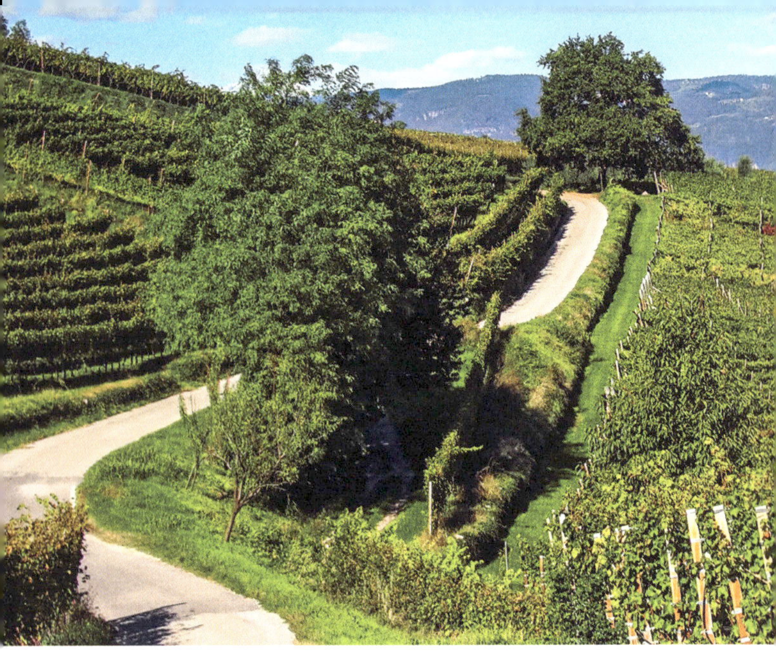

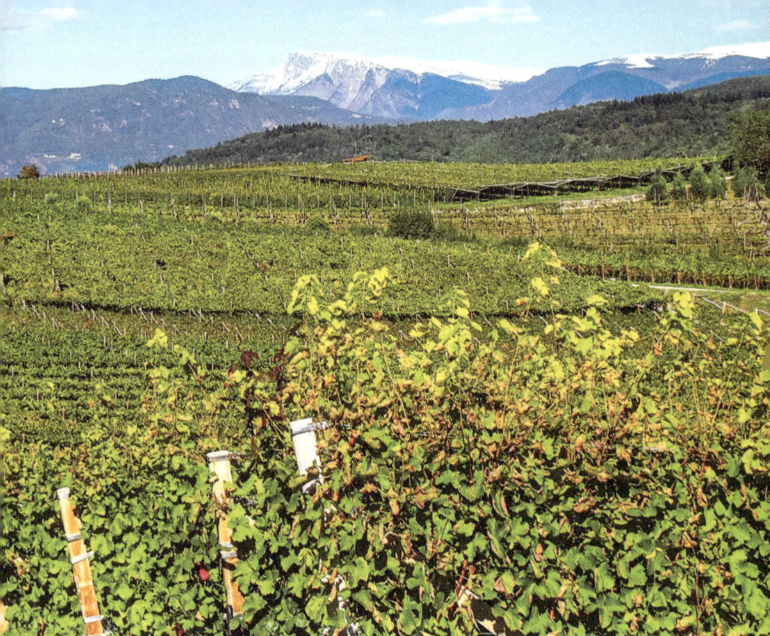

Vorwort

Gehen Sie mit mir auf Entdeckungsreise durch Südtirols Weinlandschaft! Hier klettert die Rebe in ihren verschiedenen Sorten von den tiefen Lagen des Etschtals mit mediterranem Klima auf sonnenexponierten Steillagen bis auf (fast alpine) 1.000 m und mehr hoch. Und vielfältig präsentiert sich auch die Landschaft: Wir wandern unter den Klostermauern einer Benediktinerabtei im obersten Vinschgau, durch die Rebberge an den Hängen um Meran und Brixen, durch die sanften Weinlandschaften am Kalterer See, im Unterland und Überetsch im Süden Südtirols, und durch das Eisacktal, das Tal der Weißweine. Dabei werden wir auf unseren Wanderungen nicht nur die vielfältigen Weine und die facettenreiche Landschaft kennenlernen, sondern auch die besondere Lebenskultur der Menschen. Denn eines ist sicher, wo Wein wächst und getrunken wird, lebt ein besonderer Menschenschlag: gastfreundlich, offen, traditionsbewusst, aber auch innovativ, jedenfalls genussorientiert. Wir kehren deshalb bei unseren Ausflügen bei Winzern und in ausgewählten Gaststätten und Buschenschänken ein, zusätzlich weiß der Weinexperte Walter Schullian zu jedem Ausflug Wissenswertes über den Wein.
Lassen Sie sich inspirieren, wir wünschen Ihnen schöne, genussvolle und kulinarische Wanderungen durch Südtirol!
Oswald Stimpfl

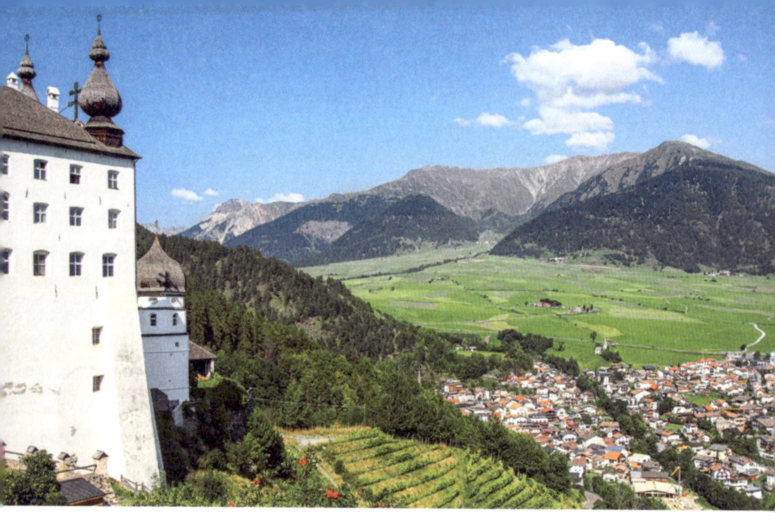

1 Zum Kloster Marienberg

Der höchste Weinberg Europas

Wir sind im äußersten Nordwesten von Südtirol unterwegs, es ist eine rekordverdächtige Wanderung. Niemand würde hier ein Weingebiet vermuten, und doch, auf den Südosthängen unterhalb des Klosters Marienberg liegt ein großer Weinberg auf 1.340 m, der höchstgelegene Europas. Das Kloster selbst ist seinerseits die höchstgelegene Abtei Europas und ein Konzentrat aus Kunst und Kultur, ein Besucherziel sondergleichen.

Wir starten in Burgeis, an der Etschbrücke, gehen zwischen der Sennerei und der Raiffeisenkasse ins Dorfzentrum und biegen rechts auf den Dorfplatz mit dem Michaels-Brunnen ab. Rechts davon liegt das stilvoll umgebaute Hotel Weißes Kreuz, gegenüber jenes zum Mohren. Schöne alte Häuser säumen dann die Dorfgasse, die fresken- und blumengeschmückten Fassaden geben ein stimmungsvolles Bild. Wir verlassen das Dorf, Achtung, die Straße wird auch als Radweg genutzt. Bei der Etschbrücke geht es rechts in die Sportzone und zum Sportplatz, wir nehmen jedoch den Feldweg, der links bergauf geht (Markierung „Marienberg", „Sonnensteig"), er führt durch schütteren Lärchenwald und über Lichtungen und Weiden in ebener Hangquerung zum Kloster Marienberg. Nach Einkehr und Besichtigung wandern wir südwärts, oberhalb des großen Weinbergs vorbei zur Autostraße nach Schlinig, überqueren sie und biegen dann scharf links in den Klostersteig (Nr. 1) ein, der uns oberhalb der Fürstenburg wieder nach Burgeis zurückbringt.

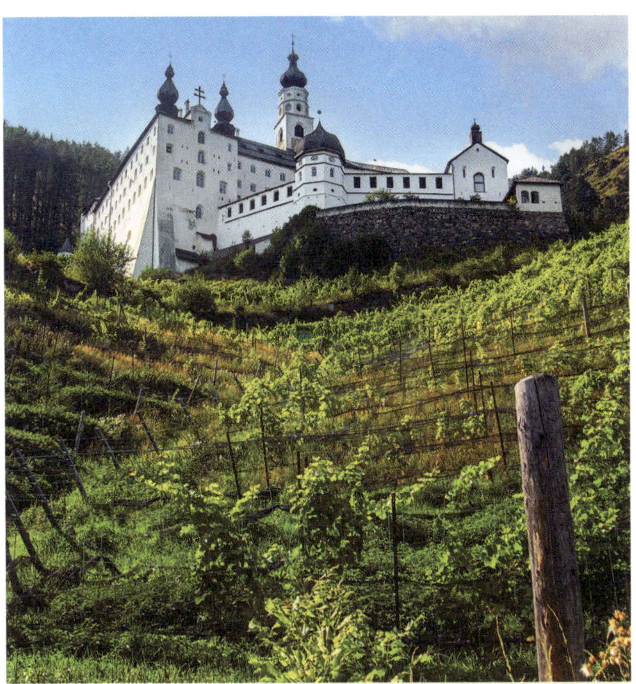

Der höchste Weinberg Europas beim Kloster Marienberg

Die optimale Sonneneinstrahlung und das trockene Klima im oberen Vinschgau machen es möglich, auf den steilen Südosthängen des Klosterbergs von Marienberg oberhalb von Burgeis auf 1.340 m Höhe einen Weinberg anzulegen und Wein zu keltern. Ein Rekord, es ist der höchste Weinberg Europas. Die meist früh reifenden, gut frostresistenten und pilzwiderstandsfähigen Reben (» siehe auch PIWI-Reben, S. 51) der weißen Sorten Solaris und Souvignier Gris und der rote Cabernet Carbon sind die Hauptdarsteller in diesen extremen Berglagen. Die Winzerfamilie Van den Dries bearbeitet den Weingarten naturnah und im Zeichen eines respektvollen Umgangs mit der Natur. „In unseren Weinbergen soll es nicht nur den Reben, sondern auch allen anderen Lebewesen gut gehen", ist ihr Motto. Im Weingut Calvenschlössl der Van den Dries, am Fuß des Klosterbergs, werden die Weine spontan vergoren, so spiegeln sie in einzigartiger Weise das Terroir wider.

Benediktinerstift Marienberg, Schlinig 1, Mals, www.marienberg.it
Weinhof Calvenschlössl, Laatsch 102, Mals, www.calvenschloessl.eu

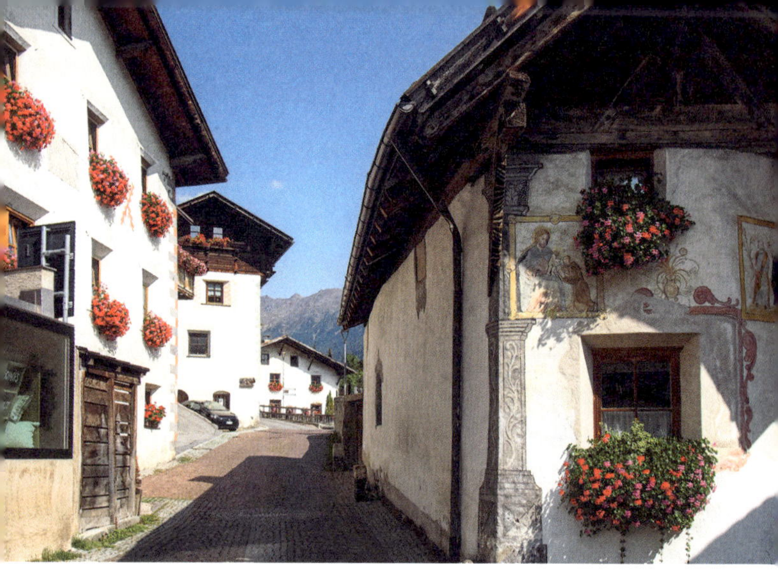

Burgeis, ein Bilderbuchdorf

Das typische rätoromanische Haufendorf duckt sich mit seinen ineinander verschachtelten Häusern an den Höhenzug des Watles, beschützt vom wuchtigen Kloster Marienberg und der Fürstenburg, der einstigen Residenz des Hauptmanns der Churer Fürstbischöfe. Wer durch die verwinkelten Gassen bummelt, wird kunsthistorisch interessante Details erkennen: Erker, Torbögen, Fresken und Freitreppen. Die Pfarrkirche zu Unserer Lieben Frau birgt neben Fresken von Conrad Waider kunsthistorisch Einmaliges wie die geheimnisvollen steinernen Köpfe aus der Romanik am kleinen Seitenportal.

Kloster Marienberg

Seit dem 12. Jh. leben in der höchstgelegenen Benediktinerabtei Europas auf 1.350 m westlich von Burgeis Mönche nach den Regeln des hl. Benedikt. Das Kloster war das kulturelle und geistige Zentrum des Obervinschgaus. Der mächtige, weiß leuchtende Bau beeindruckt durch seine Geschlossenheit und die hohe, fensterreiche Fassade, die ihn wie eine Festung erscheinen lassen. Sehenswert sind die Stiftskirche und das moderne Museum. Die prachtvollen Fresken mit Engeldarstellungen in der Krypta bilden eindeutig den Höhepunkt der Klosteranlage (zu besichtigen nur im Rahmen der Vesperliturgie). Innenhof, Kutschenausstellung und Kirche sind frei zugänglich.
Das Kloster gibt sich weltoffen, mit einem modernen, gut geführten Klostercafé und Übernachtungsmöglichkeit im komfortablen Gästehaus. Schlinig 1, Mals, Tel. 0473 831306, www.marienberg.it

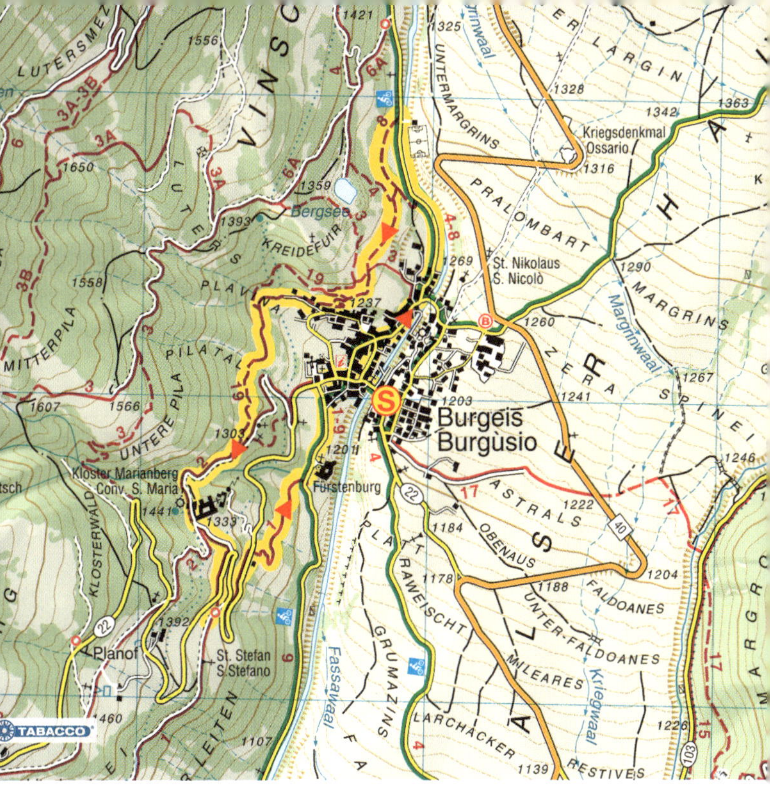

EINKEHRTIPP

Natürlich kehren wir stilvoll im **Klostercafé** ein, dazu wurde die an die Klostermauern angrenzende ehemalige Klostersäge modern und gemütlich umgebaut. Museumsleitung und Verwaltung, Tel. 0473 843989, www.marienberg.it

INFOS IN KÜRZE

- Einfache Rundwanderung in außergewöhnlicher Landschaft
- Burgeis, bei der Dorfeinfahrt an der Etschbrücke, 1.206 m
- Leicht
- 1 h 40 min
- 185 Hm
- 4,9 km
- Frühjahr, Sommer, Herbst
- Von der Reschenpassstraße, der SS 40, nach Burgeis abfahren
- Auch mit Linienbus erreichbar, Fahrplan: www.suedtirolmobil.info

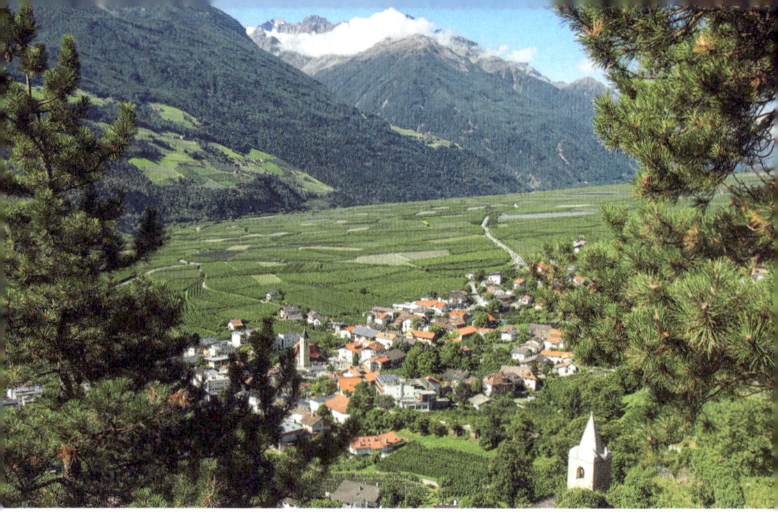

2 Von Schlanders nach Kortsch

Auf den Schlanderser Sonnenberg

Schlanders, der geschäftige Hauptort des Vinschgaus, duckt sich an den schützenden steilen Sonnenberg, im Rücken kletterten auf schmalen Terrassen einst Weinberge den Hang hinauf. Leider wurden die Weinberge vor etlichen Jahrzehnten gerodet und auf den meisten der von schönen Trockenmauern gestützten Terrassen Apfelbäume gepflanzt. Aus den Bergen fließt der Schlandraunbach aus dem gleichnamigen schluchtartigen Tal, von einem Felsvorsprung schaut die Burg Schlandersberg übers Land. Dieses besondere Stück Landschaft erkunden wir auf einer Wanderung, bei der sich zwei Waalwege, ein steiler Bergsteig, Dorfgassen und eine Promenade zu einem wunderbaren Rundweg verbinden.

Wir starten in der Sportzone von Schlanders und gehen auf der Wasserschutzmauer des Schlandraunbachs auf den Berg zu. Am Ende der Schutzmauer wechseln wir das Ufer und wandern auf der Ostseite des Bachs bergauf, bei der Wegkreuzung halten wir uns links (Markierung Nr. 3). In Serpentinen geht es nun steil die felsdurchsetzten Trockenhänge empor, bis wir zur Trasse des Ils-Waalwegs gelangen. Dieser führt nun durch die felsige Flanke des Sonnenbergs mit wunderbarer Talsicht bis zur Ägidius-Kirche. Von St. Ägidius steigen wir zur asphaltierten Sonnenbergstraße ab, überqueren sie und folgen der Markierung Nr. 6A kurz steil bergauf. Bald haben wir die Trasse des Zaalwaals erreicht und folgen dem Steig gegen Wes-

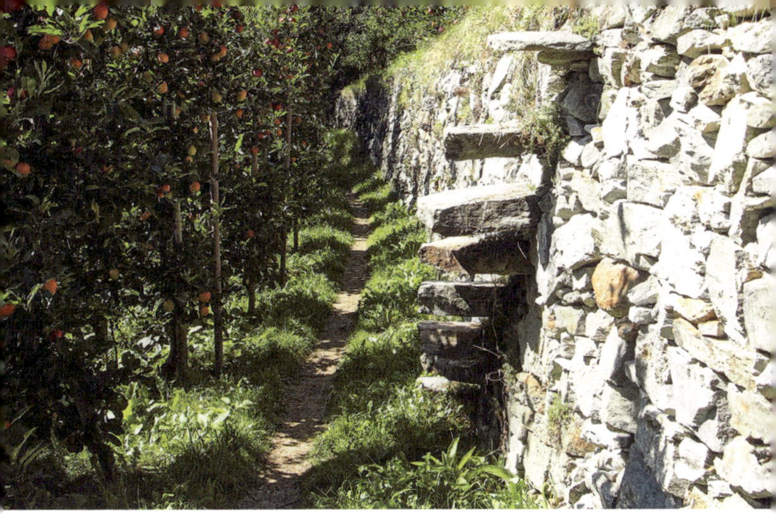

ten. Er quert den felsigen Sonnenhang, dem die Bauern durch den Bau von Trockenmauern schmale Terrassen abgerungen haben. Einst wurden Korn und Weinreben angebaut, heute gedeihen hier meist Apfelbäume. Unterwegs kommen wir an zwei verlassenen Mühlen vorbei, bald sind wir am Sportplatz angelangt, wo der Waalkanal in Röhren verschwindet. Wir biegen links ab, die Straße nach Kortsch ist als „Jakobsweg" (Nr. 15A) markiert. Schon tauchen die ersten Häuser auf, alte Bauernhöfe, zum Teil schön renoviert, manche mit interessanten architektonischen Details, säumen die Gassen. Nach der Einkehr im Gasthof Hotel Sonne gehen wir zur Vinschgauer Staatsstraße, folgen ihr etwa 100 m am Gehsteig (Hinweisschild „Fußweg Schlanders") und biegen in die Tanleggstraße ab, einen Fußweg, der uns an Wohnhäusern entlang zu einer Schule bringt. Nun folgen wir beim Wegkreuz dem Wegweiser „Sonnenpromenade",

Zweigelt, ein Rotwein für die Berge

Im Vinschgau und im Eisacktal ist sie immer wieder anzutreffen: die Zweigelt-Rebe. Die rote Rebsorte wurde von Fritz Zweigelt (1888–1964) an der Weinbauschule in Klosterneuburg gekreuzt, sie ist die häufigste Rotweinsorte Österreichs. Zweigelt wird auch in den höheren Lagen Südtirols wegen seiner relativ guten Frosthärte gern angebaut. Die Traube ergibt einen farbintensiven, vollfruchtigen, schmeichelnden und harmonischen Wein, der sich im Idealfall auch gut für den Ausbau im Holzfass eignet. Manche Winzer bieten ihn auch als Rosé an.

☞ Guten Zweigelt trinken Sie beim Weingut **Rebhof** von Leo Forcher in Galsaun, Kastelbell-Tschars, www.rebhof-vinschgau.com

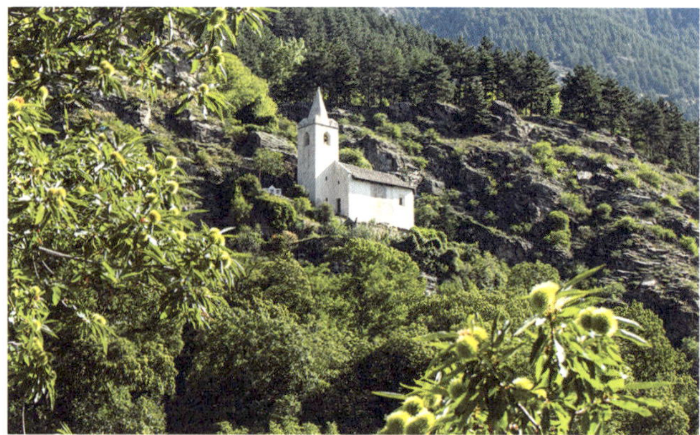

St. Ägidius

Der Weg führt am idyllisch auf einem Felsabsatz oberhalb von Kortsch auf 860 m gelegenen St.-Ägidius-Kirchlein vorbei, ein mystischer Platz. Auffallend sind die weiße Fassade und der weiß gekalkte Turm. Die Kirche stammt aus dem 13. Jh. und war ursprünglich dem hl. Vigilius geweiht. An der Außenfassade befindet sich ein riesiges Fresko des hl. Christophorus. Auch das Innere, leider nicht zugänglich, zeigt Freskenschmuck, die ältesten Wandmalereien stammen aus dem Jahr 1280. Die Kortscher nennen den Felsen, der sich hinter dem Kirchlein erhebt und nach drei Seiten steil abfällt, den „Schatzknott". Einst stand hier eine Burg, von der noch kümmerliche Mauerreste zu sehen sind. Am ersten Fastensonntag wird an diesem Platz der alte Brauch des „Scheibenschlagens" praktiziert: Dabei werden in der Dämmerung kleine glühende Holzscheiben mit Ruten ins dunkle Tal geschleudert, begleitet von allerlei Sprüchen.

Kortsch, ein altes Straßendorf

Bis zum Bau der Umfahrungsstraße 1943 führte der gesamte Nord-Süd-Verkehr durch das Dorf. Kortsch, Fraktion von Schlanders, war bis 1926 eine eigene Gemeinde und wichtiger Stützpunkt an der Straße, mehrere, inzwischen aufgelassene Fuhrmannsgasthäuser zeugen von der goldenen Zeit. Vor einem halben Jahrhundert wurden die buckeligen, mageren und schlechten Weideböden am Nordwestgürtel im Zuge einer Flurbereinigung planiert, Grundparzellen zusammengelegt und Obstbäume gepflanzt, die aufblühende Obstwirtschaft brachte den inzwischen sprichwörtlichen Wohlstand in das Bauerndorf.

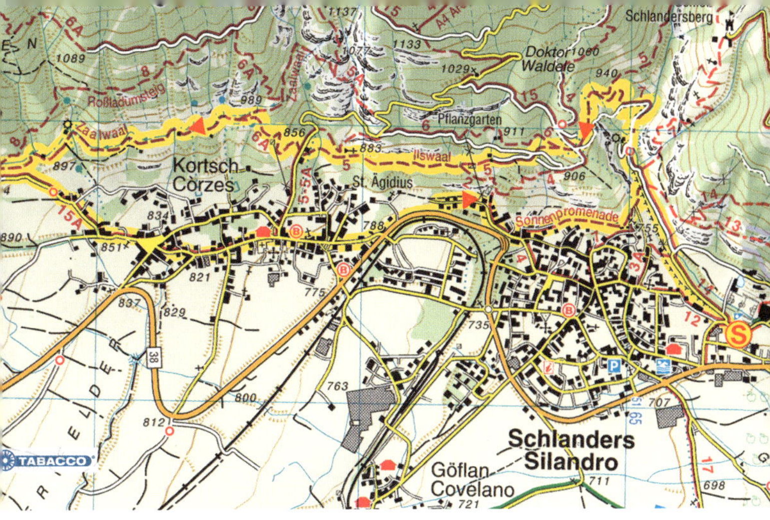

er bringt uns zu einem breiten, ebenen, herrlichen Spazierweg. Am Köstenwaal entlang wandern wir in östlicher Richtung, über den Dächern von Schlanders, zwischen Kastanienbäumen und über steile Apfelwiesen, zum Schlandraunbach und auf dessen Dammkrone zum Parkplatz zurück.

EINKEHRTIPP

Das Dorfgasthaus **Sonne** hat sich zu einem familiären Hotel gemausert, im Restaurant und kleinen Gastgarten kehren gern Passanten ein. Schmiedgasse 12, Kortsch, Tel. 0473 730100, www.gasthof-sonne.info, Di. Ruhetag

INFOS IN KÜRZE

- Abwechslungs- und aussichtsreich, Kombination einer Wanderung durch typische Vinschgauer Sonnenberglandschaft auf Waalwegen mit einem Dorfspaziergang und einem Abstecher zu einer mystischen Höhenkirche
- Schlanders, Sportzone, 710 m
- ** Mittel, steiles Anfangsstück
- 3 h
- 340 Hm
- 8,2 km
- Frühjahr, Sommer, Herbst
- Auf der Vinschgauer Staatsstraße bis Schlanders, an der Dorfeinfahrt scharf rechts ab zum gebührenpflichtigen Parkplatz beim Schwimmbad in der Sportzone
- Schlanders ist mit Bahn und Linienbus erreichbar, Fahrplan: www.suedtirolmobil.info

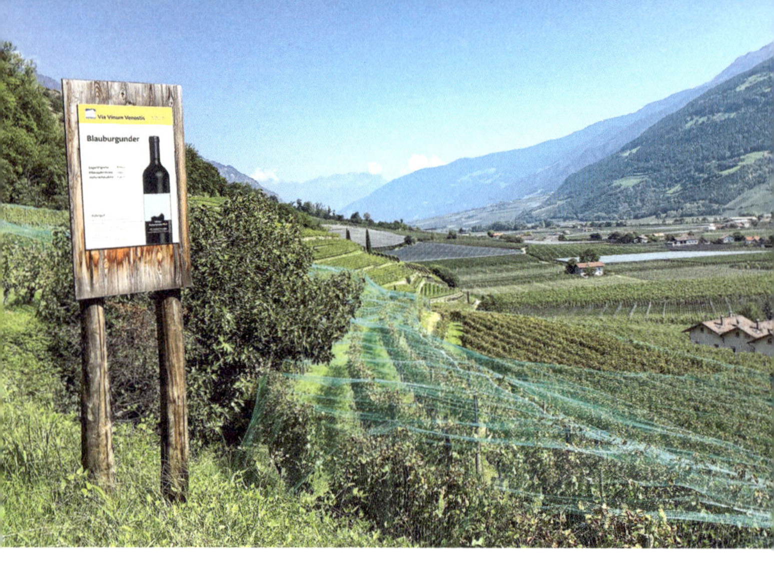

3 Von Kastelbell nach Tschars

Ein Stück auf der „Via Vinum Venostis"

Am Fuß des Sonnenbergs, zwischen Kastelbell und Tschars, breiten sich schöne Weinberge aus. Darüber, wo der Laubmischwald anschließt, verläuft neben einem Waal, einem kleinen Bewässerungskanal, ein wenig begangener Waalweg. Auch im Vinschgau wurde ein Weinweg angelegt, die Via Vinum Venostis, wir sind auf Teilen dieser Route unterwegs. Es ist keine schweißtreibende, anstrengende Wanderung, die wir da unternehmen, sondern ein gemütlicher Halbtagsspaziergang. Auch im Sommer ist er eine gute Wahl, verläuft der Weg doch zum größten Teil unter schattigen Bäumen.

Wir starten vom Bahnhof in Kastelbell, die Wanderung endet dann am Bahnhof von Tschars, wir sind also umweltbewusst mit Öffis unterwegs. Wir überqueren Etsch und Staatsstraße, beim Dorfbrunnen mit der großen Platane gehen wir über die Gasse Im Winkel auf den Berg zu, dabei folgen wir den Schildern zum Köfelgut und dem Wegweiser „Tschars". Am großen landwirtschaftlichen Betrieb Köfelgut vorbei steigt der Weg durch Laubwald und längs eines Weinguts bergan, bis die Höhe eines Waalwegs erreicht ist. Wir entdecken Hinweisschilder, die uns aufklären, dass wir auf dem Vinschger Weinweg, der „Via Vinum Venostis", unterwegs sind. In den Weinbergen wachsen Blauburgunderreben, die hier beste Voraussetzungen vorfinden. Das Wasser im Waal wird unterhalb von Goldrain

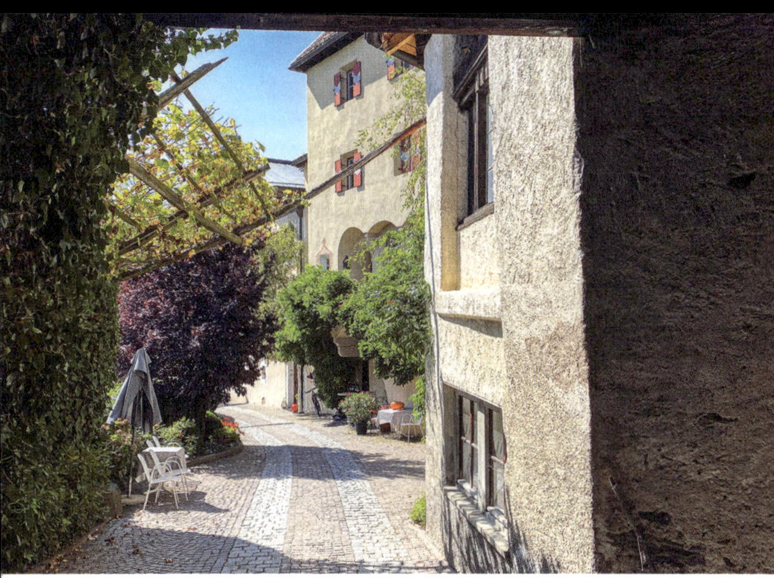

von der Etsch abgeleitet, wir sind am Unterlauf des Latschanderwaals in Fließrichtung des Wassers unterwegs. Er bewässert Obst- und Weingärten zwischen Galsaun und Kastelbell. Nach einer knappen Gehstunde und der Überquerung eines Bachgrabens möchten uns die Wegweiser nach Galsaun zu etlichen Weinhöfen schicken, wir bleiben aber auf dem hangquerenden Weg, der nun an einem trockenen Waalkanal entlang verläuft. Einst führte der Waal Wasser, das aus dem Schnalstal kam, nun verläuft dieses Schnalser Wasser unterirdisch in Rohren. Geblieben ist der ebene Begleitsteig, der mit großartigen Ausblicken auf den Vinschgau durch Kastanienhaine nach Tschars führt. Der Kirchturm des Dorfs ist bereits in Sicht, ein Güterweg bringt uns durch Obstanlagen zu den Häusern. Wir steigen über Dorfgassen und Abkürzungen zur Vinschgauer Staatsstraße ab, überqueren sie und sind am Bahnhof von Tschars angelangt.

Die Ruine Hochgalsaun

Nicht direkt am Weg, aber mit einem kleinen Abstecher von 15 min ist die auf einem Felsrücken liegende Ruine Hochgalsaun zu erreichen. Bereits 1262 erwähnt, wurde die Burg bei einer Revolte des oppositionellen Tiroler Adels durch die Truppen Friedrichs IV. zu Beginn des 15. Jh. erobert, zerstört und nie wieder aufgebaut. Wenig tiefer liegt auf einem Felszahn, „Kirchknott" (Kirchenfelsen) genannt, die Ruine der Burgkapelle. Beide sind von unserem Weg aus gut zu sehen. Friedrich IV. übrigens war Graf von Tirol und trug den populären Beinamen „mit der leeren Tasche".

Der Vinschgauer Weinbau, Ausdruck von Individualität

Der Vinschgau ist mit knapp 500 mm Jahresniederschlag, das ist etwa halb so viel wie in den meisten anderen Weinlagen, eines der trockensten Alpentäler. Dazu weht oft der gefürchtete Vinschger Wind, der die Böden zusätzlich austrocknet. Da müssen die Reben tief wurzeln, eigentlich eine gute Voraussetzung für besondere Weine! Seit über 800 Jahren wird im Vinschgau nachweislich auf den eher kargen, schiefrigen, gneisigen und sandigen Böden Wein angebaut. Der heutige Stand liegt bei 85 ha, Tendenz steigend, auch dank der DOC-Einführung 1995, welche die Weine aus dem Vinschgau gesondert anführt. Der Preisverfall bei den Äpfeln hat zusätzlich bewirkt, dass neuerdings mehr Reben gepflanzt werden, es lohnt sich wieder! Besonders auf den sonnigen Hängen rund um Vetzan, einer Fraktion von Schlanders, gedeihen Weißburgunder, Chardonnay und in den Höhen der Kerner. Aber auch Riesling und Ruländer, Blauburgunder, Vernatsch und Zweigelt wachsen bei Latsch, Kastelbell, Naturns und bis Partschins, in der Nähe Merans. Durch das kühle Klima wird „Cool Climat"-Weinbau betrieben, die Weine zeichnen sich durch eine knackige Säure, fruchtige Frische und einen filigranen Abgang aus.

☞ Die Vinschger sind für ihren Individualismus bekannt. So hat jeder Weinbetrieb seine Besonderheit, Ausdruck des starken Charakters der einzelnen Winzer. Zu den herausragenden Betrieben gehören unter anderen: das **Weingut Falkenstein** in Naturns, Winzer Franz Pratzner ist ein Riesling-Pionier, www.falkenstein.bz
Zu den Gütern von Juval, dem Wohnsitz von Bergsteigerlegende Reinhold Messner, gehört der Unterortlhof, aus dessen Steillagen Gisela und Martin Aurich mehrfach prämierte Spitzenweine zaubern. **Weingut und Hofbrennerei Unterortl Castel Juval**, www.unterortl.it
Leo Forcher vom **Rebhof Kastelbell/Galsaun**, einer der immer an den Vinschger Wein geglaubt hat, www.rebhof-vinschgau.com
Familie Fliri, die in Kastelbell/Tschars neben dem Weingut auch einen Buschenschank betreibt: **Himmelreich-Hof**, www.himmelreich-hof.info
Am **Befehlhof** in Schlanders/Vetzan wird neben neuen auch der alten Sorte Fraueler Reverenz erwiesen, www.befehlhof.it
Am **Lehenhof** in Galsaun hat Familie Plack alte Weinbergterrassen wieder bepflanzt und neu angelegt, alles wird biodynamisch bewirtschaftet, www.lehengut.it
In Partschins wird in der **Stachelburg** in alten Mauern mit modernem Wissen Qualität gekeltert, www.stachlburg.com

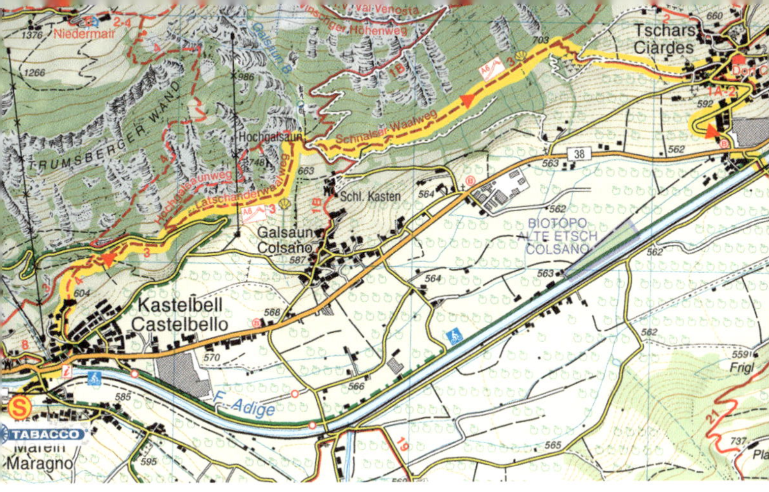

EINKEHRTIPPS

Restaurant Kuppelrain: Nur wenige Kilometer von Naturns entfernt, in Kastelbell, lockt die Topadresse mit Michelin-Stern! Abends Gourmetrestaurant, zu Mittag preiswerteres Bistro mit einfacheren, aber immer sorgfältig zubereiteten Speisen. Am Etschradweg. Bahnhofstraße 16, Kastelbell, Tel. 0473 624103, www.kuppelrain.com, So. und Mo. bis 17 Uhr Ruhetag

An der Hauptstraße findet sich das **Tscharser Dorfcafé**, modern und trotzdem gemütlich, mit Terrasse. Neben Jausen, Kuchen und Eis gibt es erlesene Weine aus einer gut sortierten Vinothek. Hauptstraße 10, Tschars, Tel. 0473 421441, www.tscharser-dorfcafe.com, Di. Ruhetag

INFOS IN KÜRZE

- Streckenwanderung größtenteils auf schattigen Waalwegen
- Bahnhof Kastelbell, 590 m
- Leicht
- 1 h 50 min
- 130 Hm
- 5,1 km
- Frühjahr, Sommer, Herbst und schneearme Winter
- Von der Vinschgauer Staatsstraße SS 38 ins kleine Ortszentrum, Parkplatz hinter der Raika, am Beginn der Gasse Im Winkel
- Diese Streckenwanderung eignet sich gut bei einer Anfahrt mit der Vinschgerbahn, sie endet dann am Bahnhof von Tschars, Fahrplan: www.suedtirolmobil.info
- Am Weg oder nahe dem Ausgangspunkt befinden sich Kellereien für Weinprobe und -kauf.

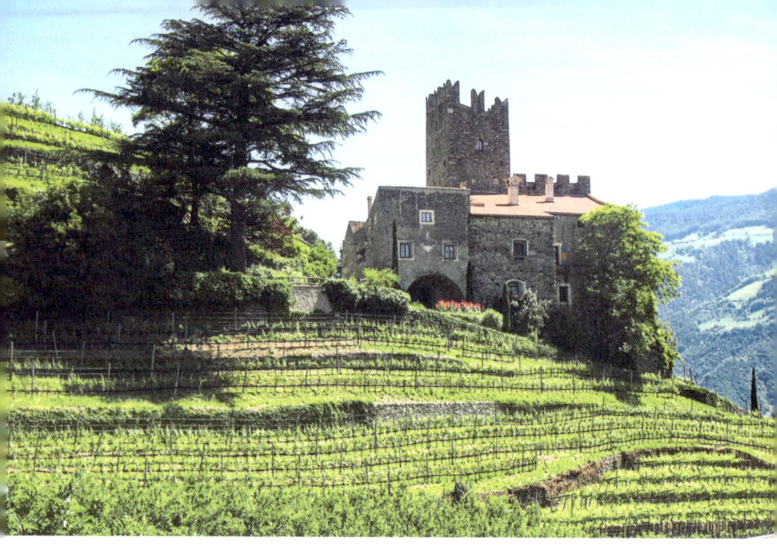

4 Zum Wallburgboden in Naturns

Durchs Naturnser Rieslinggebiet

Unterwegs auf dem Naturnser Waalweg auf dem südexponierten Sonnenberg kombinieren wir Angenehmes wie die Einkehr beim Wiedenplatzerkeller oder beim Gasthaus Falkenstein mit Kuriosem und Interessantem am Weg. So wird aus einem Spaziergang eine erlebnisreiche Rundwanderung. Die Wegtrasse trägt immer noch den Namen Naturnser Waalweg, auch wenn das Wasser auf dem größten Streckenabschnitt unterirdisch verläuft. Sie durchzieht in Dorfnähe von Naturns ein besonders schönes Stück Landschaft am Sonnenberg und führt uns zu den legendären Rieslingweinbergen des Weinpioniers Pratzner.

Wir gehen im Ortszentrum von Naturns los, an der Raiffeisenkasse vorbei, durch den Schlossweg auf den Berg zu. Vorbei an Schloss Hochnaturns folgen wir den Schildern „Meraner Waalrunde" und „Wallburgboden" (Nr. 10) in westlicher Richtung. Bei einer Kreuzung könnten wir schon jetzt zum Gasthof Falkenstein abbiegen, es wären nur 10 min Gehzeit. Wir wandern aber weiter, am schönen, unbewohnten, vom Verfall bedrohten Maurbamerhof vorbei zur Jausenstation „Schwalbennest". Auf einem Steig geht es durch Felsen und Buschwald bergauf bis zum Waalweg, der den Hang quert. Wir folgen dieser Trasse nach links, also westwärts bis ans Ende des Steigs: Hier, an der Kante zu den steil ins Schnalstal und zum Vinschgau abfallenden Felsen, liegt der Wallburgboden ge-

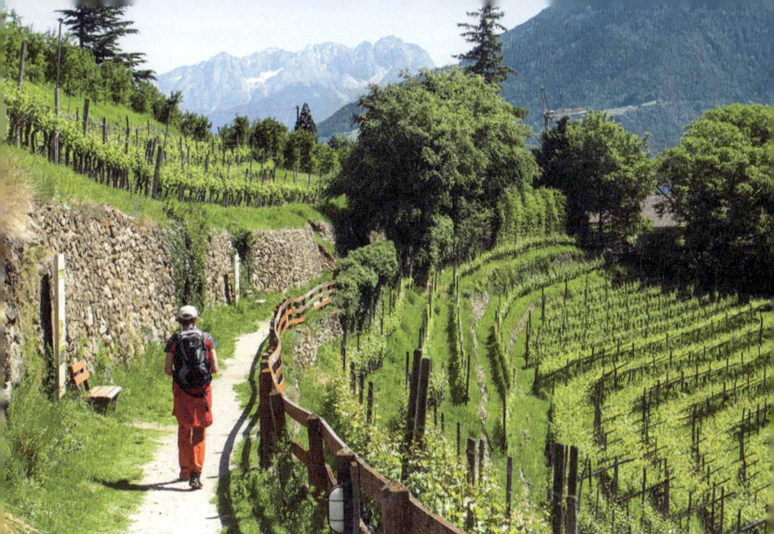

Der Riesling in Südtirol

Der Riesling zählt zu den edelsten Weißweinsorten weltweit. In seiner Heimat Deutschland liefert er beste Qualitäten in den Steillagen der Flussufer von Rhein und Mosel. Ähnliche sonnenexponierte Hänge finden wir im Vinschgau und Eisacktal: Es sind fast die einzigen Gebiete Südtirols und Italiens, wo Riesling angebaut wird. Auf den warmen, durchlässigen Böden aus Schiefer, Gneis und lehmigem Sand entstehen Weine von beachtenswerter Qualität. Der renommierte Weinführer Gambero Rosso hat die Rieslinge vom Kuenhof im Eisacktal, vom Weingut Falkenstein und vom Unterortlhof aus dem Vinschgau mit den „3 Gläsern", der höchstmöglichen Auszeichnung, bewertet.
Fast ausnahmslos wird ein Südtiroler Riesling vollständig vergoren und ohne Restsüße ausgebaut, sortentypisch ist das filigrane Pfirsich-Bukett.
☞ Ein Rieslingpionier im Vinschgau ist die Familie Pratzner in Naturns am **Weingut Falkenstein**, Schlossweg 19, Naturns, Tel. 0473 666054. www.falkenstein.bz

nannte Aussichtspunkt. Wir genießen den Blick zum gegenüberliegenden Schloss Juval und über das Etschtal. Hier stehen Tisch und Bank, wenn nicht der Vinschger Wind pfeift, ist es ein herrlicher Platz für eine kurze Rast, bevor wir den Rückweg antreten. Die zum Wanderweg umfunktionierte ehemalige Waaltrasse führt fast eben am steilen Hang des Sonnenbergs entlang. Unser Weg geht westwärts und quert eine Druckleitung des E-Werks Naturns. Die Waalerhütte

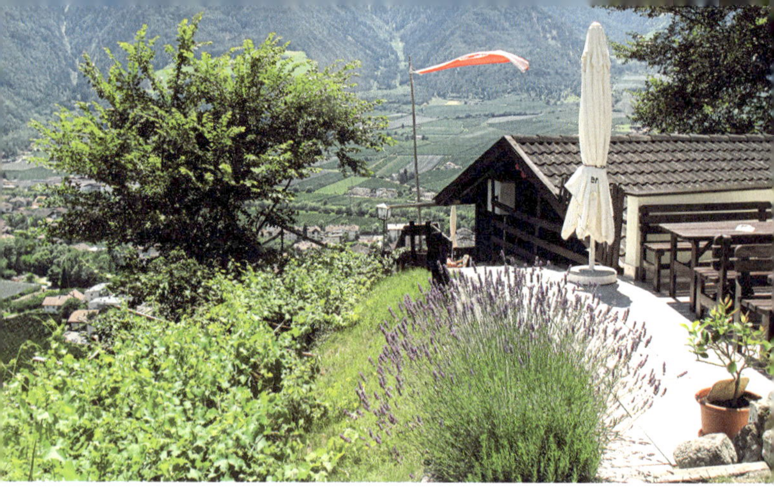

am Weg ist längst verwaist, einst bot sie dem Kanalwächter Unterkunft und Schutz. Der Steig mündet in einen Feldweg, der uns durch Weinreben zum Ausflugslokal Wiedenplatzerkeller bringt. Nach dem Gasthaus geht der Weg jetzt bergab, auf Naturns zu und zum Parkplatz zurück.

EINKEHRTIPPS

Wiedenplatzerkeller: Ausflugslokal, auch mit Pkw erreichbar. Gastgarten, Stuben, feine Südtiroler Küche, Grillteller, Fleischspieße, Nudelgerichte und Salate, Kuchen. St.-Prokulus-Straße 59, Naturns, Tel. 0473 673280, Di. Ruhetag
Der **Gasthof Falkenstein** besticht durch seine ruhige Lage, die schöne Aussicht und die gute Hausmannskost. Schlossweg 15, Naturns, Tel. 0473 667321, www.gasthof-falkenstein.com, Mo. Ruhetag
Jausenstation Schwalbennest: Kleines Holzhäuschen am Weg, winzige Stube und Tische im Freien, einfache Gerichte, tolle Aussicht. Pichlweg 5, Naturns, Tel. 349 2461099, Juli und Aug., Do. Ruhetag

Alte Siedlungsspuren

Silexfunde unterhalb des Wallburgbodens beim Ortsteil Kompatsch, nahe der Talstation der Seilbahn Unterstell, stammen aus der Jungsteinzeit und bezeugen die frühe Besiedlung. Der strategisch gut gelegene Platz bei den natürlichen Felsterrassen, im Volksmund „Wallburg“ genannt, lässt eine frühe Siedlungsnutzung vermuten. Reste von nachgewiesenen Trockenmauern wurden leider während des E-Werk-Baus, der eine Druckleitung aus dem Schnalstal erforderlich machte, zerstört.

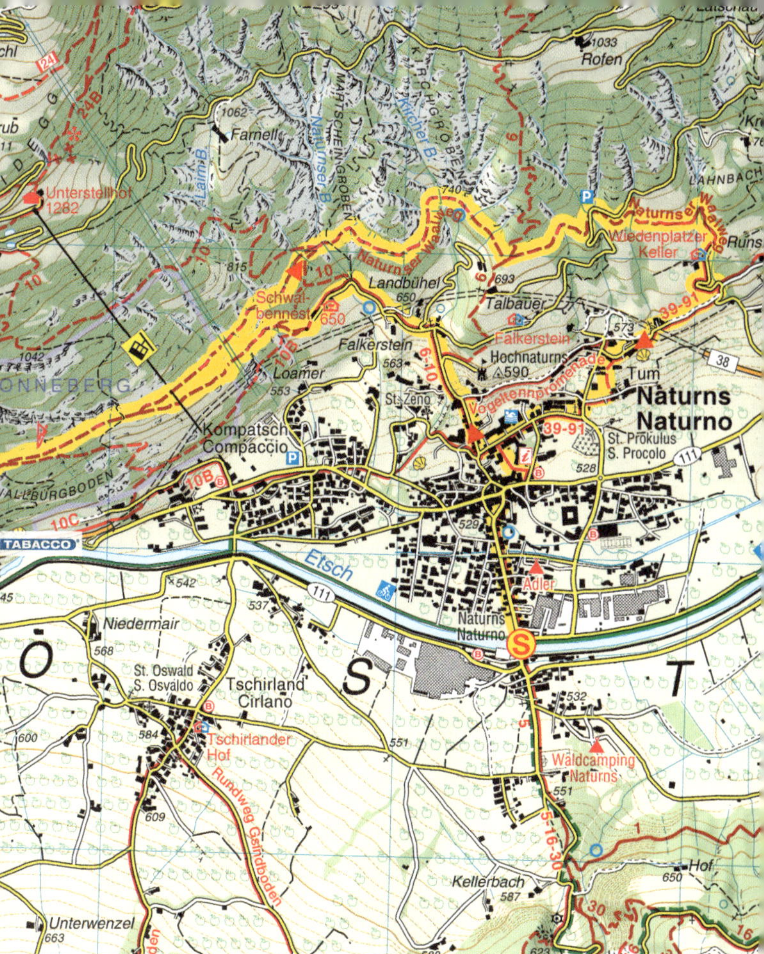

INFOS IN KÜRZE

- Interessanter Rundweg durch alte Kulturlandschaft
- Dorfplatz Naturns, 530 m
- ** Mittel
- 3 h
- 265 Hm
- 9 km
- Frühjahr, Herbst und in schneearmen Wintern, im Hochsommer um die Mittagszeit zu heiß

- Auf der Vinschgauer Staatsstraße nach Naturns. Freie Parkplätze im Ortszentrum, Nähe des Friedhofs, Ecke Hauptstraße/St.-Prokulus-Straße
- Auch mit Bahn und Linienbus erreichbar, Fahrplan: www.suedtirolmobil.info

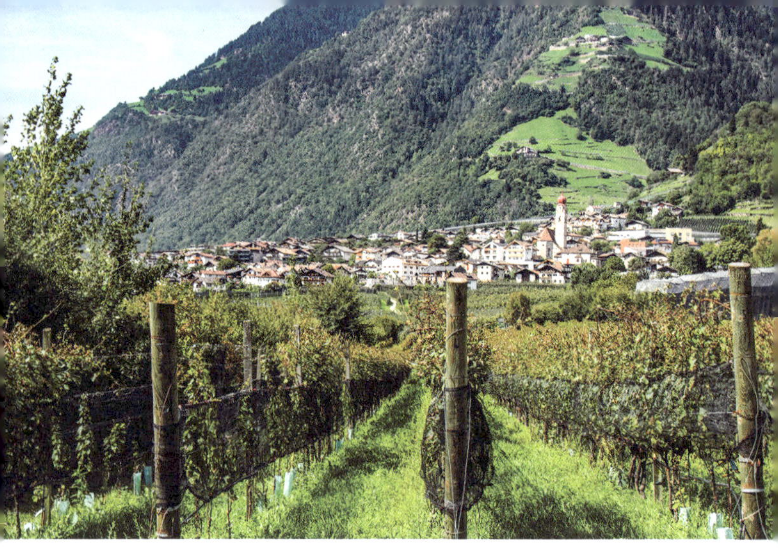

5 Durch die Weinberge bei Partschins und Algund

Vor den Toren des Vinschgaus

Auf den Sonnenhängen zwischen Partschins und Algund breiten sich nicht nur Apfelanlagen aus, die steilen Hänge sind auch eine ausgezeichnete Weinlage. Seit langer Zeit werden hier Reben angebaut, die beste Trauben für fruchtige weiße und feine rote Vernatsch- und Blauburgunderweine liefern. Durch diese Hänge unternehmen wir eine schöne Rundwanderung, eine Teilstrecke davon verläuft auf dem Algunder Waalweg. Unterwegs kommen wir an zünftigen Einkehrstationen vorbei.

Wir starten an der Töll, am Parkplatz zum Algunder Waalweg. Auf dem Rad- und Fußweg gehen wir zur Etschbrücke an der Vinschgauer Staatsstraße, dort treffen wir auf die Wegweiser nach Partschins. Durch ein schattiges Tälchen geht es an einem Bach bergauf, bald wird der Weg eben und führt durch Obstbäume und an Reben entlang auf Partschins zu. Am Freibad vorbei wandern wir am Ortsrand über die Römer- und später Vertigenstraße auf asphaltierten Hofzufahrten auf Weg Nr. 10B leicht bergauf. Oberhalb vom Hotel Niedermair geht es auf einem schönen Wiesensteig durch Felder und über ein Bächlein auf das Gasthaus Saxner zu, dessen Fahne von einem Felsbuckel herüberwinkt. Der Felsen entpuppt sich bei genauerem Hinsehen als ein schlecht getarnter Betonbunker mit

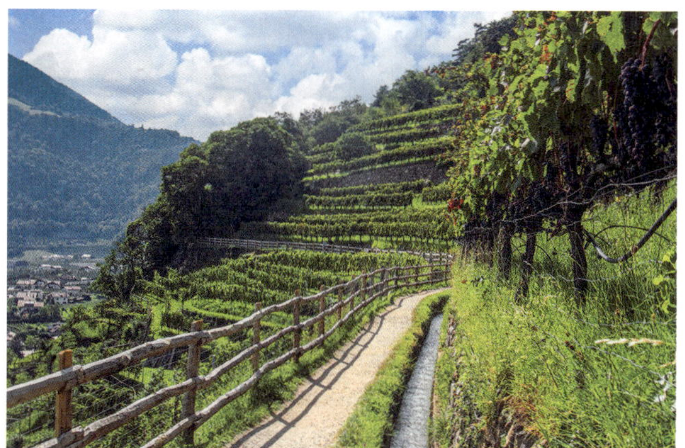

Der Algunder Waalweg und der Leiter am Waal

Gleich mit mehreren Superlativen punktet der Algunder Waal und sein Begleitsteig: Er ist einer der längsten, schönsten und auch ältesten Waalwege Südtirols. Er besteht aus drei Abschnitten, der älteste, der Plarser Waal, wurde bereits 1333, als es um einen Ausbau des Wasserkanals ging, erstmals urkundlich erwähnt. Der Waal ist demnach noch älter. Die Bauleitung wurde dem „Leiter am Waal" übertragen, der die Arbeiten und die Nutzung der Wasserrechte überwachte und in einem kleinen Gebäude am Waal – dem heutigen Wirtshaus – wohnte. Der Leiter am Waal entwickelte sich zu einem beliebten Ausflugsgasthaus, nach mehrmaligem Besitzerwechsel und verschiedenen Ausbauten kam er 2017 in den Besitz der Familie Bauer, die ihn seither mit Erfolg und großem Zuspruch der Gäste als Restaurant führt.

Weiß oder rot, wohin geht der Trend?

In Südtirol setzt sich in den letzten Jahren der starke Trend zu den Weißweinen fort, vor allem der Pinot Grigio (Ruländer oder Grauburgunder), aber auch Sauvignon und Gewürztraminer haben im Anbau sehr zugenommen. Ebenso bei der Sorte Weißburgunder ist eine ansteigende Tendenz zu erkennen, vor allem im qualitativ höheren Segment, auch die Nachfrage nach Sekt nimmt zu. Bei den roten Sorten geht die Entwicklungstendenz zu Blauburgunder, Cabernet und Merlot, hohe Qualität ist dabei Voraussetzung. Im Weinberg und Keller punktet die Nachhaltigkeit, biologische und biodynamische Weine werden immer beliebter.

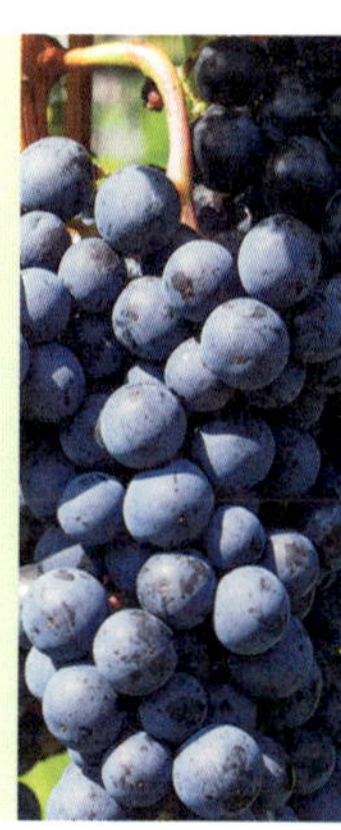

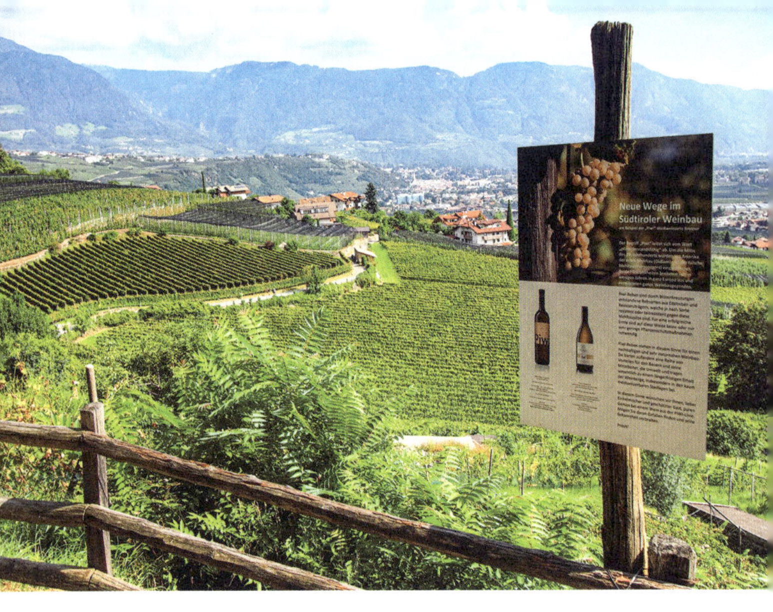

Schießscharten, der hier in der Zwischenkriegszeit das Tal bewachen sollte. Nach der Einkehr beim Saxner gehen wir kurz zurück und schlagen den Weg Nr. 10B („Vellau, Plars, Algund") ein. Er führt bergab zu einem Brunnen und Wasserspeicher mit schattigem Rastplätzchen mit Tisch und Bank, ab hier folgen wir der Markierung Nr. 21B nach Algund. Es geht an einem alten, aufgelassenen Waalweg in schöner Hangquerung durch Laubwald in die Nähe der Vellauer Straße, hier kreuzen sich mehrere Wege. Unser Weg (Nr. 21) führt

Naturkork oder Schraubverschluss?

Wir öffnen eine gute Flasche Wein, ein kurzes Schnuppern am Korken – oh nein, die Flasche korkt! Das ist sicher jedem schon einmal passiert. Die Übeltäter sind Schimmelpilze im Naturkorken, die einen muffigen, erdigen Geruch abgeben und den Inhalt ungenießbar machen. Sicher wäre dieser „Korkschmecker" mit einem Schraubverschluss vermeidbar gewesen, doch die traditionsbewussten Weintrinker der Alten Welt haben damit noch ein Imageproblem: Ein hochwertiger Wein darf nach ihrer Meinung keinen Schraubverschluss haben, man verwendet lieber den klassischen, teuren Naturkorken. Wer möchte schon beim Öffnen der Flasche auf das kultige „Plopp" verzichten? Trotz allem: Auch in einer Flasche mit Schraubverschluss kann sich ein Wein von außerordentlicher Qualität befinden. Und noch einen Vorteil hat der Schraubverschluss: Die Weine können auch stehend gelagert werden.

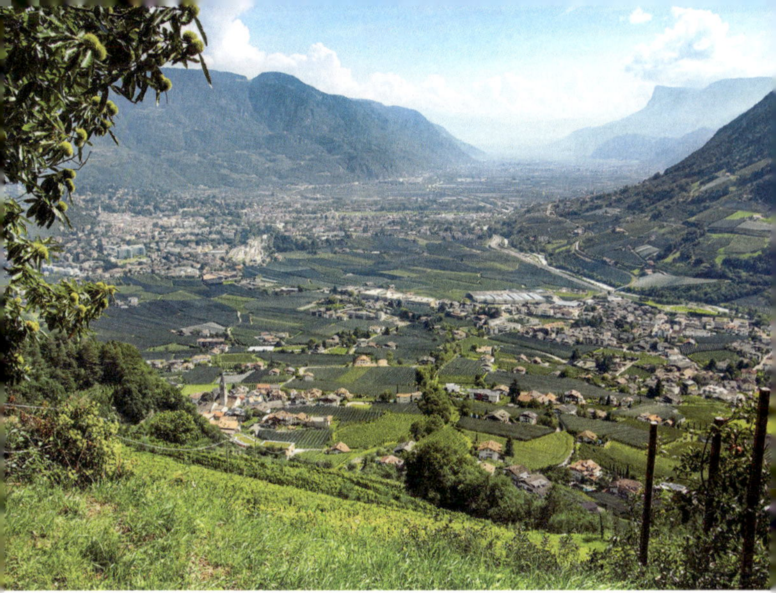

zuerst bergauf, stößt auf die asphaltierte Vellauer Straße und folgt ihr kurz bergab. In der folgenden Spitzkehre wandern wir der Ebeneicher Straße entlang bis zum namensgebenden Bauernhof und Gasthaus (z. Z. geschlossen). Dort folgen wir dem Wegweiser (Nr. 25, „Algund") auf einem schönen und vielseitigen Waldweg zum Grabbach. Es geht bergab, am Blumenthalerhof vorbei, beim Café Konrad stoßen wir nun auf den Algunder Waalweg. Diesen viel begangenen Spazierweg entlang wandern wir mit prächtigen Ausblicken auf Algund und das Meraner Becken durch steile Weinleiten zum Gasthaus Leiter am Waal und unserem Ausgangspunkt am Beginn des Waalwegs zurück.

Wo beginnt der Vinschgau?

Je nachdem, ob es um Landwirtschaft oder Tourismus geht, ist die Antwort eine andere: An der Geländestufe der Töll beginnt geografisch der Vinschgau, Partschins ist somit das erste Vinschgauer Dorf. Die Wein- und Obstbauern nehmen diese Trennung ernst und grenzen sich vom Meraner Gebiet, dem „Flachland", ab. Äpfel tragen somit die prestigeträchtige Benennung Vinschgau, auch die Weine schmücken sich mit der DOC-Bezeichnung des Vinschgaus.
Für Touristiker zählt hingegen das Gebiet bis Naturns zum Meraner Land, sie akzeptieren gerne den werbewirksamen Meraner Namen: So wie Algund und Marling sind auch die Dörfer von Partschins, Plaus und Naturns Trittbrettfahrer des touristischen Schwergewichts Meran.

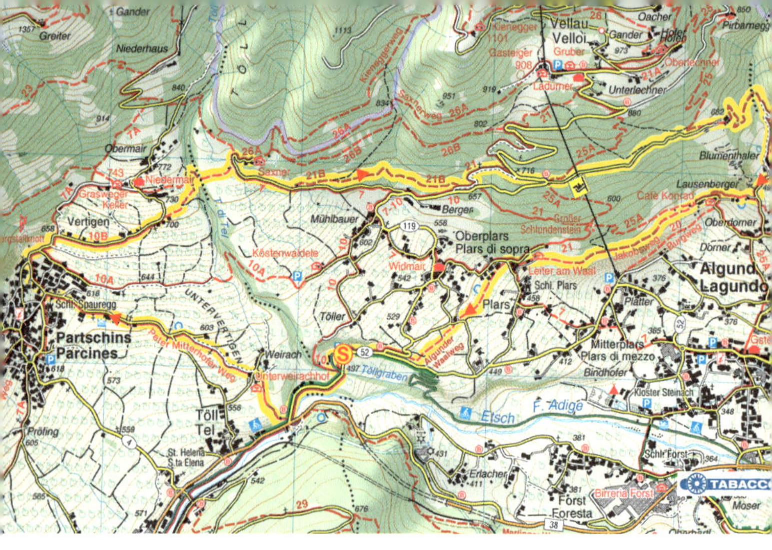

EINKEHRTIPPS

Saxnerhof: Landgasthaus in beeindruckender Lage auf einem kleinen Plateau oberhalb von Partschins. Terrasse, einfache Hausmannskost, Eigenbauweine. Oberplars 26, Algund, Tel. 0473 448527
Das Traditionsgasthaus **Leiter am Waal** liegt direkt am Waalweg. Große Terrasse, gemütliche Stuben, gepflegte Südtiroler Küche. Mitterplars 26, Algund, Tel. 0473 448716, www.leiteramwaal.it, Di. Ruhetag
Am Waalweg liegt das **Café Konrad**, von üppiger mediterraner Vegetation umgeben. Terrasse, Imbisse, Kaffee und Kuchen. Vellau 1, Algund, Tel. 0473 448646, Mi. Ruhetag

INFOS IN KÜRZE

- Abwechslungsreiche Rundwanderung, teils auf breiten Straßen, teils auf schmalen Steigen, durch Apfelanlagen, Weinberge und Wald
- Algund, Parkplatz am Beginn des Algunder Waalwegs, 490 m
- ** Mittel
- 3 h 25 min
- 375 Hm
- 11,2 km
- Frühjahr bis Herbst
- Von Meran auf der SS 38 bis zum Wasserkraftwerk Töll, hier rechts auf die alte Landesstraße LS 52 abbiegen, nach 300 m Parkplatz am Beginn des Algunder Waalwegs
- Auch mit Linienbus von Meran erreichbar, Fahrplan: www.suedtirolmobil.info

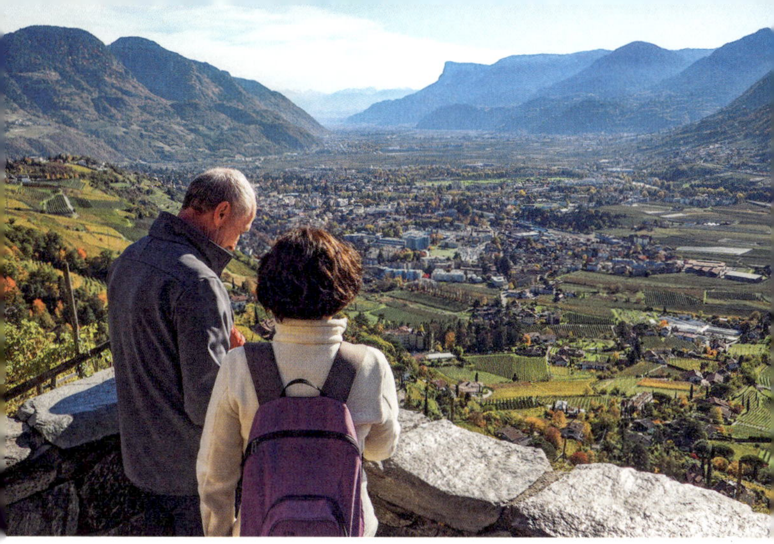

6 Auf dem Herrschaftsweg bei Dorf Tirol

Zum Stammsitz der einstigen Landesherren

Dieser Rundweg am Fuße der steil aufragenden Bergflanken der Mutspitze macht seinem Namen alle Ehre. Beim Wandern durch die einmalige Landschaft mit Schlössern, Burgen, Kirchen, Obst-, Weingütern und Wäldern, immer die prächtige Aussicht über das Meraner Becken und das Etschtal vor Augen, fühlen wir uns selbst ein wenig herrschaftlich, auf jeden Fall privilegiert. Der Herrschaftsweg kombiniert Hofzufahrten, Wirtschaftswege und Steige zu einer wunderbaren Rundwanderung.

Ausgangspunkt ist das Informationsbüro des Tourismusvereins von Dorf Tirol. Über die Falknerpromenade folgen wir den Schildern „Schloss Tirol". Bei der Burg nehmen wir den Weg (Nr. 26) nach Vellau, er führt am Gasthof Hotel Weißenhof vorbei und dann als schmaler Steig mit wunderbarer Weitsicht in größtenteils ebener Hangquerung durch Weinberge und Laubwald zur Jausenstation Weißgütl. Nun geht es kurz leicht bergab, bei einer Wegkreuzung biegen wir rechts bergauf (Vellau, Nr. 26) und dann wieder rechts, den Schildern „Herrschaftsweg" und „Farmerkreuz" folgend, ab. Steilstücke sind durch Stufen entschärft, Geländer geben Sicherheit. Immer wieder kommen wir an Tischen und Bänken vorbei, auch

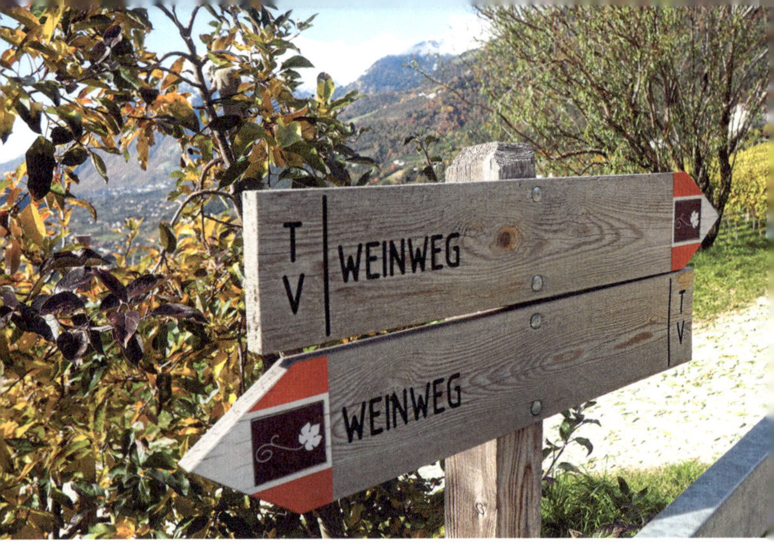

an Aussichtpositionen mit hölzernen Liegen, und queren Bächlein. Noch ein kurzer Anstieg über Steintreppen und wir sind bei den Häusern vom Farmerkreuz angelangt. Kurz nach dem Gourmetlokal Culinaria fädeln wir rechts in einen Steig ein, nun geht es bergab, auf Dorf Tirol zu, das vor uns liegt. Unter den Tragseilen der Hochmut-Seilbahn hindurch, durch Apfelwiesen und zuletzt an Hotels vorbei, über die Dorfgassen bringt uns der Weg Nr. 23/B zum Ausgangspunkt zurück.

Was hat es mit dem Napoleonwein auf sich?

Das gut erhaltene Schloss Thurnstein aus dem 13. Jh. (das wir auf einem kurzen Abstecher von unserem Weg aus erreichen) war einst im Besitz von Ministerialen der Grafen von Tirol. Es liegt inmitten üppiger Weinberge mit herrlicher Aussicht über Meran und das Etschtal und beherbergt ein Hotel mit angeschlossenem beliebten Ausflugsrestaurant. Thurnstein erlangte einst große Bekanntheit durch den roten Napoleonwein. Als 1870 im Deutsch-Französischen Krieg Kaiser Napoleon III. bei Sedan in Gefangenschaft geriet, jubelten die deutschnational gesinnten Tiroler und benannten einen besonders guten Rotwein nach dieser Begebenheit, eben den Napoleonwein. Mittlerweile hat sich viel geändert, aber die Nachfrage nach dem Napoleonwein ist ungebrochen. Er wird nicht mehr selbst gekeltert, die Meraner Kellerei produziert eigens für Thurnstein eine Sonderabfüllung, eine Cuvée aus Vernatsch und Blauburgunder, die auch glasweise kredenzt wird.

☞ Schlosshotel Thurnstein, Dorf Tirol, St. Peter, www.thurnstein.it

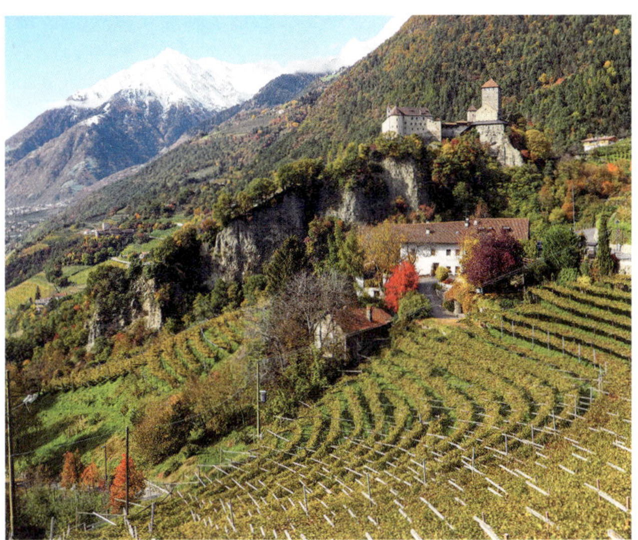

Schloss Tirol

Die mächtige Burg, Stammschloss der Grafen von Tirol und namensgebend für das Land, entstand schon im 11. Jh. auf einem das Meraner Becken beherrschenden Moränenhügel. Aufwendig restauriert und als Museumsschloss zugänglich, ist sie eine Sehenswürdigkeit ohnegleichen. Sie ist heute die bedeutendste und größte Burganlage von ganz Tirol. Der Schwerpunkt des im Schloss untergebrachten Museums liegt auf der Geschichte des Landes Tirol von den Anfängen bis in die heutige Zeit. Mehr unter www.schlosstirol.it

Ein Fixtermin: Merano WineFestival

Weinfans sollten unter keinen Umständen das Merano WineFestival versäumen. Der prunkvolle Kursaal bietet Anfang November den würdigen Rahmen für dieses Großereignis. Winzer präsentieren selbst das Beste aus ihren Kellern: Auf engstem Raum finden sich edle rote Weine aus Bordeaux, der Toskana, dem Piemont sowie selbstverständlich aus Südtirol, die feinen Weißen kommen aus dem Elsass, dem Rheinland, aus dem Burgenland, der Südsteiermark, der Wachau und Südtirol. Auf der internationalen Weinmesse für Weinliebhaber und Fachleute werden an drei Tagen Vorträge, Führungen, Verkostungen und Einblicke in die Trends der Önogastronomie geboten. www.meranowinefestival.com

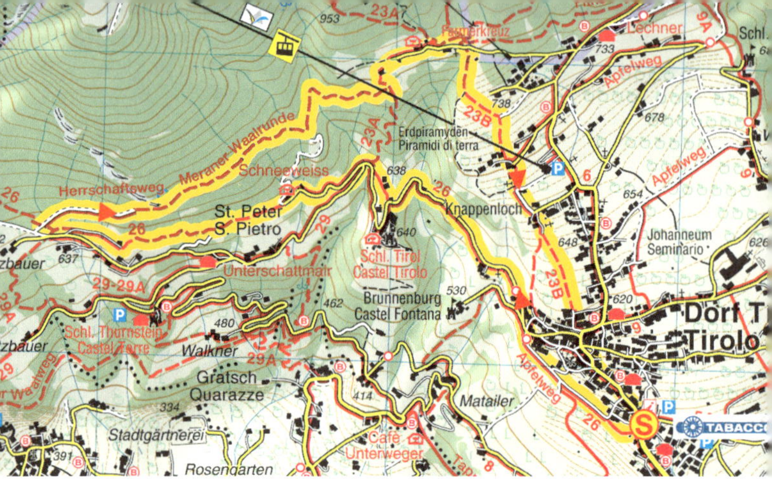

EINKEHRTIPPS

Gasthaus Schneeweißhof: Familiengeführter Betrieb, große Panoramaterrasse, gute Hausmannskost. St. Peter 23, Dorf Tirol, Tel. 0473 220162, www.schneeweisshof.com

Direkt an der Burg liegt das **Gasthaus Schloss Tirol** mit großer Terrasse und Gastgarten. Einheimische Küche, Eigenbauwein. Schlossweg 25, Dorf Tirol, Tel. 0473 443 125, www.gasthaus-schlosstirol.com, März–Nov. geöffnet, Mo. Ruhetag

Culinaria im Farmerkreuz: Abends Sterne-und-Hauben-Lokal, mittags bezahlbares Bistro mit regionalen und mediterranen Gerichten. Haslachstraße 105, Dorf Tirol, Tel. 0473 923508, www.culinaria-im-farmerkreuz.it. März–Dez., So. abends und Mo. Ruhetag

INFOS IN KÜRZE

- Sehr kurzweiliger, aussichtsreicher Rundweg mit mäßigen, gut verteilten Steigungen
- Dorf Tirol, Ortszentrum, 575 m
- Leicht
- 2 h 30 min
- 290 Hm
- 6,4 km
- Frühjahr, Herbst, im Sommer die Mittagszeit meiden, da südexponiert
- Über Meran nach Dorf Tirol, gebührenpflichtige Parkplätze im Dorfzentrum
- Bus Nr. 221 ab Meran, Fahrplan: www.suedtirolmobil.info
- Etwas von allem: Prachtaussicht, Burgen, abwechslungsreiche Wegführung, viele Tische und Bänke, ideal zum Picknicken

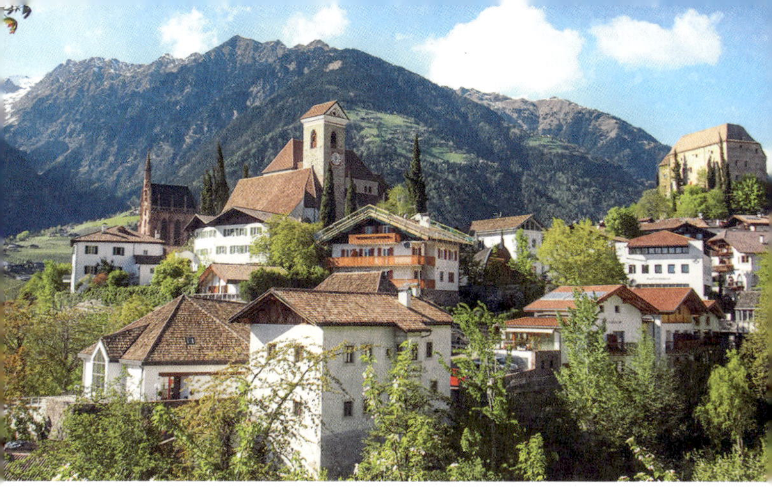

7 Von Meran nach Schenna

Auf den Sonnenhängen um Meran

Am sonnigen Hang nordöstlich von Meran liegt Schenna, ein beliebter Ferienort. Von der Stadt bis zum alten Dorfkern mit Kirchhügel, Dorfplatz und dem alles beherrschenden Schloss Schenna zieht sich ein schöner Wanderweg hin. Dabei queren wir das Villenviertel von Obermais, Obstfelder und Weingärten, zuletzt geht es auf einem promenadenartigen Weg an Weinhöfen und Hotels vorbei ins Ortszentrum von Schenna. In den Sommermonaten ist es hier entschieden zu heiß, aber an sonnigen Wintertagen, wenn die Straßen noch nicht von Urlaubsgästen überfüllt sind, ist dieser Ausflug geradezu ein Geheimtipp.

Wir beginnen unsere Wanderung im Stadtzentrum, an der Passerpromenade, spazieren flussaufwärts bis zum Steinernen Steg, überqueren diesen und wandern weiter auf dem Lazagweg (Nr. 10). Nun nehmen wir die Unterführung, die unter der Straße ins Passeiertal hindurchführt, biegen rechts ab und wandern stetig bergauf, zwischen Häusern und Gärten, an der Nordseite von Schloss Planta mit seinen mächtigen Rundtürmen vorbei und gelangen auf Weg Nr. 10A. Nach einem kurzen Steilstück erreichen wir das weithin sichtbare Schwimmbad von Schenna.

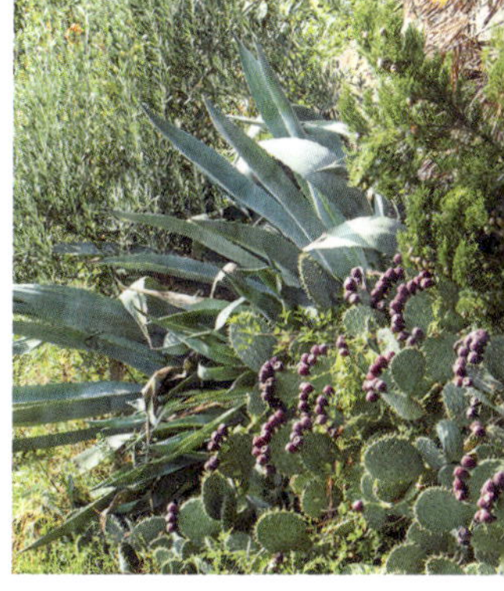

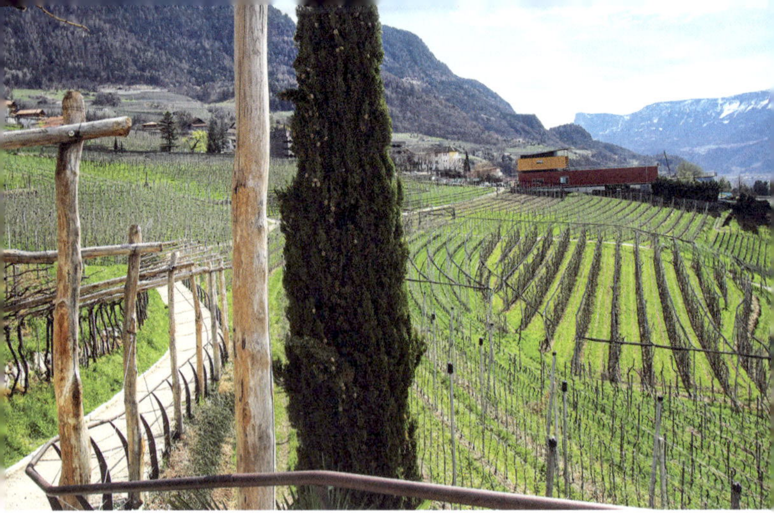

Orange Weine und Naturweine

Natürlich kennen wir Rot-, Weiß- und Rosé-Weine. Aber jetzt kommt eine neue Farbe dazu: Orange! Durch die lange Standzeit auf der Maische von weißen Trauben mit den Beerenschalen erhält der Wein eine Farbe, die von dunklem Gelb bis zu sattem Orange reicht. Es ist sozusagen ein Weißwein, der wie ein Rotwein hergestellt wird, dabei lösen sich mehr Farbstoffe und Tannine aus der Schale. Das sorgt für die typische orange Farbe und den komplexen, dichten Geschmack. Der Orange Wein wird gern in Amphoren ausgebaut, in Anlehnung an die älteste Art der Weinherstellung, die heutzutage noch in Georgien praktiziert wird. Häufig werden bei der Herstellung die Prinzipien der Naturweine angewandt, das muss aber nicht so sein.
Bei den **Naturweinen** kommen zu den Grundlagen der biologischen oder biodynamischen Weinzubereitung noch von Hand gelesene Trauben, spontane Gärung, Verzicht auf Schönung und meist auch auf Schwefelzugabe hinzu. Das Ergebnis ist ein unbehandelter Wein, bei dem der Eingriff des Menschen auf ein Minimum reduziert wird.
☞ Sowohl Orange Weine als auch echte Naturweine wenden sich an ein exklusives Publikum, das Ungewöhnliches schätzt und bereit ist, dafür auch hohe Preise zu bezahlen.
Für **Naturweine** empfehlen wir: Bioweingut **Thomas Niedermayr**, Eppan, www.thomas-niedermayr.com, Weingut **Pranzegg**, Bozen, www.pranzegg.com, Bioweinhof **Tröpfltalhof**, Kaltern, www.bioweinhof.it
Wenn Sie sich was Besonderes gönnen wollen: Dolomytos Amphora Weiß IGT Ansitz Dolomytos Sacker. **Orange Wein**, in Amphoren vinifiziert, in Steingutflaschen abgefüllt. Meist ausverkauft, Abgabepreis im Detailhandel um ca. 70 €. **Ansitz Dolomytos Sacker**, Unterinn, Ritten, Tel. 0471 359837

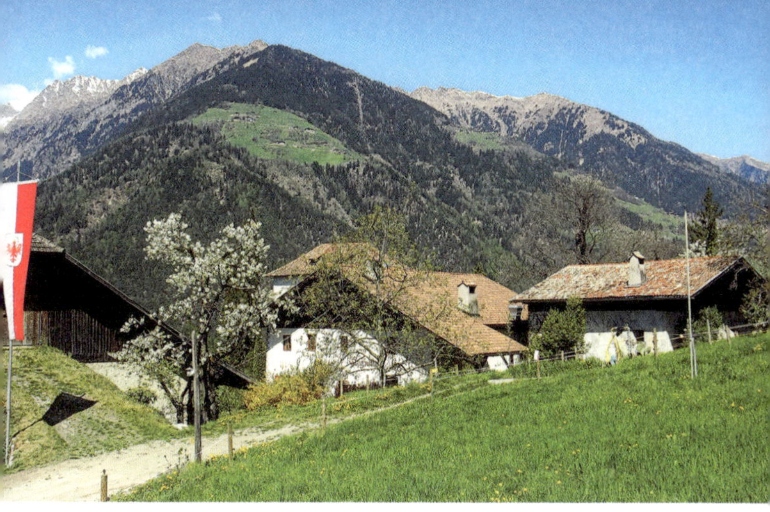

Schloss Schenna

Erzherzog Johann von Österreich erwarb 1844 die Anlage aus dem 14. Jh. in prächtiger Aussichtsposition. Heute ist die Burg der Geschichte Habsburgs und Tirols mit den Themenschwerpunkten Erzherzog Johann und Andreas Hofer gewidmet. Gezeigt werden Waffen, Möbel und Gemälde. Geöffnet Ostern – Ende Okt. Besichtigung nur mit Führung. Schlossweg 14, Schenna, www.schloss-schenna.com

Hier mündet der Steig in den breiten, promenadenartigen Mitterplattweg, der abwechslungsreich bis ins Zentrum von Schenna führt. Von dort gehen wir zwischen dem Gemeindehaus und dem Schlosswirt, auf asphaltiertem Güterweg („Rothalerweg", Nr. 10B), bergab und treffen dann auf den Waalweg Saltaus-Obermais, der aus dem Passeiertal kommt. An diesem wunderbaren, ebenen Weg in Begleitung des im kleinen Kanal, dem „Waal", plätschernden Wassers wandern wir weiter bis zum Schloss Planta, treffen dort auf den Aufstiegsweg und sind bald wieder im Stadtzentrum von Meran angelangt.

EINKEHRTIPPS

Schlosswirt Schenna: Der einstige Kirchenwirt hat sich zwar zu einem gut ausgestatteten Hotel gewandelt, das Restaurant bietet auch Tagesgästen gute typische Küche. Panoramaterrasse. Schlossweg 2, Schenna, Tel. 0473 945620, www.schlosswirt.it, Mo. Ruhetag
Wirtshaus Thurnerhof: Einer der ältesten Bauernhöfe der Gegend, stilvoll zum Wirtshaus umgebaut. Gastgarten. Alte Mauern, junge Südtiroler Küche! 10 min vom Ortszentrum, mitten im Grünen. Verdinserstraße 26, Schenna, Tel. 0473 945702, www.thurnerhof.it

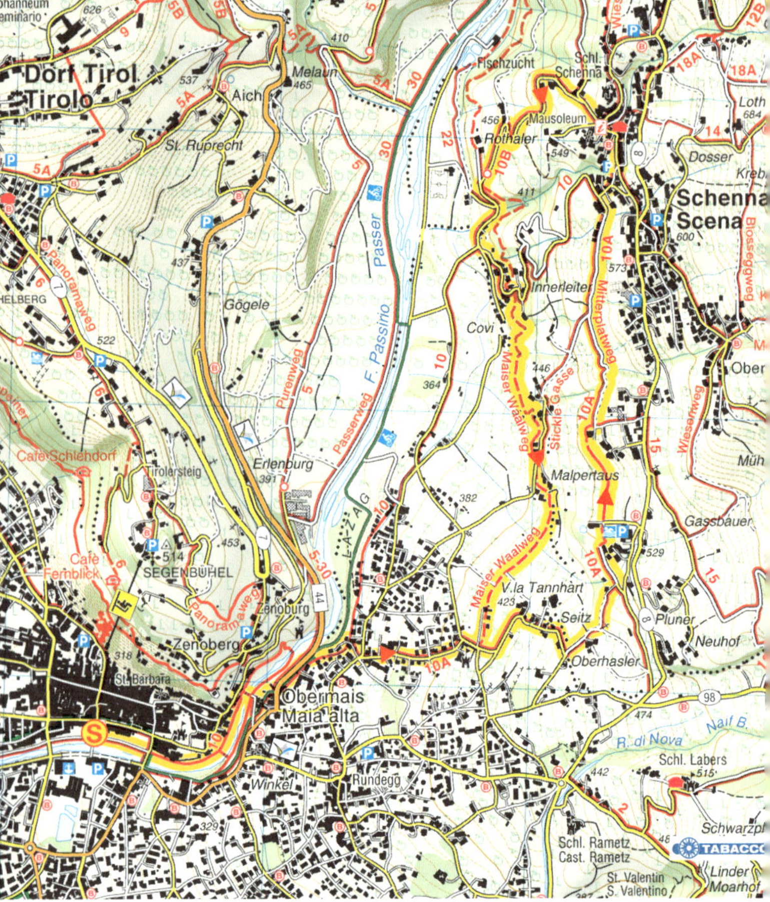

INFOS IN KÜRZE

- Leichter stadtnaher Rundweg bei Meran
- Passerpromenade am Kurhaus, 317 m
- Leicht
- 3 h
- 290 Hm
- 9,5 km
- Frühjahr, Herbst, in den Sommermonaten ist es hier entschieden zu heiß, auch in schneearmen Wintern lohnend
- Start in Meran. Alle Parkplätze im Zentrum gebührenpflichtig, mehrere Parkhäuser
- Bus und Bahn bis Meran, Fahrplan: www.suedtirolmobil.info
- Schenna ist eine der Tourismushochburgen im Fahrwasser von Meran, dementsprechend ist der Ort im Frühling und Herbst stark frequentiert.

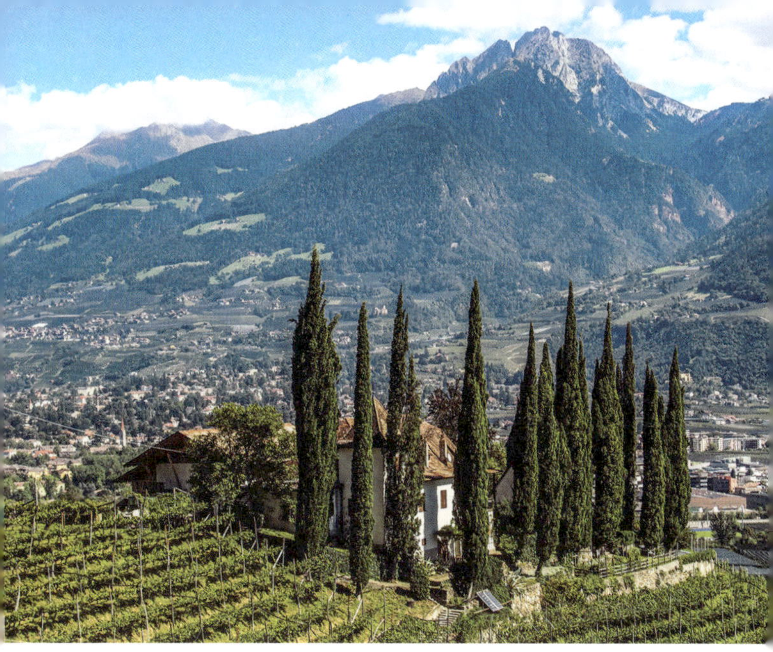

8 Der Marlinger Weinkulturweg

Wanderung mit Meranblick

Meran ist von einem Kranz schöner Dörfer umgeben: Marling, unser Ziel, liegt im Westen des Amphitheaters, die sonnigen, warmen Hänge der buckeligen Moränenausläufer am Fuße des Vigiljochbergs sind dicht mit Reb- und Obstanlagen bepflanzt. Durch diese wunderbare Landschaft ziehen sich einfache Dorf-, Feld- und Wiesenwege, die zum Marlinger Weinkulturweg kombiniert wurden. Unterwegs begeistern die grandiosen Ausblicke auf das Meraner Becken und das Etschtal, Schautafeln am Wegrand erklären allerlei vom Weinbau, von Geschichte, Arbeitsgeräten, Sorten, Klima und sogar vom Schnapsbrennen.

Wir beginnen unseren Rundweg am Dorfplatz vom Marling, beim Tourismusbüro. Sofern es geöffnet ist, holen wir uns dort ein kleines Faltblatt mit der Kurzbeschreibung. Der mit eigenen Schildern gekennzeichnete Weg ist aber problemlos zu finden. Das erste Schild steht vor der Kirche, dort weisen Tisch und Bank in einem riesigen Holzgefäß (eine Pazeide, einst ein Mess- und Schöpfgerät für Wein) bereits auf die Arbeit des Winzers hin. Über die Franz-Innerhofer-Straße gehen wir nordwärts bis zum Oberwirt, dort

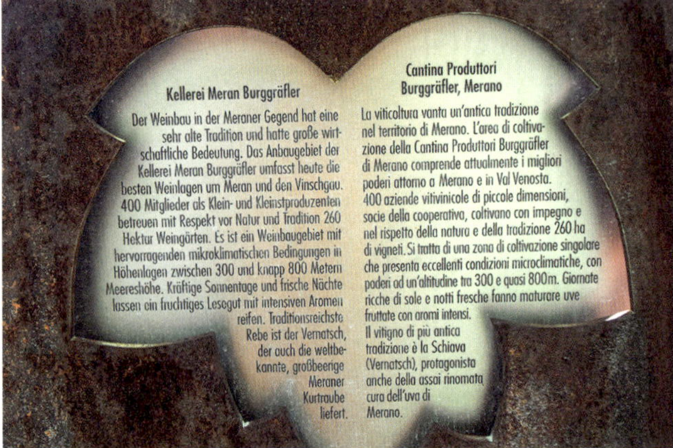

Meraner Wein

Meran, einer der gefragtesten Kurorte Europas zur k. u. k. Zeit mit Stargast Kaiserin Sisi, ist immer noch ein Magnet für Gäste aus der ganzen Welt. Die einstige Kurstadt ist nicht nur ein Schwergewicht des Südtiroler Tourismus, sondern spricht auch beim Wein ein ernstes Wörtchen mit. Vernatsch und Lagrein, aber auch Merlot und Weißburgunder finden hier dank des milden Klimas und der optimalen Bodenbeschaffenheit ideale Voraussetzungen. Das gewiefte Auge bemerkt, dass die Rebfläche einmal größer war: In den 1970er-Jahren verdrängte der Obstbau die Weinreben, Äpfel gaben mehr Ertrag. Dieser Trend kehrt sich wieder um. Der Weinbau ist im Vormarsch, auch dank der exzellenten Qualitätsarbeit engagierter Winzer und der genossenschaftlich geführten Kellerei Meran, die mit 245 ha den Löwenanteil der Weinbergfläche im Meraner Raum bearbeitet.

☞ Verkosten Sie den Meraner Wein mit Rundblick in der Panorama-Önothek der Kellerei Meran. **Kellerei Meran**, Kellereistraße 9, Marling, Tel. 0473 447137, www.kellereimeran.it

Vom Hotel **Innerleitnerhof** in Schenna aus geht der Blick nach Süden, hier ist der Weißburgunder von sehr alten Rebstöcken der Star. Leiterweg 8, Schenna, www.innerleiterhof.it

Am geschichtsträchtigen **Popphof** empfängt Sie der Winzer Andreas Menz persönlich, Wein und Geschichte kommen hier nicht zu kurz. Für Verkostung Voranmeldung erforderlich. Weingut Popphof, Mitterterzerstraße 5, Marling, Tel. 0473 447180, www.popphof.com

Für neuen Schwung im historischen Keller aus dem 13. Jh. sorgt Erwin Eccli vom **Pardellerhof**. Für Verkostung Voranmeldung erforderlich. Mitterterzerstraße 15, Marling, Tel. 339 1771577, www.pardellerhof.it

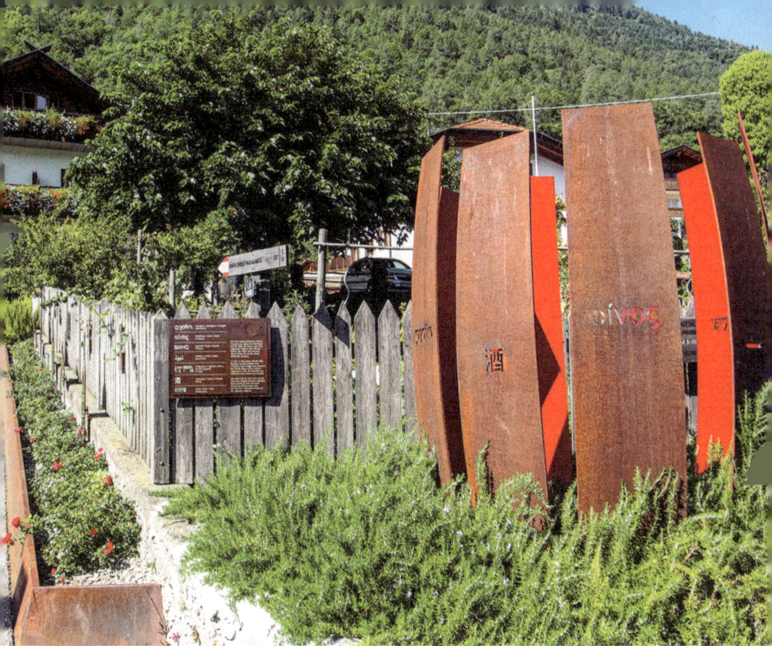

wenden wir uns nach links. Am alten Pfarrwidum und der Brennerei Unterthurner vorbei geht es beim Restaurant Café Gerta in die Mitterterzerstraße und zu den Weingütern Popphof und Pardellerhof (beides beste Eigenbaukellereien). Wir sind nun mitten in den Weinbergen, beim Siniger-Hof nehmen wir den links abzweigenden Bruggerweg, es geht nun bergab auf einem Wiesensteig zur Lebenberger Straße. Am stattlichen, freskengeschmückten Goidnerhof, einst im Besitz des Kartäuserklosters Allerengelsberg vom Schnalstal, vorbei geht es oberhalb der Kellerei Meran Burggräfler nordwärts wieder leicht bergauf. Weinbeißer können auf der Panoramaterrasse der Kellerei bei wunderbarem Blick Meraner Weine

Der Marlinger Waalweg

Ein Waal, vom lateinischen aqualis, Wasserkanal, ist ein kleiner Graben, der Wasser zum Bewässern auf die Felder leitet. Der Marlinger Waal wurde in der ersten Hälfte des 18. Jh. von den Mönchen des Klosters Allerengelsberg in Karthaus (Schnalstal) in Auftrag gegeben und in fast 20-jähriger Bauzeit errichtet. Er leitet Etschwasser ab und bringt es bis nach Lana, sein Wasser diente zum Bewässern der Felder des Goidnerhofs. Der 13 km lange Waal wird von einem Steig begleitet, dieser Waalweg ist einer der beliebtesten ebenen Wanderwege. Der Weinkulturweg kann auch mit einem Stück des Waalwegs kombiniert werden.

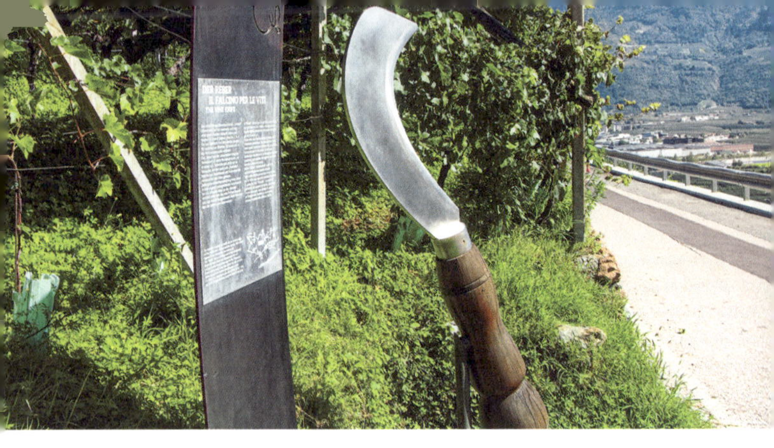

verkosten. An der nächsten Kreuzung halten wir uns links, Marling ist schon im Blick, über die Kellerei- und die Hauptstraße, vorbei an der Grundschule, langen wir wieder am Dorfplatz ein.

EINKEHRTIPPS

Restaurant Café Gerta: Im Ortszentrum, Terrasse. Günstige Mittagsmenüs, Tiroler und italienische Vorspeisen, am Nachmittag Snacks und Eis. Marling, Mitterterzerstraße 2, Tel. 0473 447280, www.gasthaus-gerta.com. Ganzjährig geöffnet, So. Ruhetag
Traubenwirt: Hotel mit Restaurant und Pizzeria, am Kirchplatz, mit spektakulärer Panoramaterrasse. Franz-Innerhofer-Straße 2, Marling, Tel. 0473 447216, www.traubenwirt.com, Di. Ruhetag

Was ist ein Klon?

Eine Rebe ist von Natur aus mutationsfreudig und verändert sich. Um positive Eigenschaften einer Rebsorte wie etwa mehr Farbe, lockere Beeren, die resistenter gegen Fäulnis sind, ein früher Reifezeitpunkt, gutes Wachstum usw. zu erhalten, wird eine bestimmte Pflanze über Stecklinge vermehrt, denn in ihren Samen sind diese positiven Eigenschaften möglicherweise nicht verankert und werden nicht weitervererbt. Diese Stecklinge werden „Klone" genannt. Der Rebenzüchter vermehrt sie, gibt ihnen einen Namen und verkauft sie in seiner Rebschule.
☞ Wer mehr über die Rebenzüchtung erfahren möchte, ist beim **Plonerhof** in Marling richtig. Erhart Tutzer, einst Rebenzüchter, ist jetzt Besitzer eines Weinguts mit einer Vielfalt von Blauburgunder-Klonen, wie man sie nur hier findet. Übrigens: Von seinem Verkostungsraum aus haben Sie einen wunderbaren Blick auf Meran. Weingut Plonerhof, Nörderstraße 29, Marling, www.weingut-plonerhof.it

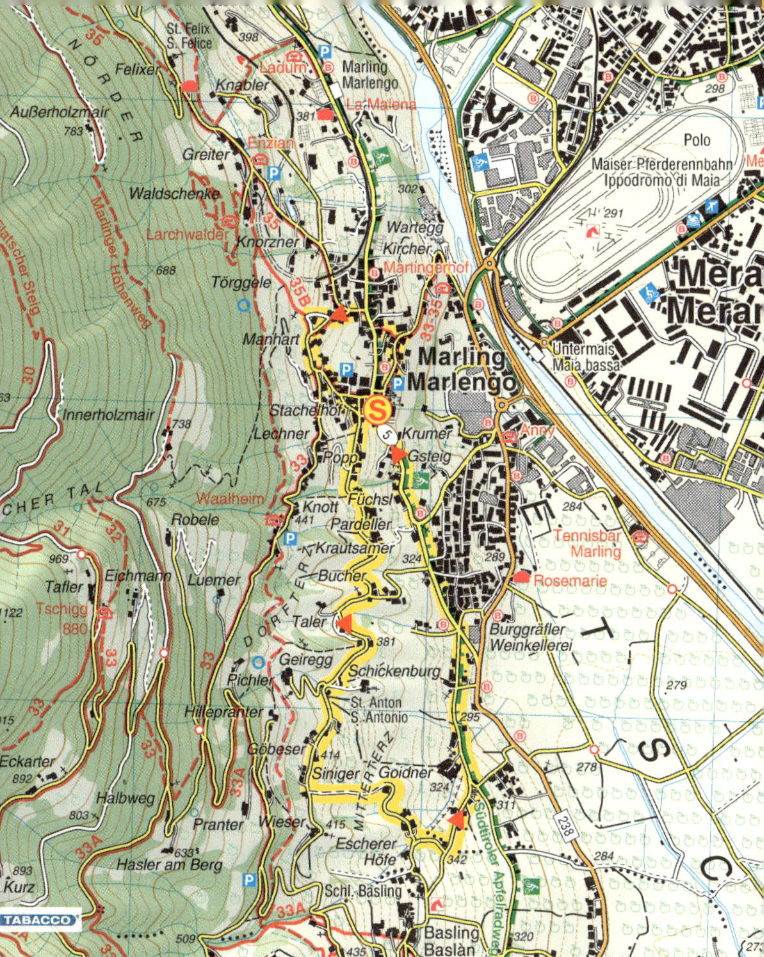

INFOS IN KÜRZE

- Einfache Rundwanderung durch das Dorf und die Weinberge, mit Panoramablick auf Meran
- Marling, Dorfzentrum
- Leicht
- 1 h 30 min
- 158 Hm
- 5 km
- Frühjahr, Herbst und bei Schneefreiheit auch im Winter
- Von der Gampenstraße (SS 238) nach Marling ausfahren und über die Hauptstraße 0,5 km ins Dorfzentrum. Gebührenpflichtige Parkplätze im Ort
- Auch mit Linienbus von Meran erreichbar, Fahrplan: www.suedtirolmobil.info

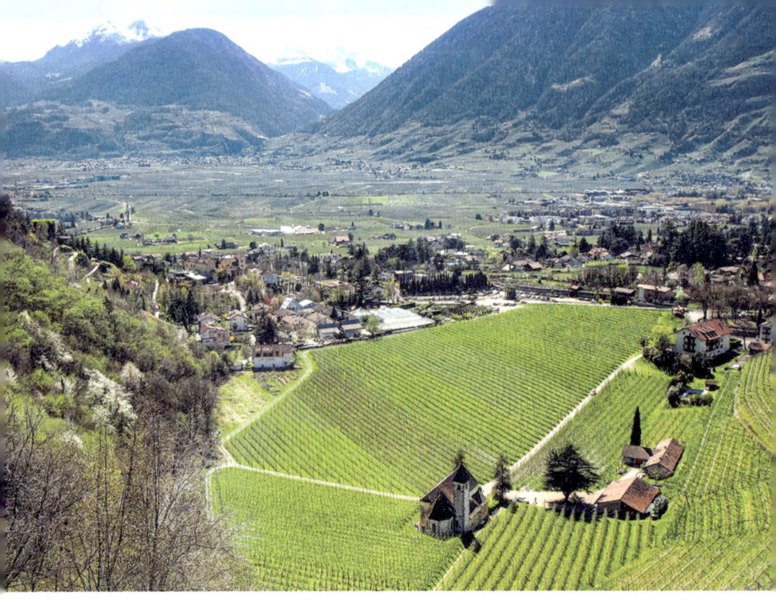

9 Von Obermais bis Burgstall

Auf Weinterrassen mit Meran-Panorama

Etwas erhöht liegt auf der Ostseite des Meraner Beckens an den Ausläufern des Haflinger Tschögglbergs eine Geländeterrasse, von den Einheimischen Freiberg genannt. Die Gletscher der Eiszeit haben vor Abertausenden von Jahren diese Stufen ausgehobelt. Auf markanten Vorsprüngen liegen Burgen aufgereiht, von Obermais bis Burgstall allein deren sechs: Labers, Rametz, Trauttmansdorff, Katzenstein, Fragsburg und als letzte der Reihe die Ruine Burgstall: Der Adel wusste immer schon, wo es sich gut lebt. Durch diese besondere Landschaft mit besten Weinlagen führt unsere Streckenwanderung.

Wir starten an der Straße nach Hafling, bei der Bushaltestelle kurz vor der Talstation der Seilbahn Meran 2000. Nach wenigen Schritten auf Weg Nr. 15 biegt rechts unser Wanderweg ab. Wir sind nun auf der Meraner Waalrunde unterwegs, ein Weitwanderweg, der das Meraner Becken umrundet. An einer Panoramatafel orientieren wir uns, dann geht es auf einer kleinen Brücke über den Bach und im Wald, bergauf, zu einer Geländestufe mit den ersten Obst- und Weinhöfen. Im steten Auf und Ab queren wir den Berghang auf Wegen und Steigen, teils auf Asphalt, teils auf Naturwegen, immer mit prächtigem Ausblick übers Etschtal. Nach knappen zwei Stun-

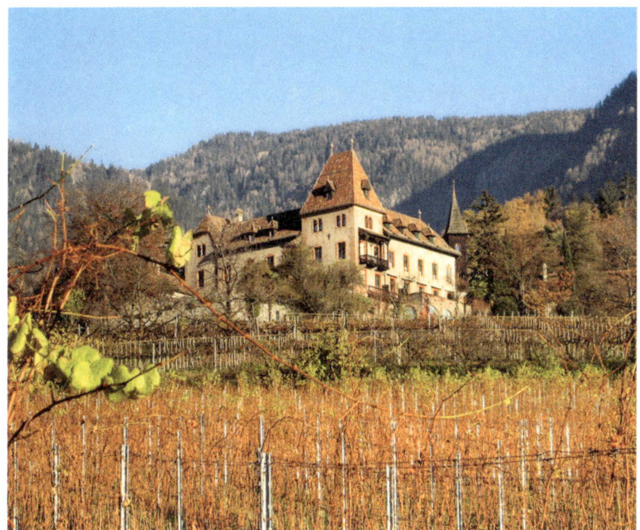

Die dunkle Vergangenheit von Schloss Labers

Schloss Labers, unterhalb unseres Wegs und einst Hotel, liegt eingebettet in eine wundervolle Landschaft mit Reben und alten Bäumen. Paul Heyse, 1910 erster Literaturnobelpreisträger Deutschlands und Kurgast Merans, schrieb: „Jeder Blick aus dem Fenster ist schon wie ein Ausflug ins Paradies." Allerdings liegt ein finsteres Geheimnis über dem Schloss: Die meterdicken Mauern des Kellers sollen eine Falschgeld-Zentrale Hitlers und danach eine Geldquelle der Nazihelfer-Organisation „Odessa" beherbergt haben. Eingerahmte falsche englische Pfundnoten waren als Beweis in der Lobby zu sehen.

den überschreiten wir den tiefen Graben des Sinichbachs. Am Gegenhang verlassen wir die Markierung „Waalrunde" und wandern links zum Bauernhof und Gasthaus Heacher, der in beneidenswerter Aussichtsposition am Hang liegt und nach Süden blickt. Weiter geht's bergab zum Kofler und kurz danach an einer Kreuzung links, Schilder bringen uns zum Wiesler, einem guten Ausflugslokal und Weinbauern. Von dort erreichen wir auf einem Wiesen- und Waldsteig die Kirche von Burgstall. Wir steigen nicht ins Dorf ab, sondern fädeln rechts im spitzen Winkel in den Graf-Volkmar-Weg ein. Der promenadenartige Steig führt nordwärts durch submediterranen Laubwald und Weinberge am Bergfuß zur Bushaltestelle nördlich von Burgstall an der alten Meraner Straße (bei einer Q8-Tankstelle). Zurück geht es mit dem Bus.

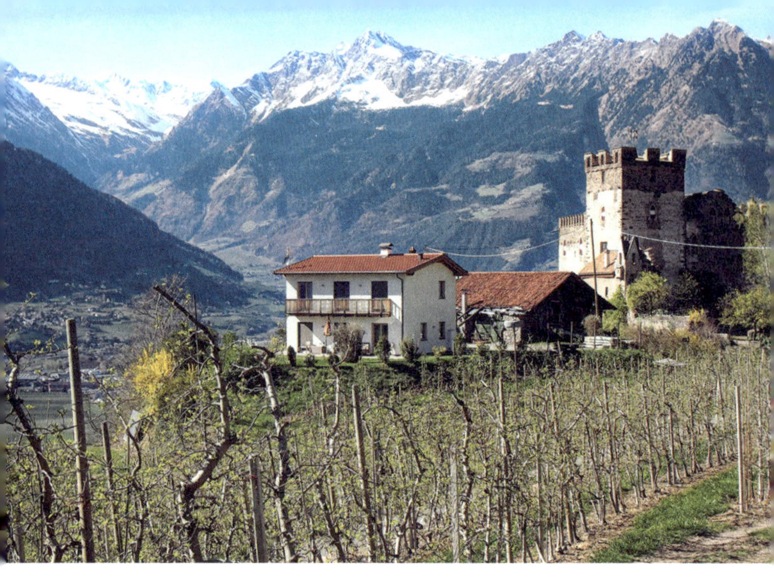

Wie viel Alkohol sollte im Wein sein?

Der Alkoholgehalt im Wein wird in Volumenprozent angegeben, es handelt sich dabei um Ethanol, den sogenannten Trinkalkohol, neben Wasser ein Hauptbestandteil des Weins. Alkohol entsteht auf natürliche Weise, wenn Hefen durch Gärung den Traubenzucker in Alkohol umwandeln. Je süßer die Trauben, desto höher der Alkoholgehalt, ein wichtiges Qualitätskriterium. Alkohol ist sichtbar: Beim Schwenken des Glases entstehen an der Glaswand die sogenannten Kirchenfenster, je langsamer diese Schlieren abfließen, desto mehr hochwertigen Alkohol (Glyzerin) enthält der Wein.
Alkohol ist auch ein Konservierungsmittel und Aromaträger für Tannine, Aromen, Säuren und Extrakte. Ist das Verhältnis nicht ausgewogen, so kann ein Wein bereits mit 12 Vol.-% brandig schmecken, während ein Wein mit hoher Aromakomplexität selbst mit 15 Vol.-% nicht alkoholreich wirken muss. Der Blick auf das Etikett mit der %-Angabe ist nicht alles, erst nach einer unvoreingenommenen Verkostung sollte ein Urteil gefällt werden. Ein hoher Alkoholgehalt mildert die Säure und intensiviert den Geschmack. Steigende Alkoholgrade in allen Weinbauländern sind ein kontrovers diskutiertes Thema. Die Gründe? Niedrigere Stockerträge, künstliche Bewässerung, die Reife setzt früher ein. Mehr Reife, mehr Süße, mehr Alkohol. Jedem Kellermeister schlägt das Herz höher, wenn Maische mit hohem Zuckergehalt eingebracht wird und er stolz verkünden kann: „Es wird ein guter Jahrgang!“ Aus gesundheitlicher Sicht sind zwei, drei Prozent Alkohol mehr für den Körper nicht von großer Bedeutung.

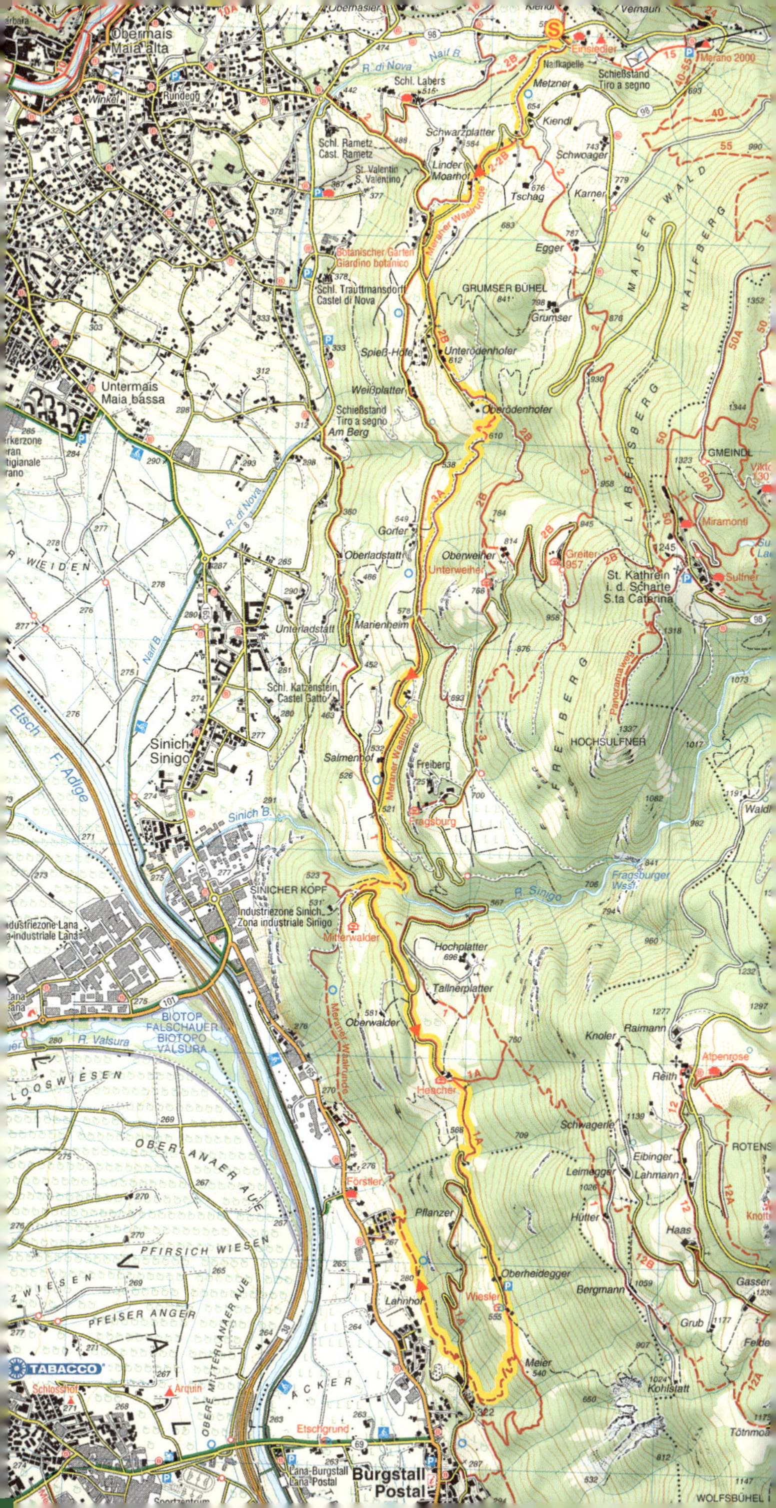

Obermais
Maia alta
Untermais
Maia bassa
Sinich
Sinigo
Schl. Labers
Schl. Rametz
Cast. Rametz
St. Valentin
S. Valentino
Botanischer Garten
Giardino botanico
Schl. Trauttmansdorff
Castel di Nova
GRUMSER BÜHEL
Meraner Waalrunde
Schl. Katzenstein
Castel Gatto
Freiberg
Fragsburg
SINICHER KÖPF
Industriezone Sinich
Zona industriale Sinigo
Mitterwalder
Oberwalder
Heacher
Förstler
Pflanzer
Lahnhof
Oberheidegger
Wiesler
Meier
Etschgrund
Lana-Burgstall
Lana-Postal
Burgstall
Postal
St. Kathrein
i. d. Scharte
S.ta Caterina
HOCHSULFNER
Panoramaweg
Miramonti
Sulfner
Einsiedler
Merano 2000
Naifkapelle
Schießstand
Tiro a segno
BIOTOP
FALSCHAUER
BIOTOPO
VALSURA
R. Valsura
Etsch
F. Adige
R. Sinigo
Fragsburger
Wssf.
Alpenrose
TABACCO
Schlosshof
Arquin

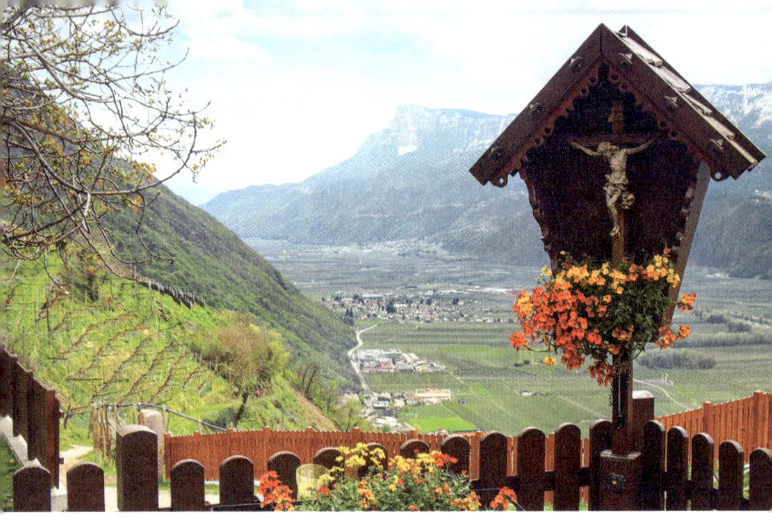

EINKEHRTIPPS

Restaurant Hecherhof: Alter Bauernhof mit neuem Zubau auf 640 m, am schönsten ist es auf der Terrasse. Hausmannskost, Eigenbauweine, Hofbrennerei. Katzensteinstraße 38, Meran, Tel. 0473 244086, www.hecherhof.it, Di. Ruhetag

Der **Berggasthof Wiesler** liegt in wunderbarer Aussichtsposition auf 550 m. Gute Südtiroler Küche, die Weine von Vernatsch, Blauburgunder, Zweigelt und Müller-Thurgau werden selbst gekeltert. Kirchweg 22, Burgstall, Tel. 0473 291327, www.wieslerhof.com, im Sommer geschlossen, Di. Ruhetag

INFOS IN KÜRZE

- Streckenwanderung durch Weinberge, Obstanlagen und Wald mit Blick über Meran
- Meran/Naif, an der LS 98, bei der Bushaltestelle an der Kreuzung Hotel Kiendl / Hotel Einsiedler / Camping Hermitage, 700 m vor der Talstation Seilbahn Meran 2000
- ** Mittel
- 3 h 40 min
- 390 Hm
- 10,4 km
- Frühjahr, Herbst
- Von Meran auf der LS 98 Richtung Hafling, Parkplatz nahe der Kreuzung, am Beginn der Waalrunde
- Auch mit Linienbus von Meran erreichbar. Rückweg mit dem Bus Bozen–Meran bis zum Bahnhof Meran, hier umsteigen auf den Bus Meran–Hafling. Fahrplan: www.suedtirolmobil.info

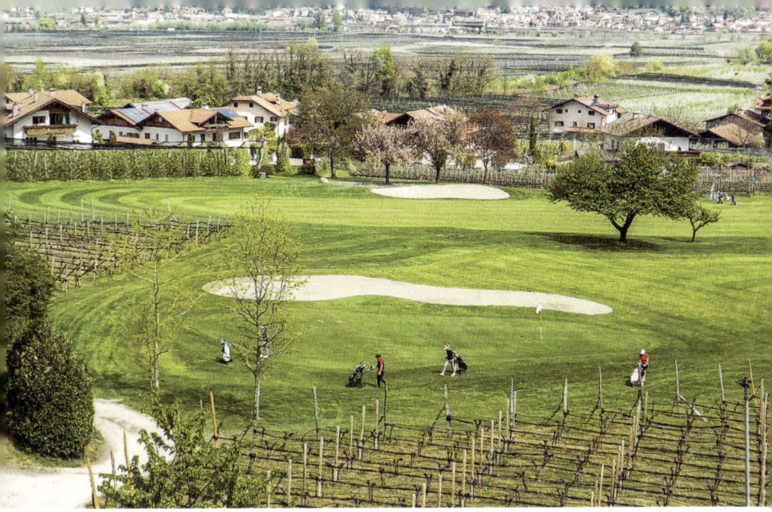

10 Von Lana nach Völlan

Auf die Terrassen bei Tisens

In der malerischen Mittelgebirgslandschaft mit den Ortschaften Tisens und Völlan liegen auf Anhöhen und Felsvorsprüngen Burgen, Schlösser und uralte Höhenkirchen. Grund genug, vom Etschtal aus über die Streusiedlung Ackpfeif eine Wanderung zum stimmungsvollen Kraftort von St. Hippolyt zu unternehmen. Laut dem Tiroler Landreim, einem langen Loblied auf das Land Tirol aus dem Jahr 1558, zählten neben den Lagen von Tramin, Gries, Eppan und Schreckbichl, Girlan, Missian und Leitach auch die Weine von Ackpfeif bei Lana zu den besten des Landes. Der Obstbau verdrängte im 20. Jh. den alteingesessenen Weinbau, in neuerer Zeit ist ein Umkehrtrend zu beobachten, es werden immer mehr Reben weißer Sorten gepflanzt.

Gegenüber der Kirche von Niederlana, bei der Raiffeisenkasse, orientieren wir uns an der großen Panoramatafel. Dann gehen wir in den Brandisweg und wandern am Golfplatz und dem Wirtshaus Brandiskeller vorbei. Der Weg beginnt jetzt langsam zu steigen und taucht in den Laubwald ein. Es ist ein Kreuzweg, gemauerte Kreuzwegstationen begleiten uns. Bald erreichen wir die Obst- und Weingüter des Streuweilers von Ackpfeif, dabei erfreuen uns prächtige Ausblicke übers Etschtal und zum Meraner Becken. Weiter geht es über einen alten Weg Richtung Tisens. Wir überqueren die Gampenstraße, steigen auf die Felskuppe mit dem Hippolyt-Kirchlein, es geht durch eine eigenartige, von abgeschliffenen Felsen und kleinen Terrassen geprägte Landschaft. Stationen und Gedenktafeln erinnern uns daran, dass wir auf einem Besinnungsweg unterwegs sind, der zum Gedenken an Papst Johannes Paul II. errichtet wurde. Die Kirche ist verschlossen, aber das Schönste ist hier sowieso die unvergleichliche Aussicht zum Meraner Becken und nach Süden übers Etschtal. Auf der Nordseite des Kirchhügels folgen wir der Markierung Nr. 5, „Lana", über einen Felsensteig durch Wald zu einem Sattel, an der Wegteilung bleiben wir rechts und folgen immer

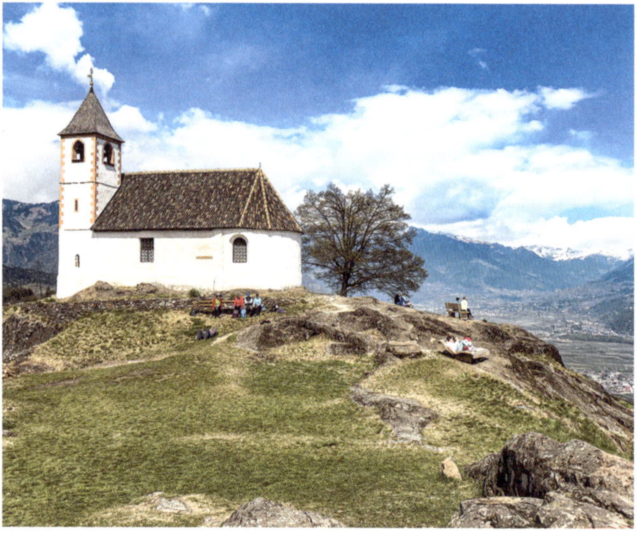

St. Hippolyt

Funde, die bis in die Jungsteinzeit reichen, und Schalensteine belegen die frühe Besiedlung des exponierten Kirchenhügels. Das Kirchlein aus dem 13. Jh. ist mustergültig restauriert, aber leider nicht zugänglich. Der hl. Hippolyt (lateinisch Hippolitus, italienisch Ippolito) war einer der ersten Priester, legte die Heilige Schrift streng aus, wurde im frühchristlichen Rom im 3. Jh. Bischof einer Sondergemeinde und zum ersten „Gegenpapst". Im Zuge der Christenverfolgung wurde er ins Exil nach Sardinien vertrieben, musste im Bergwerk arbeiten und starb dort an Entbehrung, weshalb er als Märtyrer verehrt wird. Vom Parkplatz an der Gampenstraße führt der Besinnungsweg zum Lichtreichen Rosenkranz zum Gedenken an Papst Johannes Paul II., der 2014 heiliggesprochen wurde, zur Kirche. Unterwegs trifft der Pilger und Wanderer auf verschiedene Besinnungsstationen.

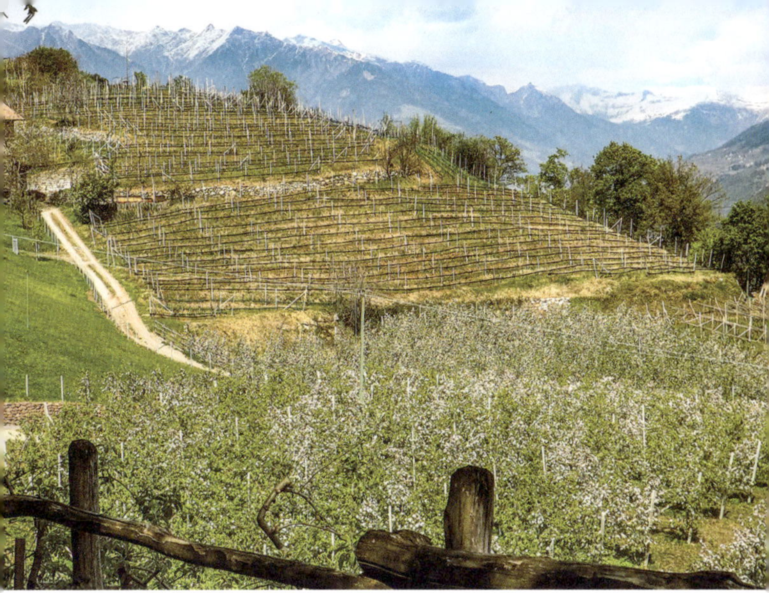

den Schildern Richtung Lana, bald treffen wir auf Obstwiesen und die Jausenstation Götzfriedkeller. Wir queren wieder die Gampenstraße und stoßen auf den Aufstiegsweg, der uns zum Ausgangspunkt in Niederlana zurückbringt.

PIWI-Reben

Weintrinker werden sich den Begriff „PIWI" merken müssen: Er steht für pilzwiderstandsfähige Rebsorten, die nicht oder nur in geringem Umfang mit Pflanzenschutzmitteln gegen Pilzkrankheiten behandelt werden müssen. Der Wein dieser Reben wird mit dem Oberbegriff „PIWI" bezeichnet. Die neuen Sorten entstehen durch die Kreuzung verschiedener herkömmlicher Rebsorten, wobei jede neue Kreuzung auch einen neuen Namen erhält, wie z. B. Solaris, Bronner oder Souvignier Gris. Und weil diese Weinsorten der Mehrzahl der Konsumenten eher unbekannt sind, kommt dem Ab-Hof-Verkauf eine wichtige Rolle zu.

☞ Einige ausgewählte Betriebe, die PIWI-Weine anbieten: **Zollweghof**, Braunsbergweg 15, Lana, Tel. 335 5922200; **Hof Gandberg**, Schulthauser Weg 1, St. Michael-Eppan, www.thomas-niedermayr.com; Werner Morandell vom Bioweingut **Lieselehof** in Kaltern, www.lieselehof.com

Mehr als 60 Südtiroler Weinbauern haben sich der Philosophie einer umweltverträglichen Weinerzeugung verschrieben. Mehr zum Thema und weitere Kontaktadressen auf www.piwi-international.de

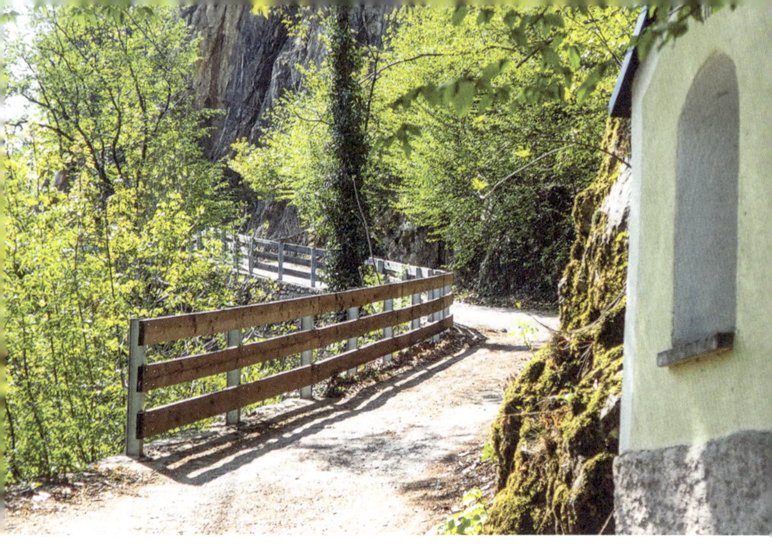

Kränzelhof

Sehenswert ist der historische, schlossartige, zinnengekrönte Kränzelhof in Tscherms allemal. Er bietet lebende Natur-Kunstwerke in sieben Gärten, Künstler aus nah und fern präsentieren dort ihre Werke. Ein Besuch im schmucken Weinhaus mit dem Gastgarten lohnt sich, um dort die Weine zu verkosten, die Franz Graf v. Pfeil auf dem Weingut produziert. Sehr empfehlenswert ist der Blauburgunder. Angrenzend liegt das Restaurant Miil am plätschernden Bächlein, dessen Wasser die Miil (Mühle) antrieb. Zur gehobenen, kreativen Küche finden Sie sicher den geeigneten Wein! Kränzelhof, Gampenstraße 1, Tscherms, Tel. 0473 554806, www.kraenzelhof.it
Restaurant Miil, Gampenstraße 1, Tscherms, Tel. 0473 563733, www.miil.it

EINKEHRTIPPS

Hofstätterhof: Berggasthof mit Gastgarten und urigen Stuben, im Herbst guter Platz zum Törggelen. Naraun 29, Tisens, Tel. 0473 920767, www.hofstaetterhof.it, Anf. Apr. – Ende Juni, Anf. Aug. – Mitte Nov. 11–23 Uhr, Di. Ruhetag
Auf dem Kirchhügel, in einmaliger Position, thront das **Gasthaus Hippolyt**. Hausmannskost, Gaststube, Terrasse. St. Hippolyt, Tisens-Naraun, Tel. 0473 420037, www.gasthaus-hippolyt.it, Mo. u. Di. Ruhetag
Anna Matscher, Südtirols einzige Sterneköchin, führt mit ihrer Familie in Tisens das wunderschöne **Restaurant Zum Löwen**. Nicht für alle, auch nicht ganz billig, aber einmalig gut! Hauptstraße 72, Tisens, Tel. 0473 920927, www.zumloewen.it, Mo. und Di. Ruhetag

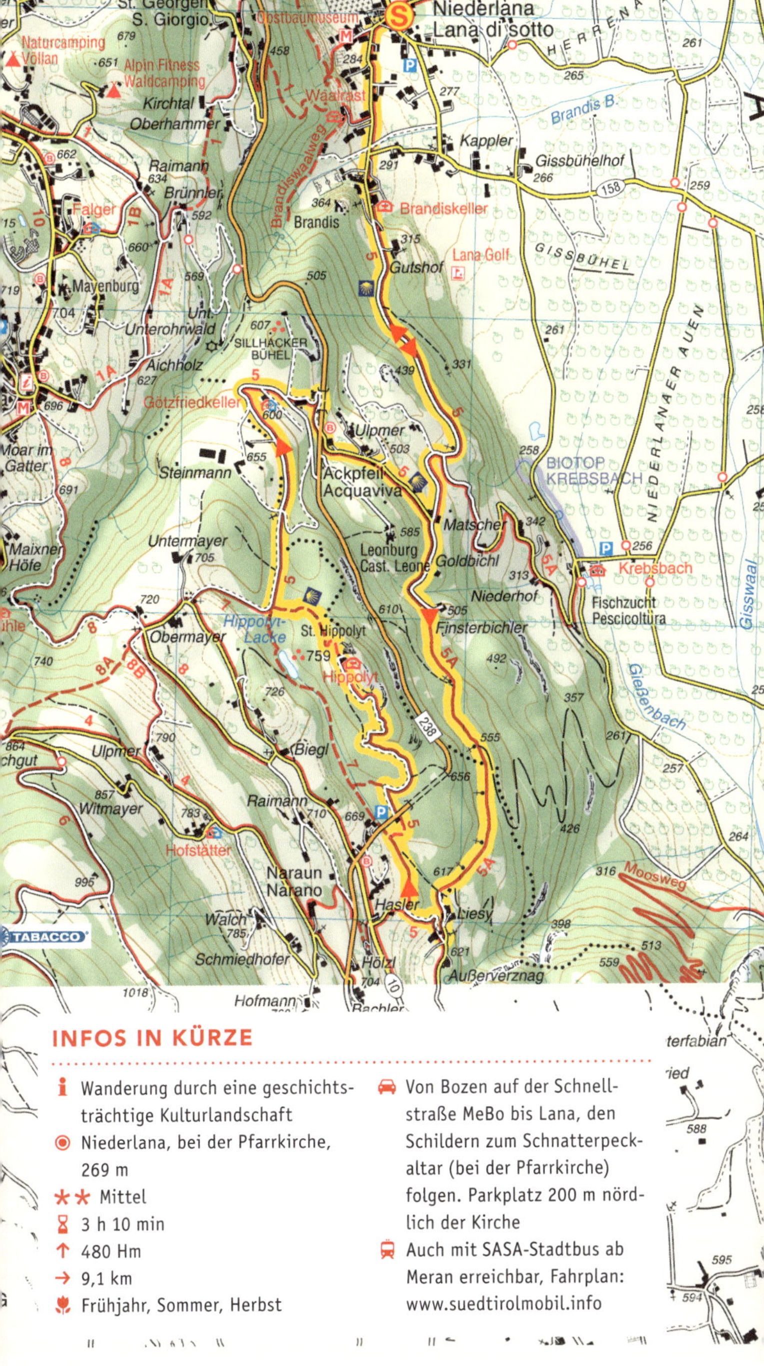

INFOS IN KÜRZE

- Wanderung durch eine geschichtsträchtige Kulturlandschaft
- Niederlana, bei der Pfarrkirche, 269 m
- ** Mittel
- 3 h 10 min
- 480 Hm
- 9,1 km
- Frühjahr, Sommer, Herbst
- Von Bozen auf der Schnellstraße MeBo bis Lana, den Schildern zum Schnatterpeckaltar (bei der Pfarrkirche) folgen. Parkplatz 200 m nördlich der Kirche
- Auch mit SASA-Stadtbus ab Meran erreichbar, Fahrplan: www.suedtirolmobil.info

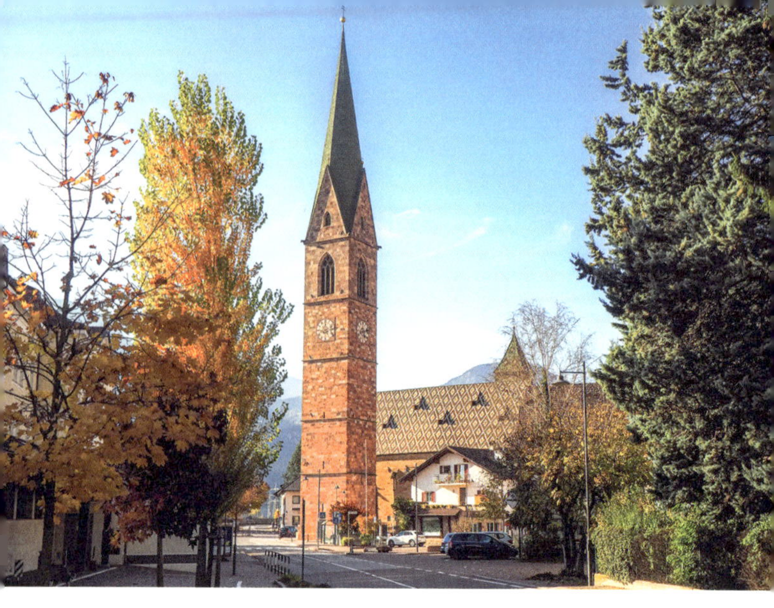

11 Vorberg, Tschirgl und Planatsch

Die Rebenterrassen bei Terlan

Am steilen und felsigen Westhang des Tschögglbergs zwischen Terlan und Vilpian liegen schmale Geländeterrassen. Vor langer Zeit hat der Mensch der Natur dieses Land abgerungen und urbar gemacht: Auf kargen Böden und sonnenexponierten kleinen Terrassen wachsen Reben, die Weine höchster Qualität liefern. In den Flurnamen stecken die Wurzeln alter Begriffe aus romanischer und vorromanischer Zeit. Besonders zur Törggelezeit, wenn sich der niedere Laubwald und die Reben bunt färben und in den Buschenschänken die köstlichen herbstlichen Gerichte, der neue Wein und gebratene Kastanien locken, ist eine Wanderung zu diesen Weinhöfen zu empfehlen!

Wir beginnen unsere Wanderung im Ortskern von Terlan. Die Hinweisschilder (Nr. 4) leiten durch schöne Rebanlagen, zum Ansitz Liebeneich, dem Hof Klaus in der Mühl und an der alten, renovierten Wassermühle vorbei auf den Berg zu. Der Weg wird jetzt zum Steig, es geht stramm bergauf. Beim „Wengeregg", nach 200 Hm und ca. 40 min Gehzeit, treffen wir auf die breite, die „neue" Autostraße nach Mölten. Wir verlassen sie aber sofort wieder links und fädeln in die von Büschen und Bäumen überwucherte alte Möltner Straße ein. Diese windet sich in die Höhe und trifft beim Bauernhof

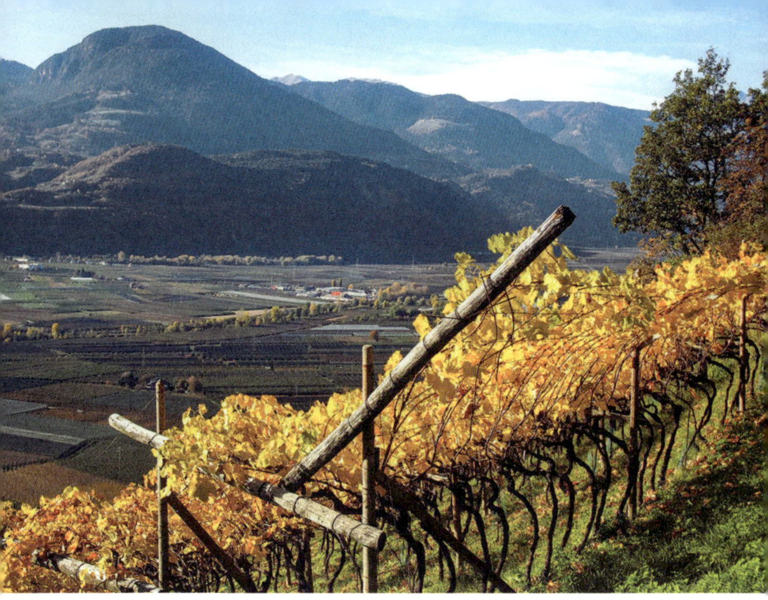

Unterlegar wieder auf die breite Möltner Straße. Wem bereits nach Einkehren zumute ist, der findet rechts einen Wegweiser, der durch schöne Weinberge zum Oberlegar, einer gepflegten Gaststätte, führt. Andernfalls bleiben wir auf der Möltner Straße, nach 10 min zweigt links in einer Kurve eine kleine asphaltierte Straße ab, es ist die Zufahrt zu den Tschirggl-Höfen, der wir bergab folgen (Nr. 4A). Vor dem Weinhof Mugger bleiben wir auf dem Sträßchen, das sich hangquerend (Nr. 1A) durch einen Buschwald und durch Weinberge westwärst dahinschlängelt. Wir genießen dabei den Ausblick übers Etschtal und nach Süden: in der Ferne der Kirchturm von St. Pauls

Die Terlaner Silberleiten

Im 15. Jh. hatte der Silbererz-Abbau an den Hängen am Fuß des Tschögglbergs seine Hochblüte. Vor wenigen Jahrzehnten waren, wo sich jetzt schöne Weinberge hinaufziehen, noch die Halden des Abraummaterials zu sehen. In der Nähe einer felsigen Kuppe mit einem Wetterkreuz erinnert die etwas tiefer liegende Ruine der im 14. Jh. erbauten Bergknappen-Kapelle St. Peter an die Bergwerkszeit. Der Volksmund weiß zu berichten, dass die Wurzeln der Terlaner Weinreben tief hinunter bis zu den verborgenen Silbererzadern reichen: Das sei der wahre Grund, weshalb der Terlaner Wein so einzigartig funkle. Die besten Lagen hießen daher folgerichtig Silberleiten. Bezeichnenderweise hat die Kellerei ihren Sitz am Silberleitenweg.

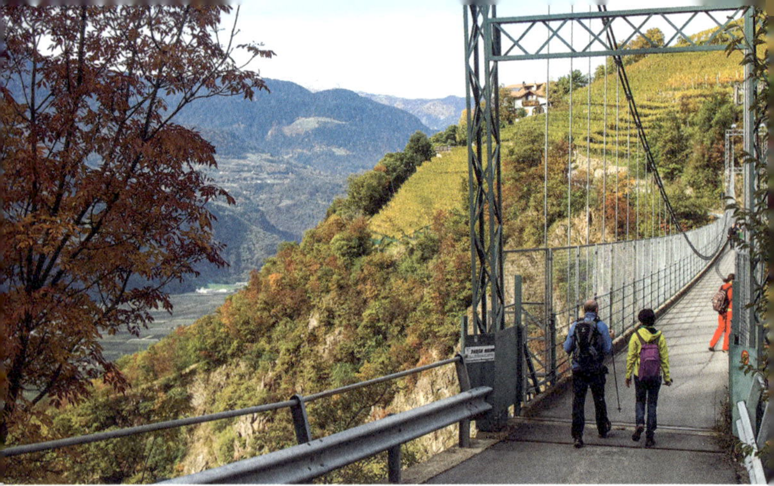

im Überetsch, am Mendelhang die Burg Hocheppan, ganz im Südosten der Gipfel des Weißhorns. Wir kommen zur Ebene mit den Planatsch-Höfen, es geht auf der kaum befahrenen Asphaltstraße in Kehren leicht abwärts zur imposanten Hängebrücke, die in schwindelerregender Höhe die Schlucht des Möltner Bachs überspannt. Am Gegenhang winkt schon der Oberschol herüber, der Weinhof liegt inmitten schöner Rebanlagen auf der Bergschulter. Hinter dem Oberschol gabelt sich der Weg, Markierung Nr. 1 geht nach Mölten, unser Steig führt links steil bergab nach Vilpian. Es handelt sich um einen uralten Plattenweg, der im Zickzack durch Fels und Geröll rasch ins Tal führt. Bei der Talstation der Möltner Seilbahn mit der Bushaltestelle endet unsere Wanderung. Mit dem Bus Meran–Bozen fahren wir nach Terlan zurück.

Weißwein aus Terlan

Terlan ist wegen seiner außergewöhnlich lagerfähigen Weißweine weltberühmt. Dass die Rebe hier so vorzüglich gedeiht, liegt neben dem günstigen Klima mit heißen Sonnentagen und kühlen Nächten auch an der Bodenbeschaffenheit, an der typischen Erde aus verwittertem rostrotem Porphyr, der mit Lehm und Sand durchsetzt ist. Die Terlaner Leitsorten sind der Weißburgunder und der Sauvignon. ☞ Die Weine daraus lernen Sie am besten beim Besuch in der **Kellerei Terlan** kennen! Zu empfehlen ist der Weißburgunder Vorberg Riserva, aber auch der Sauvignon Quarz ist eine gute Wahl. Außerdem hat die Kellerei als Besonderheit eine reiche Auswahl an älteren Jahrgängen zu bieten.
Kellerei Terlan, Silberleitenweg 7, Terlan, Tel. 0471 257135, www.cantina-terlano.com

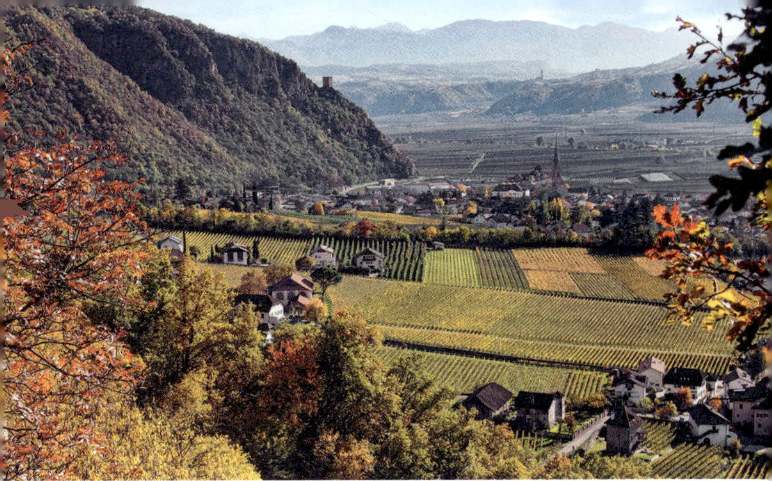

EINKEHRTIPPS

Oberschol: Modernes Bauernhaus im traditionellen Stil. Stube, Terrasse, schöne Aussicht. Typische Eigenbauweine und gute Hausmannskost. Schlaneid 62, Mölten, Tel. 0471 678966, www.buschenschank-oberschol.com

Der Weinbauer **Oberlegar** liegt inmitten von Reben. Die Küche hat sich ganz der heimischen Tradition verschrieben. Möltner Straße 2, Terlan, Tel. 0471 678126 oder 334 3189520. Variable Öffnungszeiten, im Hochsommer und im Winter geschlossen, Vormerkung angeraten. Di. Ruhetag

Ein Loblied auf den Wein

Auf der markanten Kuppe von Planatsch ließ sich zu Beginn des 20. Jh. eine Gräfin ihr Feriendomizil errichten, das sie aber nicht lange bewohnte. Das stilfremde Gebäude wurde nach dem Ersten Weltkrieg als deutscher Besitz enteignet, mittlerweile ist das Haus in bürgerlich-bäuerlichen Händen. Kurios ist der sinnige Weinspruch (nach Theobald Kerner, 1817–1907), der über die ganze Hausbreite geht und die Weinkultur in höchsten romantisierenden Tönen lobt:

Aus der Traube in die Tonne, aus der Tonne in das Fass
aus dem Fasse dann, oh Wonne, in die Flasche u. ins Glas.
Aus dem Glase in die Kehle, aus der Kehle in den Schlund
u. als Blut dann in die Seele u. als Wort dann in den Mund.
Aus dem Worte etwas später formt sich ein begeistert Lied,
das durch Wolken in den Äther mit der Menschen Jubel zieht.
Und im nächsten Frühjahr wieder fallen dann die Lieder fein
dann als Tau auf Reben nieder und sie reifen neuen Wein.

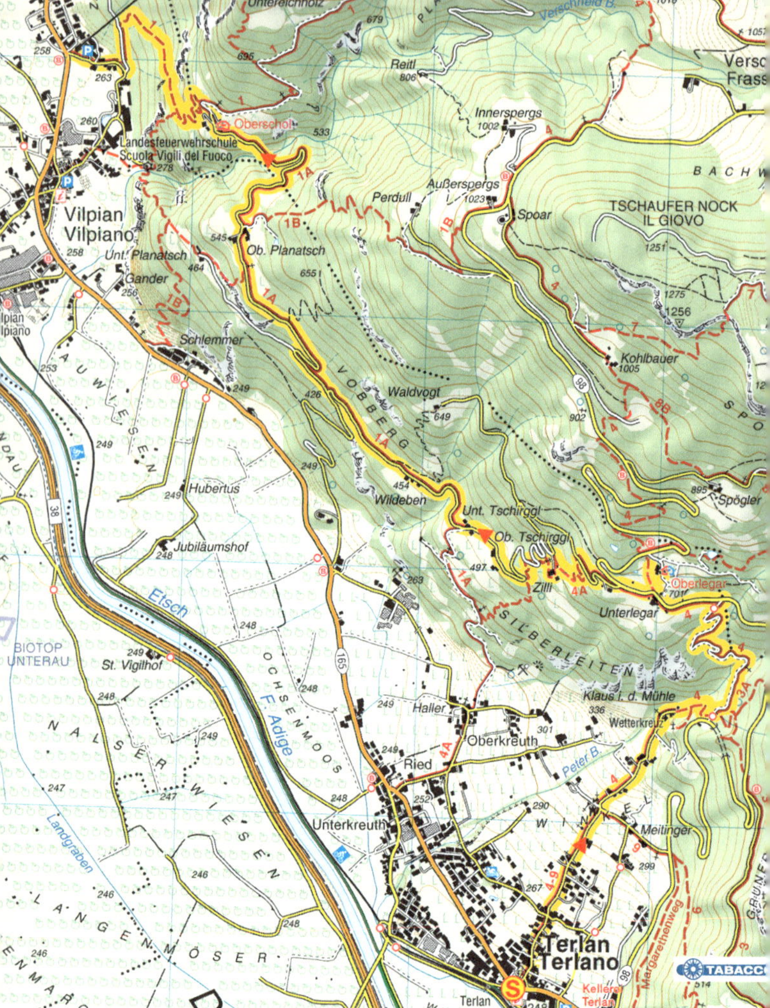

INFOS IN KÜRZE

- Streckenwanderung am Berghang von Terlan nach Vilpian
- Terlan, am Kirchplatz, 250 m
- ★★ Mittel, steiles holpriges Schlussstück
- 3 h 30 min
- ↑ 680 Hm
- → 9,5 km

- Frühjahr, Herbst und Winter, im Sommer zu heiß, südexponiert
- Über die MeBo oder die LS 165 bis Terlan, Parkplätze beim Bahnhof oder am südlichen Ortsteil
- Zentrumsnahe Haltestelle von Bahn oder Bus. Fahrplan: www.suedtirolmobil.info

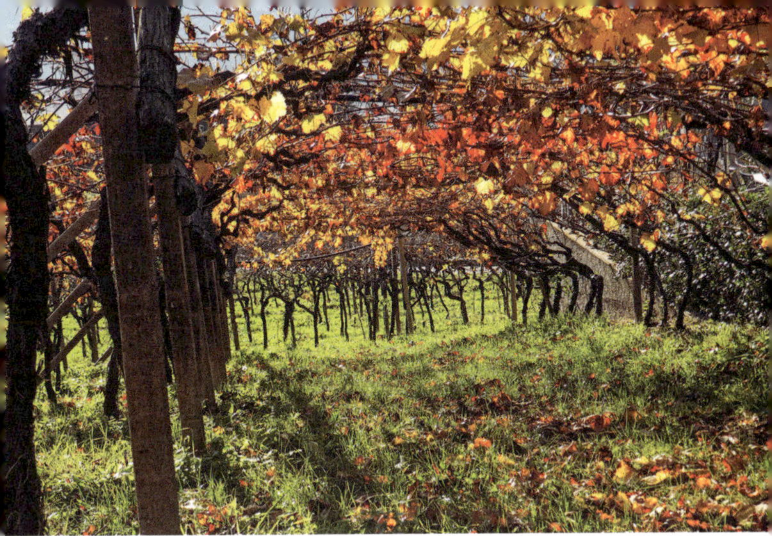

12 Auf dem Terlaner Weinweg

Ein Spaziergang durch Terlans Weinlandschaft

Terlan und die sonnenverwöhnen Hänge am Fuße des Tschögglbergs haben eine lange Weinbautradition. Es war also naheliegend, für die Liebhaber von Wein und Rebenlandschaft einen Wanderweg anzulegen, der ohne größere Steigungen durch die Weinberge führt und die Möglichkeit gibt, in der Kellerei zur Verkostung und zum Einkauf einzukehren.

Den Terlaner Weinweg beginnen wir am besten bei der Kellerei Terlan und folgen den Hinweisschildern über den Margarethenweg bergwärts. Hier treffen wir bereits auf die ersten Erklärungstafeln,

Wein und Spargel

Wussten Sie, dass auf den sandigen und humusreichen Schwemmlandböden der Etsch in Terlan, Siebeneich und Vilpian auf 10 ha Boden bester Spargel angebaut wird? Er wird gern mit Schinken und Bozner Sauce serviert, begleitet von einem Glas Sauvignon oder Terlaner. Übrigens, wenn Sie auf dem Etikett „Südtirol Terlaner DOC" lesen, dann ist es eine Cuvée, die mindestens 50 % Weißburgunder oder Chardonnay enthalten muss.

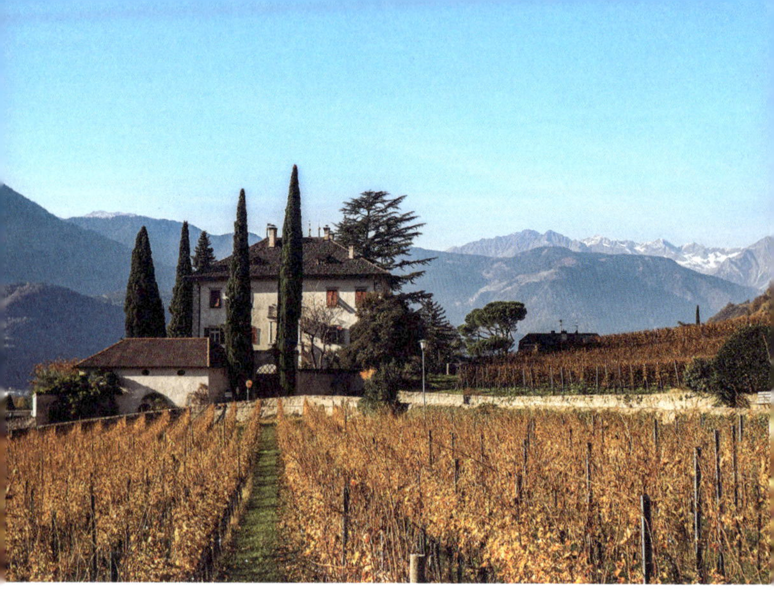

deren 20 werden wir im Verlauf des Wegs finden. Sie erzählen uns von der Arbeit im Weinberg, den verschiedenen Erziehungsformen, von den Lagen, Böden und den wichtigsten Rebsorten mit ihren Merkmalen. Es geht dabei über kaum befahrene Wirtschaftswege, an denen Weinhöfe, aber auch herrschaftliche Ansitze liegen. Eine immergrüne Pflanzenwelt in den Gärten mit Palmen, Zypressen und Olivenbäumen ist ein Hinweis, dass das günstige Klima nicht nur Reben, sondern auch subtropische Pflanzen gut gedeihen lässt. Die Markierungen sind aufmerksam zu verfolgen, denn der Weg führt im Zickzack entlang und kreuzt sich manchmal. Nach 1,5–2 Stunden sind wir gemütlich wieder am Ausgangspunkt an der Kellerei angelangt.

Der Ansitz Liebeneich

Am Weg, an einer kleinen Kreuzung, fällt das Ensemble des Ansitzes Liebeneich, bestehend aus Landgut, Kirche, Wohntrakt, Park und Weingütern, auf. Bereits um 1321 erwähnt, ging der Besitz im Erbweg an die Grafen Enzenberg, deren Nachkommen Liebeneich heute noch besitzen und bewirtschaften. Zum Ansitz gehören neben den umliegenden Weinbergen auch ausgedehnte Weingüter bei Siebeneich und in Kaltern sowie verschiedener weiterer Besitz in Südtirol. Die Weißweine aus den Terlaner Reben werden in der eigenen modernen Kellerei im Weingut „Manincor" in Kaltern gekeltert. Mit rund 50 ha Rebenanlagen ist Graf Goëss-Enzenberg der größte private Winzer Südtirols.

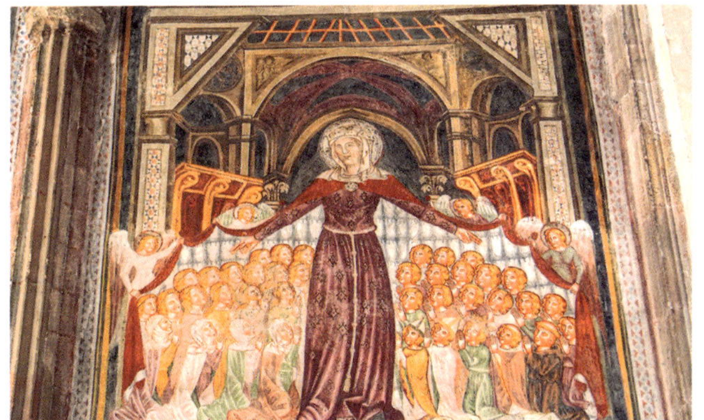

Die Pfarrkirche von Terlan

Für den Weinweg haben wir keine 2 Stunden gebraucht, so bleibt Zeit, die Dorfkirche zu besichtigen. Sie ist ein kunsthistorisches Kleinod, vollständig mit gotischen Fresken aus dem frühen 15. Jh. ausgeschmückt. Weil die Pfarrkirche eine Marienkirche ist, haben die meisten Bilder einen Bezug zum Leben Marias. Ein Sternenhimmel überdeckt den Raum. Berühmt sind das Fresko der Schutzmantelmadonna, das Wunder des hl. Nikolaus auf dem Schiff, wie er das stürmische Meer bändigt, und der Kindsmord in Bethlehem. Als einer der Freskanten wurde Hans Stotzinger ausgemacht.

Die Geistlichkeit und der Wein in Terlan

Südtirol und auch Terlan mit Siebeneich blicken auf eine lange Weinbautradition zurück. Bereits in der mittleren Eisenzeit (6.–5. Jh. v. Chr.), also noch vor den Römern, haben die Räter hier eine systematische Weinkultur betrieben, mit Anbau, Erziehung und Schnitt von Rebstöcken, wie Funde von Rebmessern aus der Eisenzeit belegen.
Im Mittelalter besaßen Klöster von jenseits der Alpen viele der schönsten Weingüter im südlichen Tirol und so auch in der Terlaner Gegend. Der Meierhof in Terlan war dem Stift Wilten bei Innsbruck zinspflichtig, der Steindlhof dem Kloster Benediktbeuern in Oberbayern. Meist wurde die Maische, später auch der Wein, mit Fuhrwerken auf beschwerlichem Weg über die Alpen geliefert. Der Baumann vom Meierhof hatte seine Maische zum Bloshof in St. Pauls bei Eppan zu liefern, der ebenfalls im Besitz der Prämonstratenser des Klosters Wilten war. Große Weinberge bei Siebeneich (Gemeinde Terlan) sind immer noch im Besitz des Deutschen Ordens.

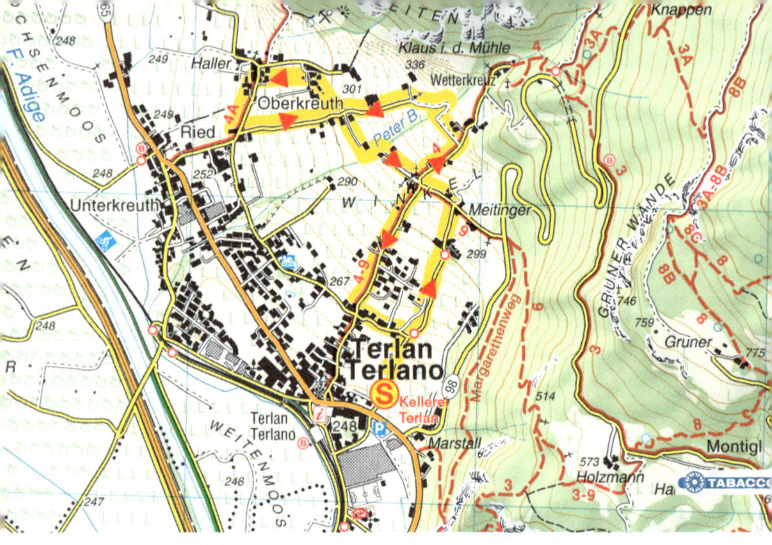

EINKEHRTIPPS

Hotel Restaurant Weingarten: Kleines Hotel mit angeschlossenem gepflegten Restaurant in den Weinbergen. Hausgemachte, regionale Spezialitäten, darunter im Frühling lokaler Spargel. Hauptstraße 42, Terlan, Tel. 0471 257174, www.hotel-weingarten.com

Residence Egger, Bar, Pizzeria und Restaurant: Modernes Ambiente, großer Garten und Kinderspielplatz, in der Nähe des Weinwegs. Oberkreuther Weg 4 (in der Nähe des Schwimmbads), Tel. 0471 1889670, www.egger-terlan.eu, Mo. Ruhetag

INFOS IN KÜRZE

- Ortsnaher Themenweg zum Weinbau
- Am Sitz der Kellerei Terlan, 250 m
- Leicht
- 1 h 10 min
- Keine nennenswerten Anstiege
- 3,7 km
- Frühjahr, Herbst und Winter, im Sommer zu heiß, kein Schatten
- In Terlan, von der Staatsstraße am südlichen Dorfeingang, gegenüber der Schule, den Schildern zur Kellerei im Silberleitenweg folgen, wenige Parkplätze an der Kellerei, viel Platz am Dorfbeginn und beim Bahnhof
- Bahn und Bus der Linie 201. Fahrplan: www.suedtirolmobil.info
- Auf der Seite des Tourismusvereins Terlan www.terlan.info, Suchbegriff „Weinweg", können Sie eine Broschüre zum Weinweg herunterladen.

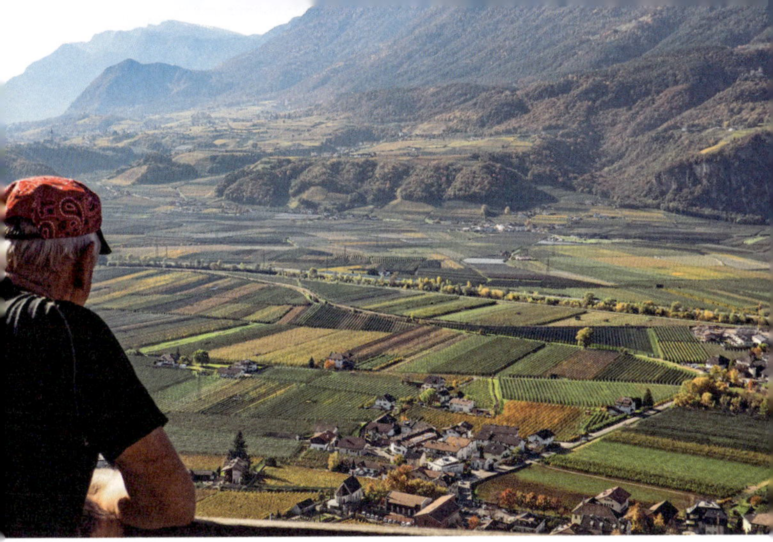

13 Zur Helfenburg oberhalb von Terlan-Siebeneich

Eine Aussichtswarte übers Etschtal

Zwischen Siebeneich und Terlan liegen am Fuß steiler und felsiger Berghänge sanft geneigte Weinberge. Inmitten prachtvoller Reben befinden sich die Kirche und das Landgut des Deutschen Ordens, ein kunsthistorisches Juwel. Wir wandern durch Weinberge und steigen auf zerklüfteten schroffen Felshängen zur Ruine der Helfenburg auf. Hier auf der schwer zugänglichen Bergkuppe bewachte sie einst den Zugang zu den höher liegenden Siedlungen am Tschögglberg. Der Rückweg geht über die Geländeterrasse von Montigl mit wunderbaren Weingütern zur imposanten Ruine von Burg Neuhaus und nach Terlan, wo uns der regelmäßig verkehrende Bus zum Ausgangspunkt zurückbringt.

In Siebeneich wandern wir vom kleinen Dorfplatz am Brunnen und dem Kindergarten vorbei auf den Berg zu, nicht ohne uns vorher an einer großen Info-Tafel zu orientieren. Wegweiser leiten uns, die Markierung ist mit der Nr. 9A angegeben. An der fröhlich gelb-weiß getünchten Antonius-Kirche beim Landgut des Deutschen Ordens vorbei geht es weiter durch Buschwald und Weinberge. Bei einer Wegteilung folgen wir links bergauf dem breiten Waldweg zu einem kleinen Weingut mitten im Wald. Der Wegweiser gibt hier die Gehzeit zur Helfenburg mit 1 h 20 min an, gleichzeitig werden wir

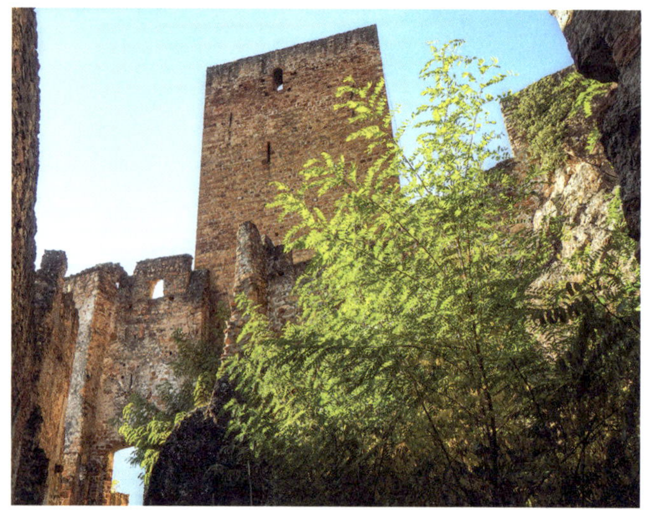

Burg Neuhaus

Eine erste Burg wurde wahrscheinlich um 1200 durch die Grafen von Tirol errichtet, sie sicherte den im Tal vorbeiführenden Weg. Reste einer Mauer sind noch an der Staatsstraße zu erkennen, die Verengung der Straße und der Ortsname „Klaus" erinnern an eine Straßensperre, an dieser Stelle wurde vermutlich Wegezoll gezahlt. Bis zum 13. Jh. verlief hier die Grenze zum Herrschaftsgebiet der Herren von Bozen. Im Volksmund trägt die Burg den Namen Maultasch, weil sich die letzte Gräfin von Tirol, Margarethe Maultasch, hier gerne aufgehalten haben soll. Wahrscheinlicher ist jedoch, dass der Name von der nahen Zollstation, „mala tasca" (Mausefalle) genannt, stammt.

Montigl, ein Balkon oberhalb von Terlan

Der Name des kleinen Weilers Montigl auf einer Geländeschulter oberhalb der Burgruine Neuhaus stammt vom lateinischen „monticulus" (kleiner Berg). Hier, in luftiger Höhe, gedeihen Weißburgunder, Chardonnay, Ruländer und der Blauburgunder besonders gut. Übrigens, die großflächige Erstbepflanzung des Blauburgunders geht in Südtirol auf die Mitte des 19. Jh. zurück. Die Rebe stellt hohe Ansprüche an Lage und Böden. Dazu kommt noch durch die dünne Beerenhaut eine hohe Anfälligkeit für Fäulnis. Bei idealen Bedingungen, so wie hier in Montigl, liefert die Traube einen hochwertigen, langlebigen Rotwein. Mehr zum Blauburgunder auf S. 146.

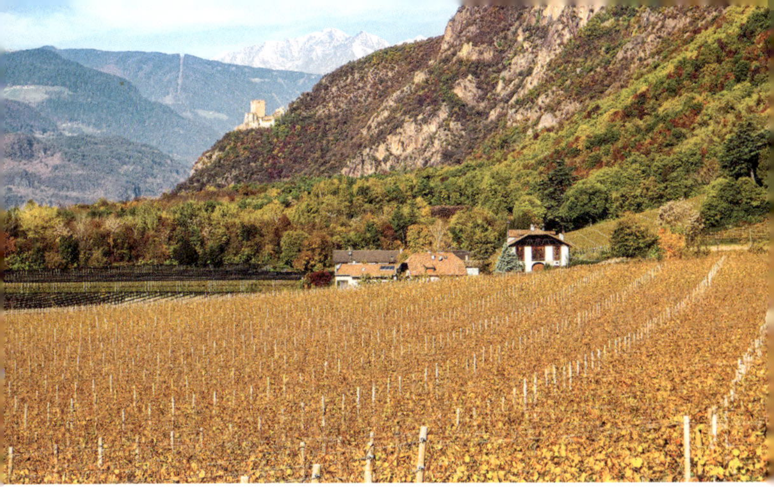

gewarnt: „Achtung, steiler, schwieriger Steig“. Das ist nicht übertrieben, ein holpriger, aber gut markierter Steig windet sich den Felshang hinauf, geht über Felsstufen und bringt uns gehörig ins Schwitzen. Es besteht keine Absturzgefahr, es ist einfach ein grober, steiler Weg. Wir müssen auf den höchsten Punkt des Bergs, der zunächst unerreichbar scheint, endlich gelangen wir auf die ebenen Felder des Pentschhofes und werden mit prächtiger Aussicht belohnt. Tisch und Bank laden zur verdienten Pause ein. Der Steig schlängelt sich am Zaun entlang, die Schilder bringen uns in kurzer Zeit über ein neu ausgebautes Steigstück zur Helfenburg oder zu dem, was von dem einst stolzen Wehrbau übrig ist. Nach kurzer Rast auf einer Bank führt uns der Steig zügig in vielen Kehren bergab. Im Talgrund überquert er ein Bächlein und geht am Gegenhang kurz in die Höhe, um auf der weiten, rebenbestandenen Hochfläche von Montigl in einen breiten, asphaltierten Hofweg zu münden. Die Markierung Nr. 9 leitet uns oberhalb einiger Weinhöfe vorbei, zur Linken finden wir eine Abzweigung. Jetzt folgen wir Nr. 3 in einem Bogen nach Südosten zur Burg Neuhaus, die auf einer Felsnase

Wo der Merlot besonders gut wächst

Im Tal, bei Siebeneich und Klaus, gedeiht auf den sanften Hanglagen mit porphyr- und lehmhaltigen, trockenen Böden ein Merlot, der sich durch seine filigrane Art von den anderen Südtiroler Merlots im Unterland (Tramin, Auer) unterscheidet.
☞ Zu einer Weinverkostung lohnt sich ein Abstecher zum Weingut **Kornell** oder zur Kellerei **Von Braunbach** (siehe Einkehrtipp).
Weingut Kornell, Kosmas-und-Damian-Weg 6, Siebeneich, Tel. 0471 917507, www.kornell.it

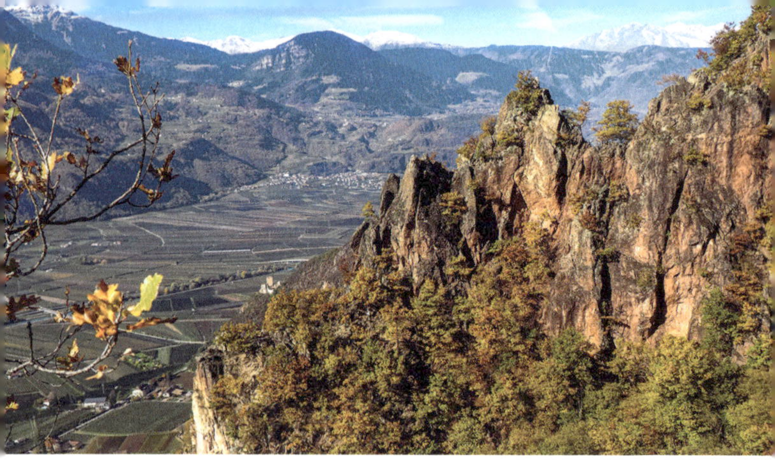

thront und einst das Land bewachte. Auf dem alten Schlossweg geht es durch Gebüsch hinunter zum Dorfrand von Terlan und auf dem Gehsteig auf der Bozner Straße zum Ausgangspunkt zurück.

EINKEHRTIPPS

Die **Kellerei von Braunbach** ist ein kleiner, feiner Betrieb in den renovierten Kellern des Deutschen Ordens in Siebeneich. Hervorragende Weine und Sekte, Vinothek und Jausenstation, Gastgarten, Kellerführungen. Pater-Romedius-Straße 5, Terlan-Siebeneich, Tel. 0471 910184, www.braunbach.it, Mo.–Fr. 9–12.30 und 15–22 Uhr, Sa. 9.30–13 Uhr, Sa. nachmittags und So. Ruhetag
Restaurant Patauner: Traditionsgasthaus an der alten Landesstraße. Gutbürgerliche Südtiroler Küche mit Pfiff und mediterranem Einschlag, viele einheimische und saisonale Produkte, im Frühjahr frischer Spargel, tolle Weinkarte. Mitglied und Initiator der Gruppe „Südtirol Gasthaus“, eine Gewähr für Authentizität. Bozner Straße 6, Terlan-Siebeneich, Tel. 0471 918502, www.restaurant-patauner.net, Do. Ruhetag

St. Antonius in Siebeneich

Der spätbarocke kleine, kuppelgekrönte Zentralbau mit Rundapsiden hat einen kreuzförmigen Grundriss und ein Türmchen mit Zwiebelhaube. Er ist mit dem Wohnhaus verbunden, so konnten einst die geistlichen Herren vom Deutschen Orden, die Besitzer des Landguts und der umliegenden Weinberge, direkt in die Kirche. Diese ist dem hl. Antonius von Padua geweiht. Am Bau wirkten namhafte Künstler mit, darunter der Bildhauer Cristoforo Benedetti aus Castione, der den Altar mit den Statuen der hll. Johannes und Jakobus anfertigte. Besichtigung nur mit Genehmigung des Deutschen Ordens.

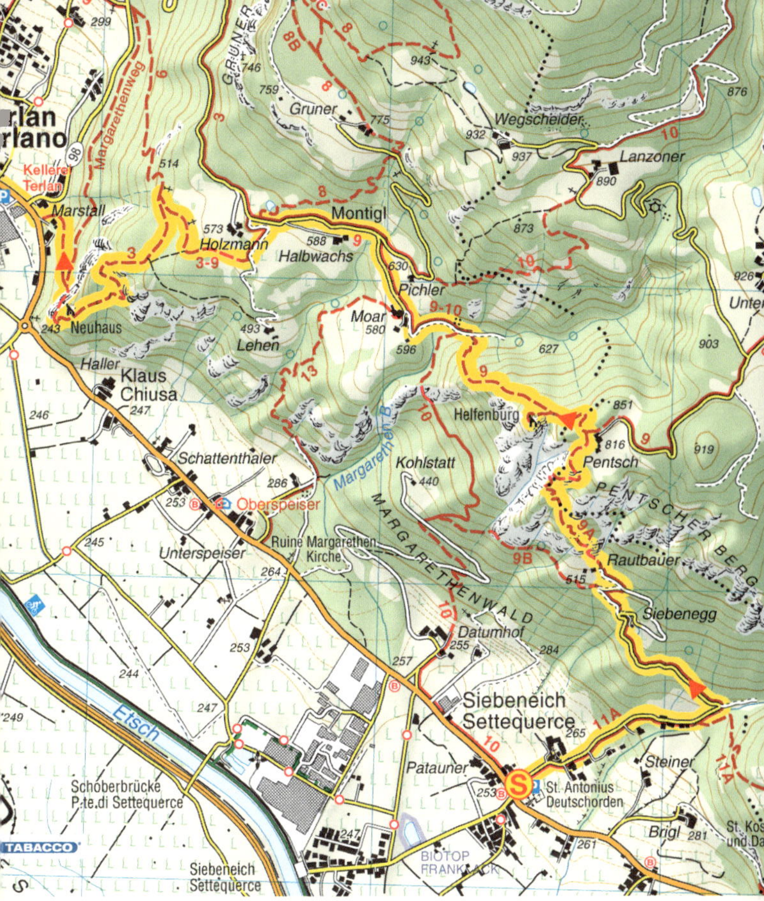

INFOS IN KÜRZE

- Interessante Wanderung durch eine besondere Reben- und Felslandschaft
- Siebeneich, Dorfplatz, 252 m
- ★★★ Anspruchsvoll, steiler Anstieg
- 3 h
- ↑ 640 Hm
- → 6,9 km
- Frühjahr bis Herbst, im Sommer früh starten, um nicht zur Mittagszeit in den Felsen unterwegs zu sein, der Abstieg von der Helfenburg ist wieder im Wald
- Siebeneich, Alte Meraner Staatsstraße, wenige Parkplätze beim Kindergarten
- Haltestelle der Busse nach Meran direkt am Start. Fahrplan: www.suedtirolmobil.info
- Unterwegs keine Einkehrmöglichkeit, aber mehrere schöne Rastplätze. Proviant und ausreichend Wasser mitnehmen

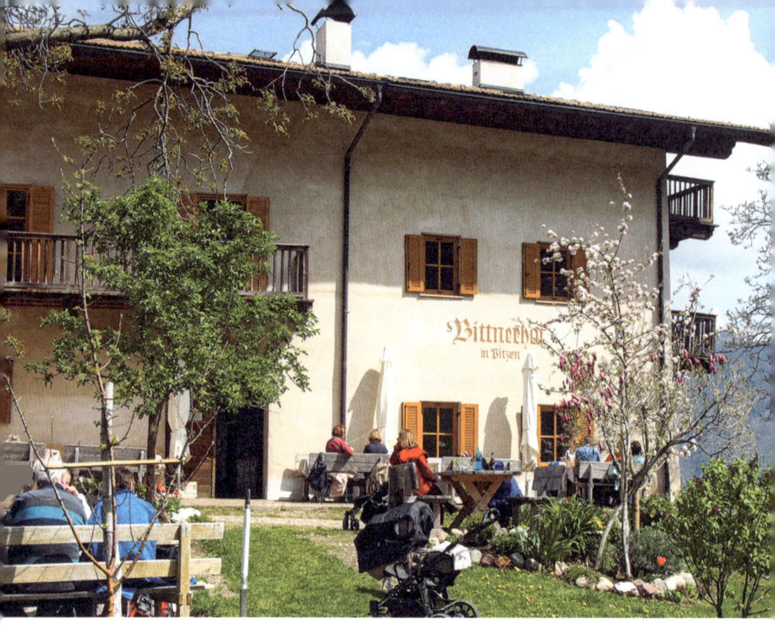

14 **Von Andrian nach Pitzon**

Zu den Weinbergen am Fuße des Gantkofels

Das Dörfchen Andrian liegt am Fuß des Mendelgebirges auf einem Schwemmkegel des Gaider Bachs, der sich ins breite Etschtal vorschiebt. Dahinter türmen sich die Flanken des mächtigen Gantkofels steil bis über 1.800 m hoch auf. Von Andrian aus zieht sich ein breiter Weg gemächlich ansteigend den Bergfuß entlang bis zu den wenigen Häusern des Weilers Pitzon und dem Ausflugsgasthaus Bittner, das auf einer Terrasse mit herrlicher Aussicht beherrschend über das Tal blickt.

Unser Ausgangspunkt ist der Dorfplatz von Andrian, von wo sich der Weg (Markierung Nr. 15, „Gaid") geradewegs durch Weinberge mit Pergeln (» mehr zu den Pergeln auf S. 97) zum Berg hinzieht. Bei den letzten Häusern biegt unser Weg, jetzt mit Nr. 5 markiert, rechts nach Norden ab, geht am Wasserreservoir vorbei, quert den Gaider Bach und taucht in schönen Kastanienwald ein, der uns nun die längste Zeit begleiten wird. Bald treffen wir auf einen schönen Aussichtspunkt mit einem mächtigen Wetterkreuz, von wo sich ein toller Blick über das Etschtal bis nach Bozen und zu den Dolomiten

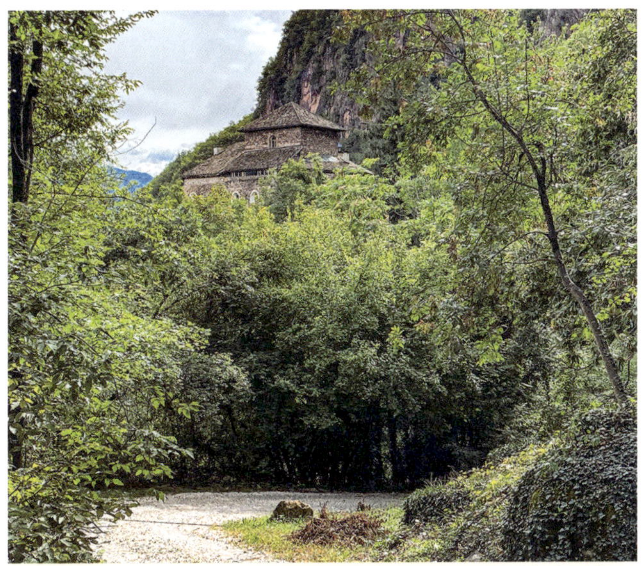

Wolfsthurn

Die kleine, aus unverputzten Porphyrsteinen erbaute Burg Wolfsthurn stammt aus dem späten 13. Jh. und wurde von den Herren von Andrian erbaut. Auf dem Erbweg gelangte sie an das Geschlecht der Wölfe von Mareit bei Sterzing, daher der Name Wolfsthurn. Sie verfiel später zur Ruine. Erst im 19. Jh. wurde das Gemäuer saniert und ergänzt und als Bauernhof und ab 1970 als Jugendherberge genutzt. 1997 wurde Wolfsthurn vom neuen Eigentümer, der Familie Baron Paul v. Kripp, gründlich renoviert und modern ausgebaut. Es wird Urlaub auf dem Bauernhof angeboten. Der Name der Burg heißt italianisiert „Tor di Lupo", unter diesem Etikett mit Bezug zum Adel bietet die Kellerei Andrian einen Lagrein Riserva der Spitzenklasse an. Wolfsthurn, Bindergasse 19, Andrian, Tel. 0471 510071, www.burgwolfsthurn.it

auftut. Der breite, bequeme Weg steigt gemächlich an, wir kommen an einem kleinen Weiher vorbei. Kurz nach dem Koflerhof stoßen wir auf eine neu trassierte, asphaltierte, kaum befahrene Straße. Wir folgen ihr durch Apfel- und Rebanlagen, kommen am Regelehof vorbei, einst ein bekanntes, mittlerweile geschlossenes Ausflugsgasthaus, und erreichen nach 1 h 25 min die Terrassen von Pitzon mit dem Bittnerhof, unserem Ziel. Bei schönem Wetter laden hier Tisch und Bank unter alten Apfelbäumen zu Rast und Labung ein. Rückweg über die Aufstiegsroute.

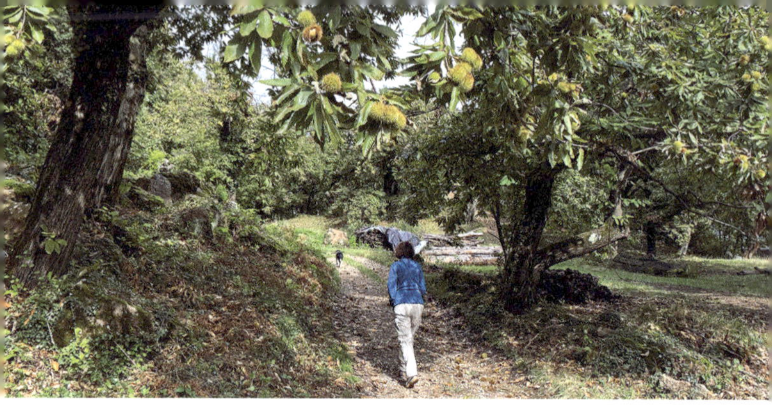

EINKEHRTIPPS

Bittner in Pitzon: Gasthaus, Bauern-, Obst- und Weinhof. Typische Südtiroler Hausmannskost, dazu passt der Eigenbauwein, der Weißburgunder. Schöner Gastgarten unter Apfelbäumen. Der Weiße aus der Gegend war früher als „Weiß-Sirmianer" bekannt und weitum geschätzt, er wurde nach dem nahen Dörfchen Sirmian so benannt. Pitzonerweg 6, Nals, Tel. 0471 678795, Frühjahr und Herbst geöffnet
Schwarzer Adler: Historisches Dorfwirtshaus mit Flair, Gastgarten unter ausladenden Weinlauben, gemütliche getäfelte Stuben, gute traditionelle Küche mit Pfiff. St.-Urban-Platz 4, Andrian, Tel. 0471 510288, www.schwarzeradlerandrian.net, Mo. Ruhetag

Südtirols Älteste

Die Kellereigenossenschaft Andrian wurde bereits 1893 gegründet und ist somit die älteste des Landes. 2008 wurde sie unter die schützende Hand der Kellerei Terlan integriert, der zweitältesten des Landes. Andrian liegt am rechten Etschufer, Terlan am linken. Die Andrianer Lagen sind mehr nach Südosten ausgerichtet, jene Terlans schauen nach Südwesten. Während die Lagen in Terlan von vulkanischem Porphyr mit hohem Quarzanteil und fehlendem Calciumcarbonat geprägt sind, dominiert in den Andrianer Weinbergen Kalkschotter, der von dem im Rücken aufsteigenden Bergmassiv des Gantkofels aus Mendeldolomit stammt. Diese Unterschiede spiegeln sich auch in den Weinen wider, sie werden vom Kellermeister bewusst herausgearbeitet. Es ergibt sich so eine vielfältige Angebotspalette von wunderbaren Weinen, die regelmäßig zu den besten Südtirols und sogar der Welt zählen.

☞ In der Vinothek in Andrian kann unter fachlicher Beratung das gesamte Sortiment verkostet werden. Vinothek der Kellerei Andrian, Wehrburgstraße 5, Andrian, Tel. 0471 510306, www.kellerei-andrian.com

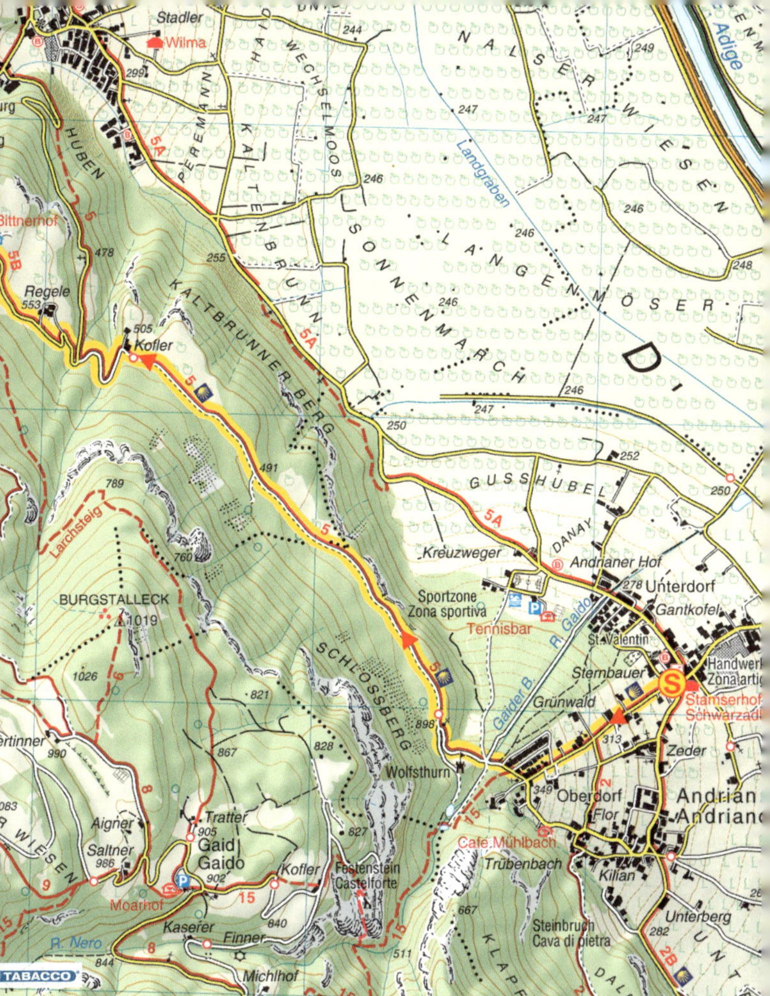

INFOS IN KÜRZE

- Wanderung durch Wald und Weinberge, wegen der Waldstrecke auch im Sommer geeignet (Öffnungszeiten vom Bittner beachten!)
- Andrian, Dorfplatz, 280 m
- Leicht
- 1 h 30 min
- 320 Hm
- 4 km
- Frühjahr bis Herbst
- Über die MeBo nach Andrian
- Mit Bahn oder Bus, Linie 201, bis Terlan und Anschluss mit Bus 202 nach Andrian. Fahrplan: www.suedtirolmobil.info

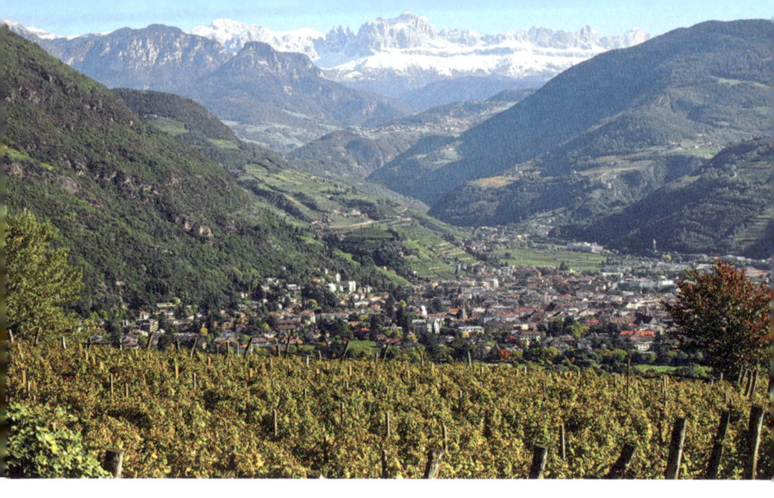

15 Vom Bozner Stadtteil Moritzing zum Noafer

Heiße Felshänge, guter Wein

Diese Wanderung führt uns vom Grieser Talboden, der Heimat des Lagrein und eine der besten Merlot-Lagen Südtirols, auf die aussichtsreiche Hochfläche von Unterglaning mit ihren Streuhöfen, wo zwischen 800 und 1.000 m die Obergrenze des Weinbaus liegt. Vom Bozner Ortsteil Moritzing ausgehend verläuft der Weg durch Busch- und Kastanienwald und über sonnenexponierte Felshänge mit mediterraner Pflanzenwelt. Das sagt alles über die Sonneneinstrahlung und das Klima, der Weg ist also nichts für heiße Sommertage! Der Abstieg erfolgt über den Weiler Glaning hinunter zu den Weinhöfen von Guntschna, auf die Guntschnapromenade und zum Bozner Stadtteil Gries.

Wir starten in Moritzing, schräg gegenüber der Einfahrt zum Campingplatz Moosbauer. Zwischen schönen Rebzeilen (Weg Nr. 11B) geht es auf den Berghang zu. Auf einem alten, gepflasterten Weg steigen wir über Felsstufen bergauf und kommen zu einem einsamen Gehöft. Wir bestaunen eine immergrüne Pflanzenwelt, die eigentlich viel weiter südlich zu Hause wäre: Palmen, Feigenkakteen (Opuntien), Agaven, ja selbst der in Sardinien heimische Myrtenstrauch wächst hier und trägt, so wie die Oliven, Früchte. Wir wandern durch Weinberge und später Kastanienwald zum Gasthof Noafer, der aussichtsreich und beherrschend auf einer ebenen Geländeterrasse liegt (760 m, ca. 1 h 30 min). Auf den steilen, südexponierten Hängen wurden

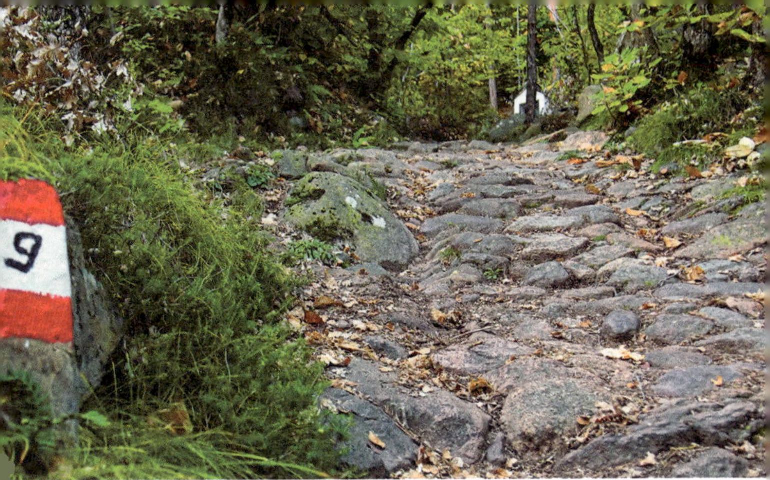

Die Klosterkellerei

Im Bozner Ortsteil Gries hat ein zweites Schwergewicht der Bozner Weinszene seinen Sitz, die Klosterkellerei der Benediktinermönche. „Ora et labora“ ist ihr Leitspruch, und die Arbeit in den 35 ha klostereigenen Weinbergen trägt wahrlich gute Früchte, sprich Wein. Wer von den umliegenden Bergen auf den Bozner Talkessel schaut, erkennt um die Stiftskirche die geschlossenen Weingärten der Abtei, aus denen der legendäre, oftmals prämierte Lagrein stammt. Aus den Weinlagen in Eppan hingegen kommen der Blauburgunder und die Weißweine. Muri-Gries Weingut und Klosterkellerei, Grieser Platz 21, Bozen, www.muri-gries.com

Bozen, die Weinstadt

Bozen ist mit etwas über 500 ha Anbaufläche eine der größten weinproduzierenden Städte Europas, hier gedeihen zwischen Talfer, Eisack und Etsch der Lagrein und der St. Magdalener (» mehr zum St. Magdalener siehe S. 107). Lagrein ist nach dem Vernatsch die zweite Südtiroler autochthone Rebe, sie hat heimische Wurzeln und ist mit dem Teroldego aus dem nahen Trentino verwandt. Seit restriktive Mengenbegrenzungen (DOC) eingeführt wurden, hat sich die Qualität, sprich die Dichte und Struktur, deutlich verbessert, der Lagrein hat sich zu einem hochwertigen Rotwein entwickelt, der sich auch ausgezeichnet für den Ausbau im Holzfass eignet. In der Bozner Gegend produzieren etwa 30 Kellereien Lagrein, bei dieser Vielfalt einen Tipp zu geben ist schwer, aber eines ist sicher: Der Lagrein aus Gries ist besonders gut (» mehr zum Lagrein auf S. 83).

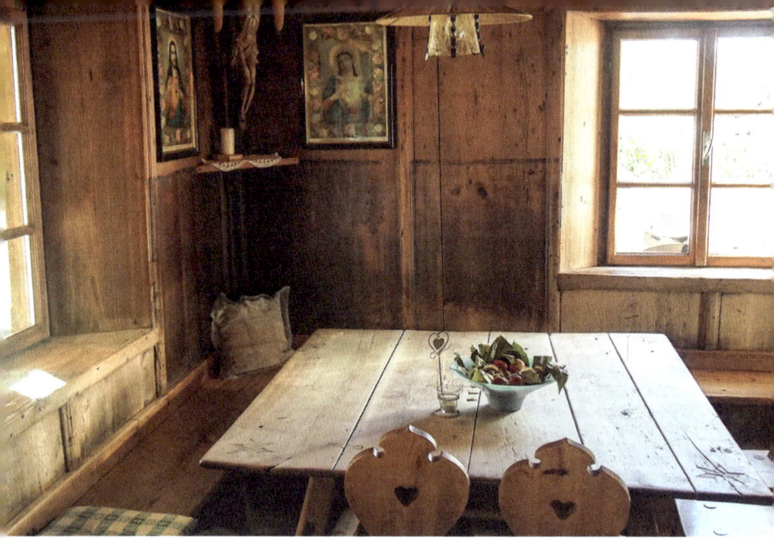

ausgedehnte Rebanlagen neu gepflanzt, sie liefern beste Trauben für gehaltvolle Weißweine. Im Tal zwischen Glaning und Unterglaning können wir einige schön geformte Erdpyramiden bestaunen, die Reste eiszeitlicher Gletschermoränen. Vom Hochplateau beim Noafer aus erblicken wir im Osten das Kirchlein von Glaning und das Gasthaus Messner vor dem Hintergrund des Rosengartens, im Westen geht der Blick weit bis zu den Meraner Bergen. Der Rückweg zieht sich ostwärts über die wenig befahrene Straße eben bis zum Messner in Glaning (gute Einkehr, Markierung Nr. 9) hin. Von dort taucht ein Steig in den Buschwald ein und führt, am Buschenschank Föhrner vorbei, steil nach Bozen hinab bis zum Grieser Platz. Wer das steile letzte Wegstück umgehen möchte, kann gemütlich über die Guntschnapromenade abwärts wandern. Am Grieser Platz steigen wir in den Stadtbus 10B und fahren zu unserem Ausgangspunkt zurück.

Die Kellerei im Weinberg

In der Nähe des Startpunktes fällt der Kubus mit der eigenwilligen Fassadenverkleidung der neu und zum Teil in den Hang gebauten **Kellerei Bozen** auf. Ein ausgeklügeltes Klimasystem nutzt die natürliche Kühlung, allein durch Schwerkraft wird das Traubengut schonend von der Höhe über die verschiedenen Etagen verteilt. Die Kellerei ist aus dem Zusammenschluss zweier Traditionsgenossenschaften entstanden. Ihre Stärken sind der Lagrein und der St. Magdalener, die beiden Ur-Südtiroler Weine. Preisgekrönte Weißweine zeigen, dass auch andere Sorten, die im Trend liegen, großen Stellenwert einnehmen. Moritzinger Weg 36, Bozen, www.kellereibozen.com

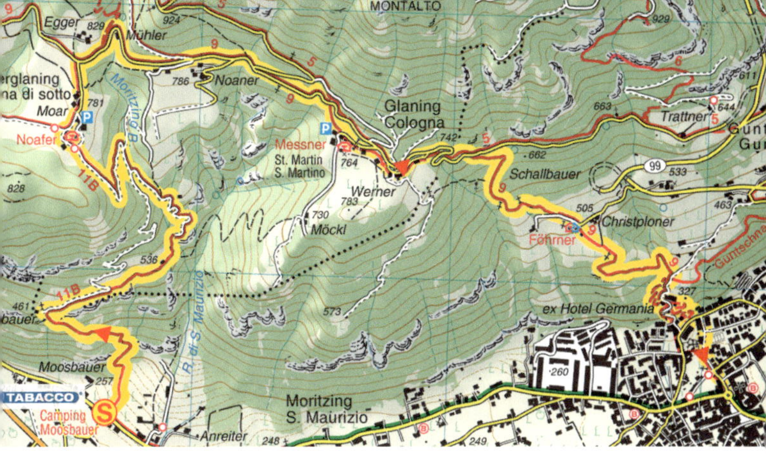

EINKEHRTIPPS

Gasthof Noafer: Bauernhaus mit modernem Zubau, bekannt gute Küche, hervorragende weiße Eigenbauweine, im Herbst am Abend auf Vorbestellung. Glaning 37, Tel. 0471 266539, www.toerggelen-jenesien.com, Di. Ruhetag, im Sommer geschlossen

Gasthof Messner: Gemütliches Bauerngasthaus, neben dem kleinen Martinskirchlein gelegen, mit schöner, altmodischer verglaster Veranda. Glaning 13, Tel. 0471 281353, www.gasthof-messner.it, Mo. Ruhetag, im Sommer geschlossen

Buschenschank Föhrner: Stilvoll umgebautes Bauernhaus, gepflegte Küche und ausgezeichnete rote und weiße Eigenbauweine. Glaninger Weg 19, Tel. 0471 287181, Do.–Sa. 12–24 Uhr, So. 12–18 Uhr, im Sommer geschlossen

INFOS IN KÜRZE

- Interessante Wanderung durch eine besondere Reben- und Felslandschaft
- Bozen, Moritzinger Weg, etwas östlich der Nordeinfahrt zum Campingplatz Moosbauer beginnt der Weg Nr. 11B.
- ★★★ Anspruchsvoll, steiler Anstieg
- 3 h
- ↑ 550 Hm
- → 7,9 km
- Frühjahr, Herbst und Winter, im Sommer zu heiß, weil südexponiert
- Bozen, Moritzinger Weg (Alte Meraner Staatsstraße), wenige Parkplätze am Straßenrand, etliche hinter der Zufahrt zum Weinberg
- Die Haltestelle der Stadtbuslinie 10A bzw. 10B ist nur knapp 900 m entfernt, bei der Kellerei Bozen. Fahrplan: www.suedtirolmobil.info

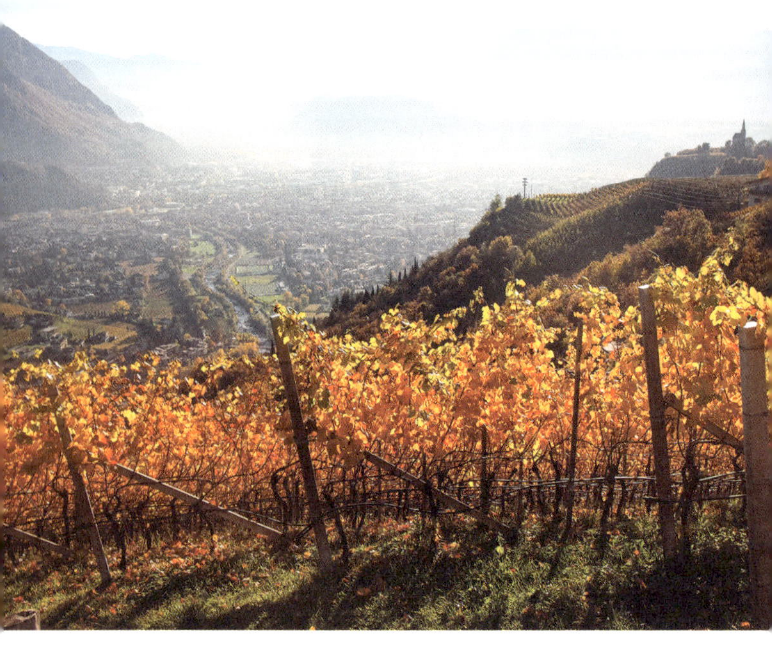

16 Bergab von Jenesien nach Bozen

Durch die Sonnenhänge bei Bozen

Vom Talferbett im Nordwesten der Stadt Bozen ziehen sich die Weinberge der besten Lagen des Landes über die steilen, von Geländeterrassen durchsetzten Hänge fast bis Jenesien hoch. Die sonnenexponierten Südhänge weisen die höchsten Jahresdurchschnittstemperaturen Südtirols auf, seit undenklichen Zeiten werden auf den Kuppen und Geländeverflachungen von St. Jakob in Sand, St. Georgen und Guntschna Reben angebaut. Durch dieses faszinierende Gebiet unternehmen wir eine lange, durchaus anspruchsvolle und ungemein abwechslungsreiche Wanderung. Wir starten dabei im Bergdorf Jenesien, über Wege und Steige mit kurzen, zum Teil etwas kniffeligen Stellen steigen wir hinunter ins Tal.

Wir starten im Dorfzentrum von Jenesien. Gegenüber der Kirche führt der Weg (Nr. 3A) an der Schule vorbei. Der erste Teil bis Vorderafing mit dem Gasthaus Unterweg und dem Buschenschank Gruberhof an der Afinger Straße ist als Themenweg („Holzfällerweg") ausgeschildert, Info-Tafeln erklären die schwere Arbeit im Wald. Der Weg führt zuerst steil bergab durch Wiesen und Äcker, taucht in den Wald ein, quert ein Bächlein und geht nach kurzem

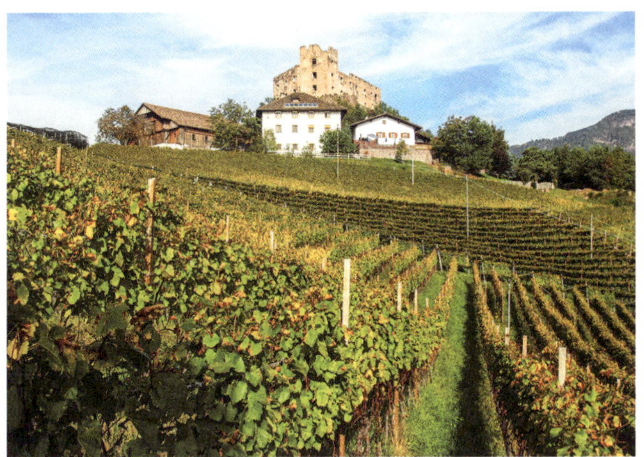

Die Burg Rafenstein

Die Gründung der Burganlage durch den damaligen Landesherrn im Bozner Gebiet, den Fürstbischof von Trient, geht auf das 13. Jh. zurück. Nach den Kriegen zwischen dem Bischof und Graf Meinhard II. von Tirol wurde die Burganlage zerstört, später wiederaufgebaut und dann im ausgehenden 15. Jh. erweitert. Um das Jahr 1600 kam sie an die adelige Familie von Wolkenstein-Trostburg, die sie Ende des 18. Jh. verließ. Die Burg verfiel darauf zusehends. 1797, während der Franzosenkriege, hielt sich eine französische Besatzung darin auf, die Burg wurde von den Österreichern beschossen und schwer beschädigt. 1897 erfolgten durch die damaligen Besitzer, die Grafen Toggenburg, erste Sicherungsmaßnahmen. In den 1930er-Jahren kaufte sie die Familie Unterkofler vom nebenliegenden Bauernhof und Gasthaus. Der Heimatschutzverein Bozen trieb die Sanierung voran, 2014 wurde sie abgeschlossen. Führungen sind in Absprache über die Stiftung Bozner Schlösser möglich (Tel. 0471 329808).

Gegenanstieg in fast ebener Hangquerung durch lichten Mischwald zur Afinger Straße. Hier gibt es eine Einkehrmöglichkeit beim Gasthaus Unterweg oder Buschenschank Gruber (bis hierher 1 h). Wir folgen nun dem Verlauf der Autostraße südwärts und treffen kurz nach dem Gruber links auf einen Waldsteig (Nr. 4/A), der bergab zu den Goldegg-Höfen führt. Wir folgen rechts der asphaltierten Hofzufahrt, umgehen eine Felsnase und fädeln in einen teilweise schmalen und etwas ausgesetzten, an kurzen Stücken mit Stahlseilen gesicherten Steig (Nr. 4) ein. Er führt uns zur einsamen Hofstelle des Haggenbachers und weiter zur Ruine Rafenstein (ab Unterweg

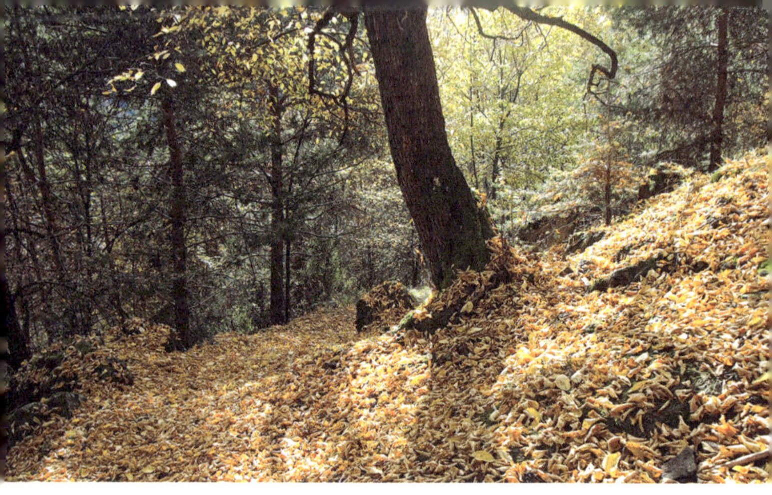

ca. 1 h). Beim Gasthof Rafenstein wandern wir auf der asphaltierten Zufahrt eben westwärts, jetzt folgt der schönste Wegabschnitt: Herrliche Ausblicke auf die Stadt Bozen und das breite Etschtal und die Dolomiten begleiten uns. Bei einer Wegteilung nehmen wir links die Nr. 1 bergab zum Schleiferhof, bald stoßen wir auf den alten Jenesier Weg (bis hierher ab Rafenstein 30 min), dem wir ein kurzes Stück bergauf folgen. Unmittelbar vor der Einmündung in die neue breite Straße nach Jenesien zweigen wir links auf einen Feldweg (Nr. 5A) ein, es geht bergab durch Buschwald, beim neu umgebauten Steinwenterhof kommen wir wieder durch Weinberge. Wir folgen der steilen, betonierten Straße bergab, am Winterlehof vorüber zum markanten Wohnkomplex Reichrieglerhof, einst ein Nobelhotel. Wir wandern links daran vorbei, vor dem Tunnel der Autostraße nach Jenesien bringt uns eine Unterführung zu einer Promenade. Sie

Ein adeliges Urteil über den Tiroler Wein

Ein Loblied auf die Weine des Tiroler Südens sang der vielgereiste Marx Sittich von Wolkenstein (1563–1620), Sohn von Wilhelm, damals Landeshauptmann von Tirol. Nach seiner Rückkehr von langen Auslandsaufenthalten kaufte er die Burg Runkelstein, lebte dort bis zu seinem Tod und verfasste in dieser Zeit die „Chronik von Tirol", eine detaillierte Landesbeschreibung und wichtige Geschichtsquelle. Auch über den Tiroler Wein wusste er allerhand zu berichten: „die allerpesten Weingewächs, so man im Land findt, gibt es im Landgericht Gries und Pozen." Vom Ritten mit den verschiedenen Höhenlagen schreibt er, dass „an unterschiedlichen Orten auch guter Wein wächst, als in Viertel Siffian war sauer, zu Unter Platten gut und in Leitach die besten".

führt in Serpentinen zur Schlucht des Fagenbachs mit dem gleichnamigen Wasserfall. Das letzte kurze Stück gehen wir auf dem Gehsteig der Jenesier Straße bis zu deren Einmündung in die Sarntaler Straße mit der Bushaltestelle (Stadt- und Sarntaler Linienbus) beim Restaurant Rastbichler.

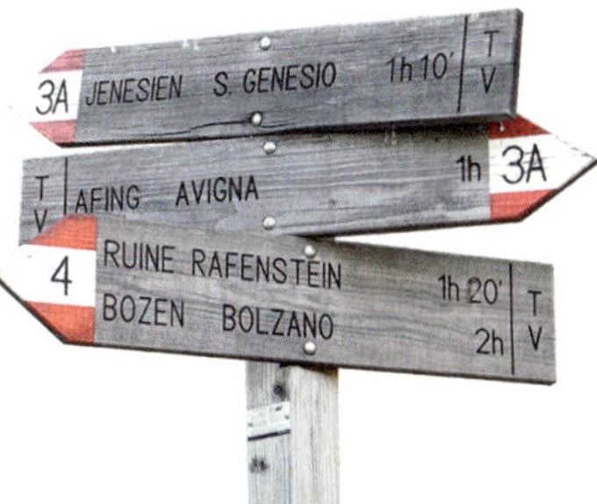

EINKEHRTIPPS

Gasthaus Restaurant Rafenstein: Ein Eckpfeiler der Südtiroler Gasthauskultur mit einheimischer Küche. Gute Weiß- und Rotweine aus eigenem Anbau. Im Herbst Törggelegerichte. Rafensteiner Weg 38, Tel. 0471 971697, Di. Ruhetag, außer an den Wochenenden am Abend geschlossen; im Hochsommer geschlossen
Gasthaus Unterweg: Traditionsgasthaus mit Südtiroler Spezialitäten, Gastgarten. Afinger Weg 9, Tel. 0471 354273, Mi. Ruhetag
Buschenschank Gruberhof: Bio-Bauernhof mit großer getäfelter Gaststube, Terrasse, viele Produkte vom Hof, Eigenbauweine. Afinger Weg 18, Tel. 0471 354001, www.gruberhof.it, Mo. Ruhetag

Was ist das Terroir?

Aus dem Französischen übersetzt bedeutet Terroir erst mal nur Gegend, auf den Wein bezogen den Rebenstandort oder die Weinlage. Aber es steckt mehr hinter dem Wort Terroir: Es handelt sich um das Zusammenspiel von Boden- und Klimafaktoren, von Lage, Rebsorten und zuallerletzt vom Weinmacher selbst, der noch großen Einfluss nehmen kann. Warum aber kommt vielen Winzern, Sommeliers oder Weintrinkern das Wort Terroir so leicht über die Lippen? Die moderne Kellertechnik stellt Verfahren und Präparate bereit, die einem Wein ziemlich alles nehmen oder geben können, die den Wein zugänglicher – oder sogar einen Designer-Wein daraus machen. Dabei werden Reinzuchthefen verwendet, die zwar die Vorteile einer sauberen Gärung bringen, aber auch Einfluss auf das Aroma nehmen. Also bringen wir es auf den Punkt: Terroir-Weine sind eine Gegenbewegung gegen die uniformen, konsumentenfreundlichen Massenweine. Ein Terroir-Wein soll individuell und authentisch sein und dabei die Sorte, Lage und den Weinmacher widerspiegeln. Dabei gibt es keine fest definierten Kriterien. Dennoch dürfen Sie das Wort Terroir weiterhin in Ihrem Weinvokabular verwenden, aber Sie sollten wissen, dass es bei manchen Winzern oft nicht mehr ist als eine leere Worthülse.

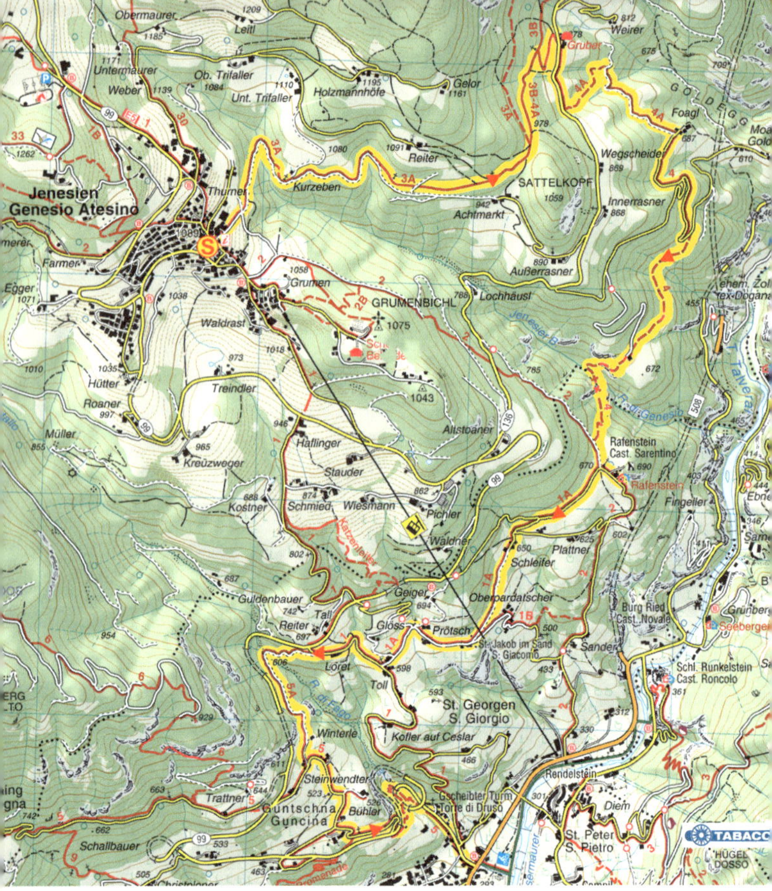

INFOS IN KÜRZE

- Aussichtsreiche Rundwanderung, teils auf breiten Straßen, teils auf schmalen Steigen, durch Weinberge und Wald, mehrere Einkehrmöglichkeiten am Weg
- Jenesien, Dorfzentrum, an der Schule, 1.089 m
- ★★★ Anspruchsvoll, auf einem Teilstück kurze, ausgesetzte und gesicherte Steigstellen
- 4 h 20 min
- 1.080 Hm im Abstieg, 255 Hm im Aufstieg
- 12 km
- Ganzjährig, bei Schneefreiheit auch im Winter möglich
- Von Bozen 8 km auf der LS 99 bis Jenesien
- Auch mit Linienbus 156 oder Seilbahn von Bozen erreichbar. Anfahrt nach Jenesien am besten mit dem Bus. Bei Drucklegung war die Seilbahn wegen großer Wartungsarbeiten für unbestimmte Zeit außer Betrieb. Fahrplan: www.suedtirolmobil.info

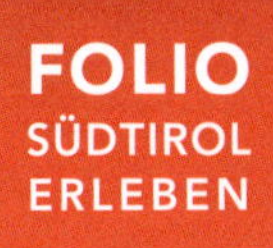

Zwei weitere Bücher aus unserem Programm, die Ihnen augenzwinkernd und humorvoll Insiderwissen über Südtirol vermitteln.

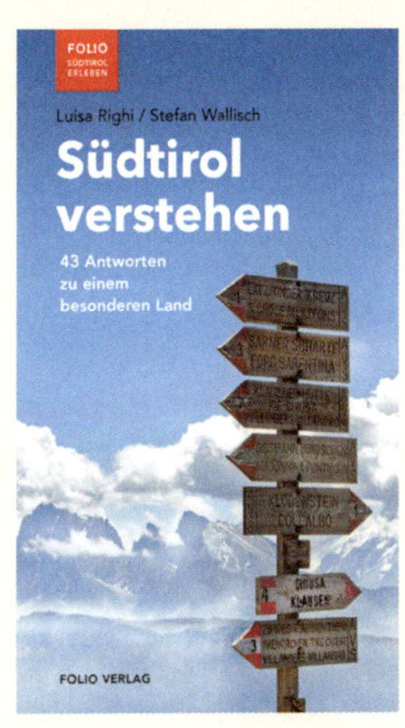

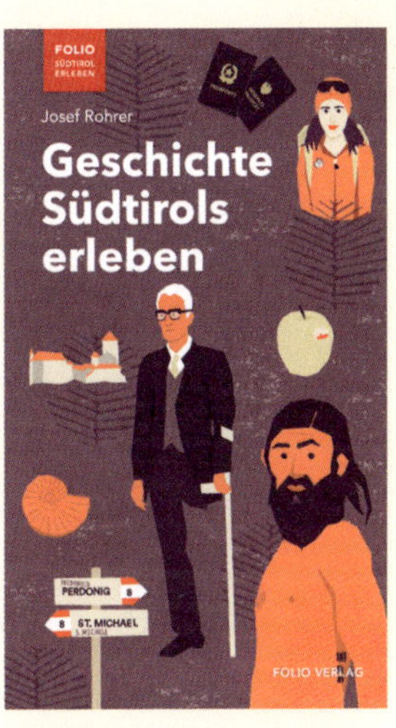

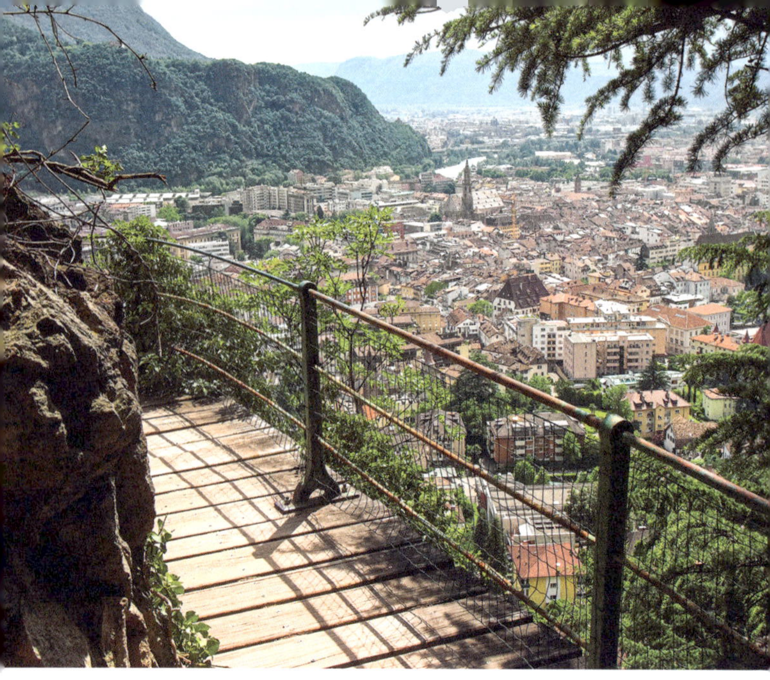

17 Von Runkelstein nach St. Magdalena

Ein stadtnaher Spaziergang

Die steilen Hänge nordöstlich von Bozen sind bis in eine Höhe von 800 m mit einem dichten Rebenkleid überzogen. Es ist eine der besten Weinlagen Südtirols, das Magdalena-Kirchlein gibt ihr den Namen. An diesem Südhang, am Fuße des Ritten, unternehmen wir eine einfache Wanderung. Dabei verbinden wir die Oswaldpromenade mit einem kurzen Stück des Keschtnwegs. Neben der tollen Aussicht über die Dächer der Stadt Bozen hin zu Mendel, Rosengarten und über das Etschtal erfreut den neugierigen Wanderer auch die Burg Runkelstein mit ihren Fresken, ein kunsthistorischer Leckerbissen.

Am Beginn der Talferschlucht, beim Parkplatz am Fuße der Burg Runkelstein, steigen wir auf dem gepflasterten Schlossweg in wenigen Minuten zur Burg auf. An ihr vorbei führt der mit dem Symbol einer Kastanie gekennzeichnete Weg in Kehren durch Buschwald bergauf, oberhalb des Weindörfchens St. Peter gelangen wir zu einem Anschlussweg, der uns steil bergab zur Oswaldpromenade

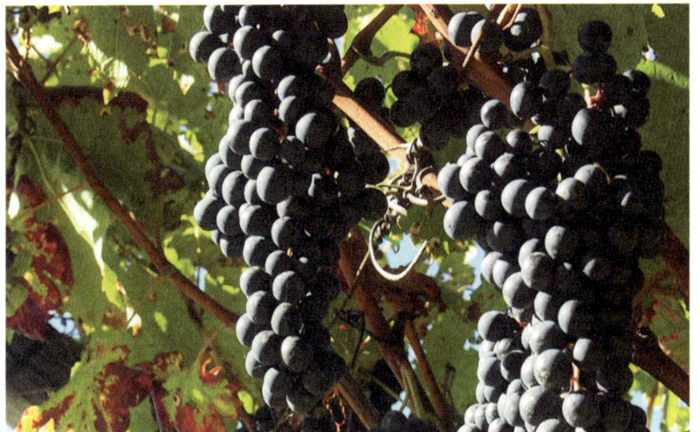

 **Der Lagrein**

Im Bozner Gebiet, auf dem warmen, fruchtbaren Schotter-Schwemmland am Zusammenfluss von Etsch, Eisack und Talfer sowie in den tiefen Lagen des Etschtals, findet der wärmeliebende Lagrein die besten Wachstumsbedingungen und bringt dort unzweifelhaft die höchsten Qualitäten. Die uralte, bodenständige Sorte wird heute in der langstieligen und kurzstieligen Variante angebaut und ergibt einen dichten, dunklen und lagerfähigen Wein. Der Ursprung der Rebe ist nicht ganz geklärt. Der Name stammt womöglich von Vallagarina im angrenzenden Trentino ab, wo er bereits um 927 als Gebietsbezeichnung vorkommt. Lange Zeit war mit „Lagrein“ der weiße Lagrein gemeint, schon um 1379 wurde in Tramin der weiße Lagrein, der „bonum Lagrinum“, erwähnt. Er war bis in die Neuzeit wahrscheinlich die wichtigste Tiroler Sorte. Erst seit dem 20. Jh. versteht man unter Lagrein die rote Sorte, bis vor wenigen Jahrzehnten wurde er meist als Roséwein getrunken. Er hieß allgemein „Lagrein Kretzer“, nach der Krätze, einem aus Weidenruten geflochtenen Sieb, durch das der Maischesaft aus der Weinpresse floss. Der dunkle, einfache, auf der Maische vergorene Lagrein wurde „Bauernlagrein“ genannt und diente zum Teil als Verschnittwein, um hellem Vernatschwein mehr Farbe und Struktur zu geben. Das Blatt hat sich gewendet, das Potenzial und die Lagerfähigkeit der Sorte wurden erkannt, Lagrein hat sich zu einem Eckpfeiler der Südtiroler Weinszene entwickelt. Er bringt sehr tanninreiche, samtige und für den Ausbau im Holzfass gut geeignete Weine. Außer in Südtirol wird noch etwas Lagrein im Trentino angepflanzt. In den übrigen Wein produzierenden Gebieten der Welt ist diese Sorte weitgehend unbekannt. In Südtirol wächst auf 478 ha Lagrein, das sind 8,8 % der gesamten Wein-Anbaufläche.

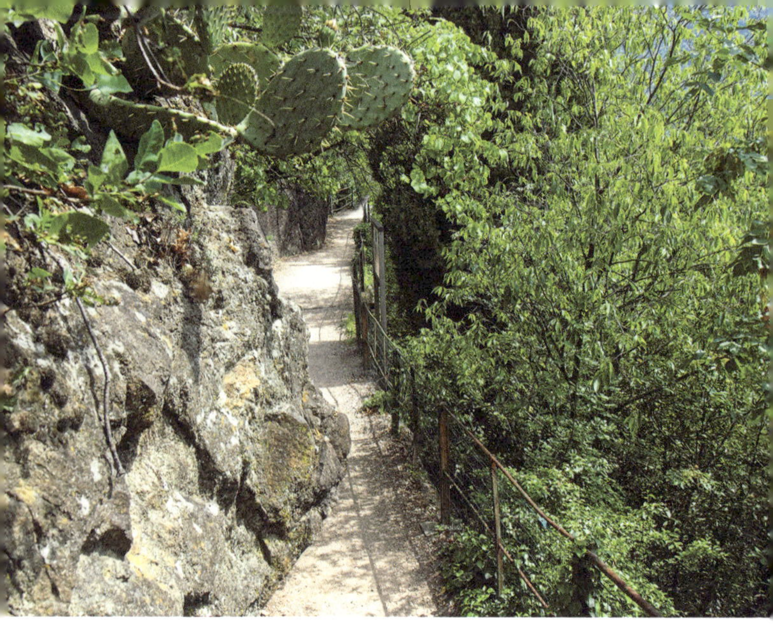

bringt. An der Weggabelung mit Porphyrsäule, Ruhebänken, Wegkreuz und Gedenkstein an Karl v. Müller folgen wir dem Wegweiser nach St. Magdalena in ebener Hangquerung ostwärts. Die Streckenführung der Promenade ist einmalig, sie quert teilweise mit Bohlenwegen, die im Felsen verankert sind, dunkle Porphyrwände. Den Weg säumen wärmeliebende Pflanzen wie Opuntien, Perückensträucher, Oliven, Federgras und Zypressen. Wir genießen den außer-

Und wenn's nicht regnet?

Die Durchlässigkeit der Böden und die geringen Niederschläge machen eine Beregnung der Weinberge sinnvoll, ja unumgänglich. Bereits in den 1930er-Jahren wurde in der Gegend von St. Magdalena, Justina und Leitach ein eigenes Beregnungskonsortium gegründet, für die damalige Zeit ein bahnbrechendes Unternehmen. Nach dem Zweiten Weltkrieg wurden auch in anderen Gebieten wie Sand, St. Georgen und Guntschna Beregnungsanlagen gebaut. Teilweise wurde das Wasser für die Weiler St. Georgen und Sand mit Druckleitungen von der gegenüberliegenden Sarner Talseite herangebracht. Die weißen rotierenden Gischtfahnen der großen Wassersprenger überzogen im Sommer das grüne Laubdach der Rebhügel. Mittlerweile wurde auf wassersparende Tropfbewässerung umgestellt, die bei Neuanlagen eine Selbstverständlichkeit ist. Die Großberegner verschwinden langsam wieder aus dem Landschaftsbild.

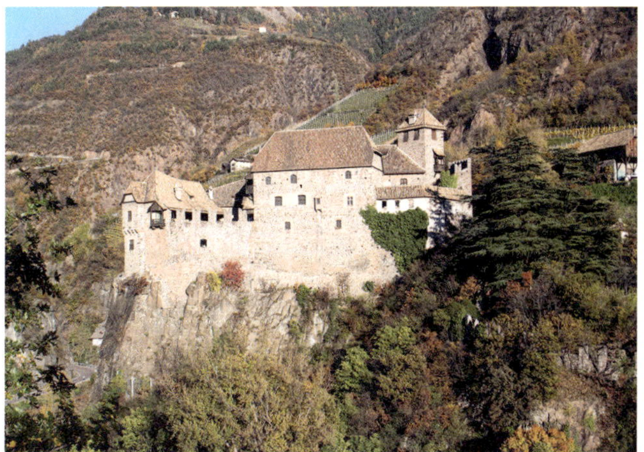

Burg Runkelstein

Runkelstein ist eine beeindruckende mittelalterliche Anlage am Eingang zum Sarntal, Inbegriff des romantischen Ritterschlosses. Sie birgt einen profanen Freskenzyklus: Er zeigt Jagdszenen, Ritterturniere, Ballspiele und Tänze, die Fresken künden von sagenhaften Ereignissen und höfischem Werben. Für die weniger Kunst- und Kulturbeflissenen ist auch die Burgschänke ein lohnendes Ziel für eine Erfrischung oder eine Jause.
Runkelstein, Sill 15, Bozen, Tel. 0471 329808, www.runkelstein.info, Mitte März – Ende Okt. Di.–So. 10–18 Uhr; Anf. Nov. – Mitte März 10–17 Uhr; Mitte Jan. – Anf. Feb. geschlossen

gewöhnlichen Blick auf Bozen, das Weindörfchen St. Magdalena und die Dolomiten mit dem Rosengarten im Osten. Für den Rückweg gehen wir die Oswaldpromenade zurück, an der Kreuzung mit dem Hinweg bleiben wir auf der Promenade, die in flachen Kehren zur St.-Anton-Brücke führt. Im Westen der Brücke, genauer gesagt an der Sarntaler Straße, nehmen wir den Bus und fahren in die Stadt zurück. Alternative: An der St.-Anton-Brücke ist auch ein Zustieg zum Rad- und Fußweg, der uns am Ufer der Talfer entlang in 10 min zum Parkplatz zurückbringt.

EINKEHRTIPP

Burgschänke Runkelstein: Jausenstation mit kleiner Karte im Innenhof der Burg, frei zugänglich. Tel. 0471 324073, www.runkelstein.info, geöffnet 10–17 Uhr, im Sommer bis 18 Uhr, Mo. Ruhetag

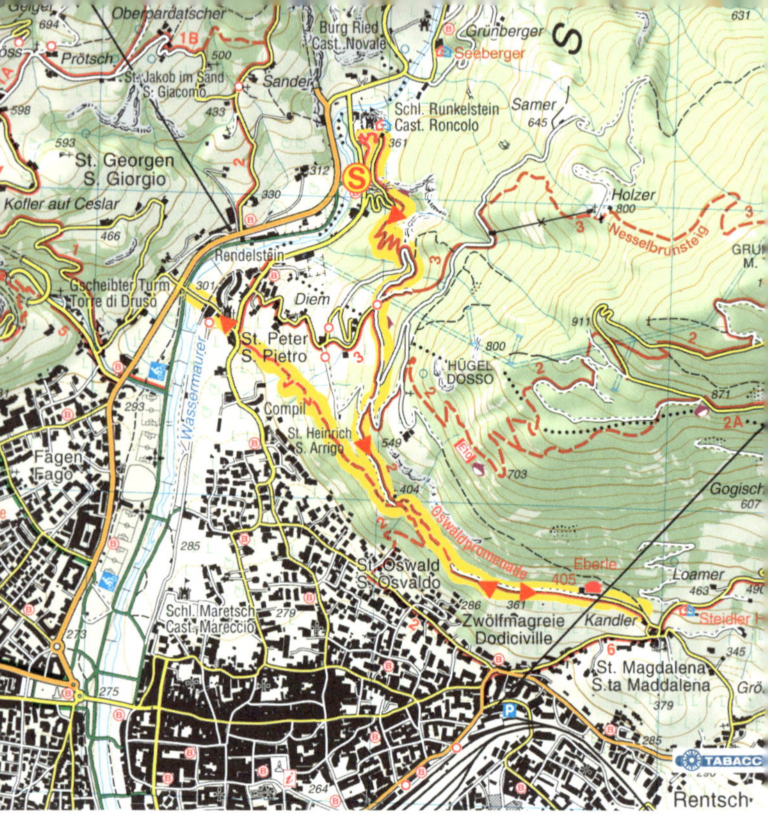

INFOS IN KÜRZE

- Stadtnahe Wanderung auf der Sonnenseite des Bozner Talkessels
- Am Parkplatz und bei der Bushaltestelle unterhalb von Runkelstein, 320 m
- Leicht
- 2 h 10 min
- 210 Hm
- 6,1 km
- Ganzjährig, im Sommer die Mittagszeit wegen der Hitze meiden
- In Bozen bis Runkelstein am Eingang zum Sarntal, freie Parkplätze am Fuß der Burg
- Stadtbus der Linie 12, Haltestelle an der Burg
- Zustieg von Runkelstein zur Oswaldpromenade am Vormittag etwas schattig und – im Verhältnis zur Promenade – steil. Bei einem Felssturz Anfang 2021 wurde das Hotel Eberle am Ostende der Promenade schwer beschädigt, ein letzter kurzer Wegabschnitt beim Hotel wurde deshalb gesperrt. Informieren Sie sich über Zugangsbeschränkungen zu diesem letzten kurzen Wegstück im Informationsbüro Bozen, Tel. 0471 307000

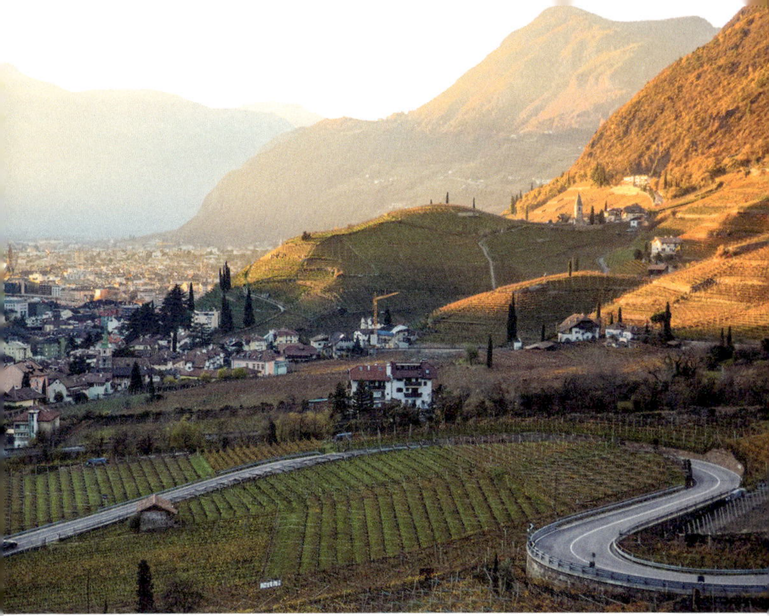

18 Über Leitach und Signat nach Rentsch

Durch die Weinberge am Fuß des Ritten

Der Rittner Berghang bei Leitach im Nordosten des Bozner Talkessels ist eine der besten Weinlagen Südtirols. In alten Zeiten war der „Leitacher" einer der berühmtesten und geschätztesten Tiroler Rotweine. Durch die Weinberge wurde in den 1970er-Jahren die neue Rittner Straße trassiert, sie führt an den Weilern Justina und Leitach vorbei. Nach einer langen Hangquerung liegen auf Rodungsinseln mit Weinbergen einzelne Bauernhöfe, sie bilden die Streusiedlung von Unterplatten. Wieder etwas höher liegen die Höfe von Oberleitach und Signat, daran schließt ein Waldgürtel an, der sich bis zum Hochplateau des Ritten hinzieht. Durch diese verschiedenen Vegetationsstufen führt eine abwechslungsreiche und wegen der Länge auch durchaus anspruchsvolle Wanderung, auf der es viel zu entdecken gibt.

Startpunkt ist der Ortsteil Rentsch an der Landesstraße 22, der alten Brennerstaatsstraße. Nach dem Larcherhof, an der Bushaltestelle, biegt bergwärts die kleine Straße nach Unterleitach ab, wir folgen den Wegweisern Nr. 5/A, „St. Georg in Wangg", „Unterinn".

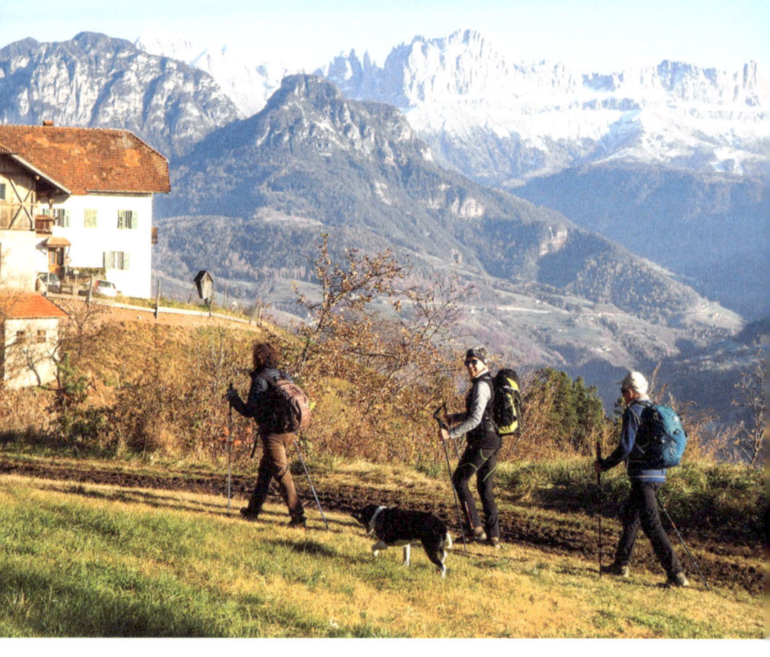

Es geht zwischen Bauern- und Wohnhäusern bergauf, nach dem Weinhof Oberganzner geht der Feldweg nun eben durch Weinreben auf die Röhren des Kraftwerks Kardaun zu. Im Osten grüßt der Rosengarten aus dem Einschnitt des Eisacktals. Wir wandern unter den riesigen Röhren durch und gelangen zu einer Geländenase mit dem Wanggerhof und dem Kirchlein St. Georg in Wangg. Es sieht zwar alt aus, ist aber relativ neu: Der bereits 1223 erstmals erwähnt Vorgängerbau wurde bei einem Bombenangriff im Zweiten Weltkrieg, der dem nahen Kraftwerk galt, komplett zerstört. Nach dem Wanggerhof senkt sich die nun asphaltierte Hofzufahrt zum Tal ab, führt an der Bergseite auf die Autobahnausfahrt Bozen-Nord zu und dann wieder aufwärts. Durch Weinberge und Buschwald gelangen wir zu einem kleinen Plateau mit dem stattlichen Ebnerhof, dabei geht der Blick im Westen zum Bozner Talkessel.
Zwischen dem Wohnhaus vom Ebnerhof und der spätbarocken Kapelle führt uns der Weg durch Reben zur Autostraße auf den Ritten. Wir überqueren sie beim Gasthaus Lun und folgen dem alten Karrenweg bergauf bis zum Gasthaus Unterinnerhof an der Rittner Straße. Wir bleiben dort kurz auf der Autostraße, gehen über die Kreuzung der Straße mit jener nach Signat, hier steht ein großes Holzkreuz. Wir wandern kurz weiter und verlassen dann die Rittner Straße bei einer weiteren Abzweigung mit einer Hofzufahrt, hier biegen wir links bergauf ab. Immer auf Weg Nr. 5/A wandern wir am Neuhauserhof vorbei, der Weg taucht in Kastanienwald ein und erreicht in der Höhe den Keschtnweg. Dieser mit dem Symbol der Kastanie –

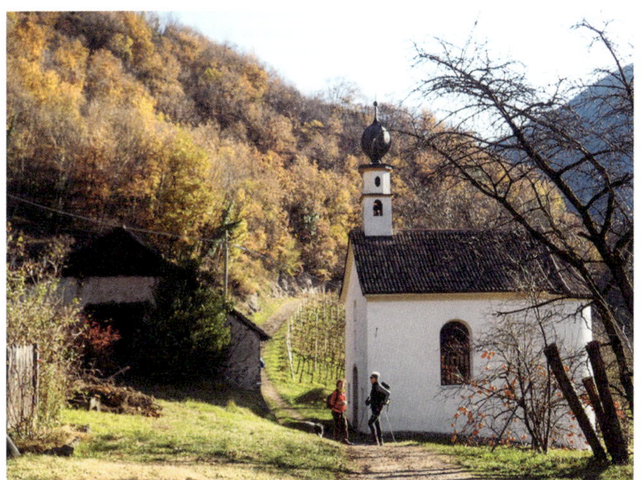

Die St.-Anna-Kapelle in Unterplatten

Der Besitzer des stattlichen Ebnerhofs ließ im ausgehenden 18. Jh. die St.-Anna-Kapelle im spätbarocken Stil erbauen und reich ausstatten. Das Altarbild zeigt eine schöne Kopie der Maria-Hilf-Muttergottes, flankiert von den Statuen der Apostel Petrus und Paulus. Der Weinhof wird biodynamisch bewirtschaftet und ist für die schonend produzierten Rot- und Weißweine bekannt. Herausragend ist der Vernatsch aus alten Reben, der im Holzfass ausgebaut und unter den Namen St. Anna und St. Anna R (für Riserva) vermarktet wird. Für Weinkauf und Verkostungen ist telefonische Vormerkung empfehlenswert.
Urban Plattner, Weingut In der Eben, Unterplatten 21, Kardaun, Tel. 333 9955238, www.indereben.com

hier Keschtn genannt – gut ausgeschilderte Weitwanderweg führt vom Brixner Raum nach Bozen und weiter bis nach Terlan. Wir folgen ihm westwärts und erreichen den wunderbar mit herrlicher Aussicht zu den Dolomiten auf einer Felsenterrasse gelegenen Hof Partschuner, einen einfachen Buschenschank. Von diesem wandern wir auf Asphalt bergab, gelangen zum Weiler Signat mit Kirchlein und dem Signater Hof, einem kleinen Hotel mit Restaurant. 240 m nach dem Kirchlein verlassen wir die asphaltierte Straße und biegen vor einem Haus rechts ab. Der Wegweiser (Nr. 5) führt uns mit Blick auf Bozen und die Weinberge von St. Magdalena zum Losmannhof, einem traditionellen Buschenschank, und weiter durch Buschwald bis zur Signater Straße, der wir nun bis St. Justina folgen. Das

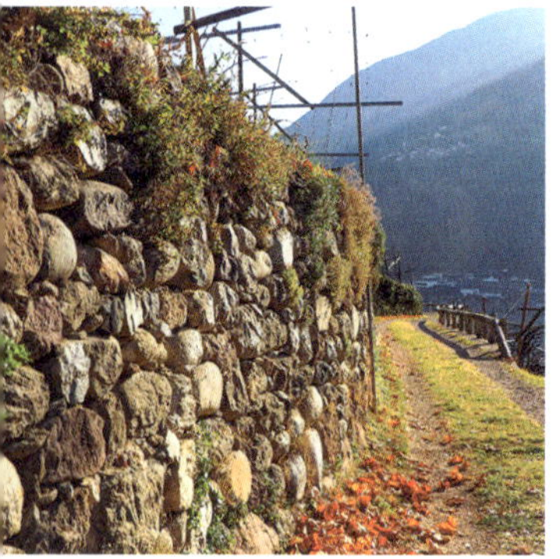

romanische Kirchlein von St. Justina zu Prazöll verleiht der Gruppe schöner alter Weinhöfe, die sich darum scharen, den Namen. Nach Überquerung der asphaltierten Rittner Straße führt die gepflasterte alte Rittner Straße durch herrliche Weinberge zu Tal, das allerletzte kurze Wegstück gehen wir auf der Fahrstraße. Im Talgrund, bei der Brücke über den Rivelaunbach in Rentsch, ist bereits der Larcherhof, unser Ausgangspunkt, im Blick, die Runde schließt sich.

EINKEHRTIPPS

Hofschenke Partschoner: Wunderschöne Aussicht, Tische im Freien, einfache Hausmannskost, im Herbst Törggelen. Signat 164, Ritten, Tel. 347 0005876, www.partschonerhof.com, ganzjährig geöffnet, Mi. Ruhetag

Was macht den Bozner Wein so besonders?

Neben der Rebsorte und dem Klima sind die Böden und die Lage, das Terroir, für den Wein von wesentlicher Bedeutung (» mehr zum Terroir auf S. 79). Die Böden, auf denen der Bozner Wein wächst, unterscheiden sich in Hang- und Tallagen: Die Landschaft um Bozen ist im Laufe von Jahrmillionen entstanden, der braunrote Porphyr-Vulkanit lagerte sich nach gewaltigen Lavaausbrüchen in einer bis zu 1.000 m dicken Schicht ab. Überall um Bozen treten diese braunroten Vulkangesteine zu Tage. Später hobelten während der Eiszeiten Gletscherströme die breiten Trogtäler aus und modellierten das Terrain. Nach dem Rückzug der Gletscher am Ende der Eiszeit lagerten sich an den Hangterrassen die Sand- und Schottermoränen ab, das sind jetzt die besten Hanglagen von St. Madgdalena, Leitach, St. Peter, Sand, St. Georgen und Guntschna. In den Flussebenen hingegen haben Talfer und Eisack im Laufe der Jahrtausende Bachschotterböden abgelagert. Heiße Tage und Nächte mit kühlen Fallwinden von den Bergen bringen die gewünschte Säure und fruchtige Frische in den Wein. Insgesamt gewährleisten diese Lockersedimente eine gute Durchlüftung und leichte Erwärmbarkeit. In der Bozner Gegend kommt im Gegensatz zu den Hügeln im Unterland kaum Kalkgestein in den Böden vor, die deshalb einen geringeren Humusanteil aufweisen.

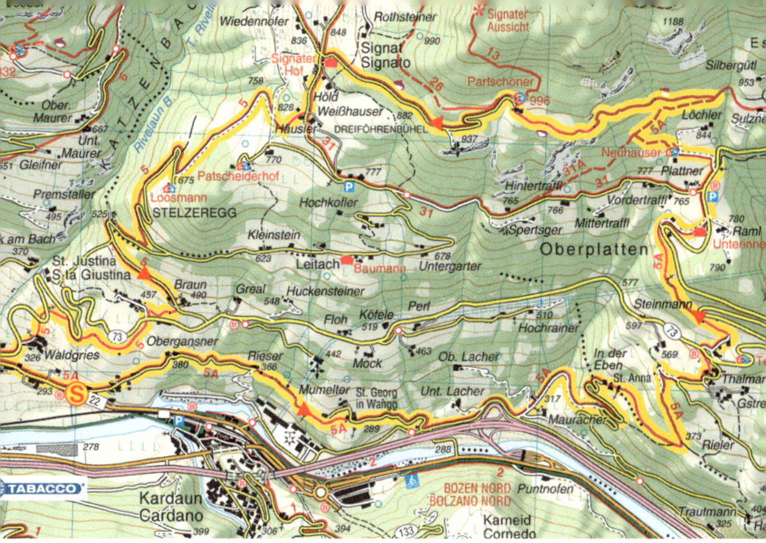

Signater Hof: Gasthof und kleines Hotel. Antike Stube im Obergeschoss, Tische im Freien, auch mit dem Auto ab der Rittner Straße (Abzweigung in Justina) erreichbar. Gute Küche, im Herbst Törggelen. Signat 166, Ritten, Tel. 0471 365353, www.signaterhof.it, Mo. Ruhetag

Buschenschank Loosmann: Einfache bäuerliche Hausmannskost. Auf einem Teil der 3 ha Weinberge wachsen die Trauben für den Ausschank. Vernatsch-, Zweigelt- und Blauburgundertrauben ergeben einen schönen Roten, jene von Müller-Thurgau und Weißburgunder aromatische Weiße. Familie Pircher, Signat 177, Ritten, Tel. 0471 365551, März–Juni und Sept.–Dez. geöffnet

INFOS IN KÜRZE

- Anspruchsvolle, weil lange Rundwanderung durch Weinberge am Hang des Ritten
- Bozen, Rentsch, an der Bushaltestelle beim Larcherhof, 296 m
- ★★★ Anspruchsvoll
- 4 h 40 min
- ↑ 820 Hm
- → 12,6 km
- Frühjahr, Herbst, schneearme Winter
- Bozen, auf der alten Brennerstraße, jetzt LS 22, 200 m östlich der Rentscher Brücke einige Parkplätze an der Straße
- Auch mit Stadtbus von Bozen erreichbar, Fahrplan: www.suedtirolmobil.info
- Am Weg oder nahe dem Ausgangspunkt Weinbetriebe für Weinprobe und -kauf

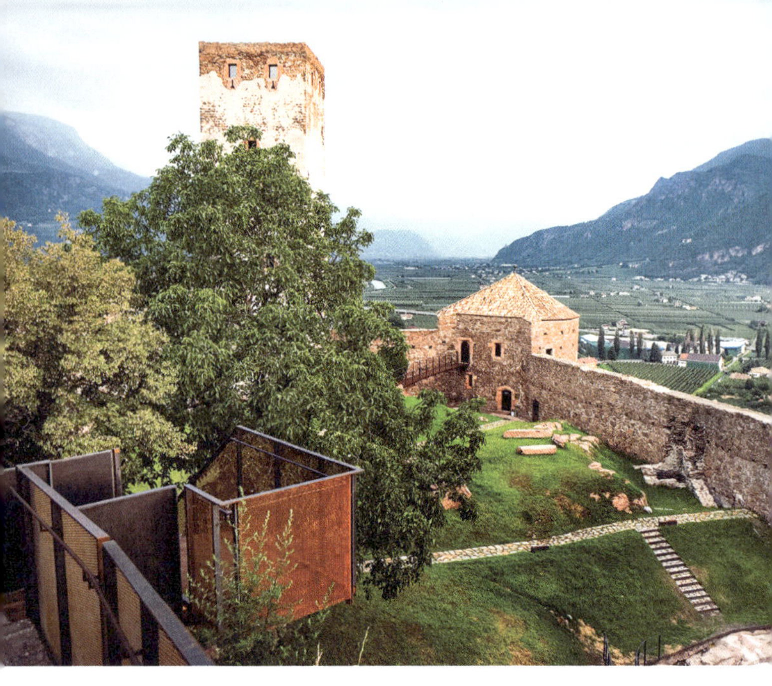

19 Von Frangart nach Sigmundskron

Durch die Weinberge von Schreckbichl

Am Fuße der sanften Hügel, die sich von Bozen nach Girlan hinziehen, schmiegt sich das kleine Dorf Frangart in eine Senke, im Osten wird es von der mächtigen Ruine von Schloss Sigmundskron bewacht. Das Dörfchen gehört zur Gemeinde Eppan, der größten Weinbaugemeinde Südtirols. Von Frangart führt ein schöner Wanderweg über Schreckbichl nach Girlan. Mit dem Rückweg über den Schlossberg von Sigmundskron mit dem Messner Mountain Museum ergibt sich ein stadtnaher, erlebnisreicher Rundweg mit schöner Aussicht übers Etschtal und den Stadtkessel von Bozen.

Wir starten am Bahnhof von Sigmundskron, gehen über die Etschbrücke, verlassen bei der Obstgenossenschaft (große rote Verarbeitungshallen) die Weinstraße und biegen links in die Sigmundskroner Straße ein (Wegweiser „Girlan“, Nr. 2). Nun wandern wir durch das Dorf Frangart, kommen am Gasthaus Schenk vorbei und gehen bergauf durch Weinberge, Obstanlagen und Wald bis Girlan (Markierung Nr. 2, 1 h). Nach einer kurzen Dorfbesichtigung und Einkehr wandern wir über die Jesuheimstraße ostwärts aus

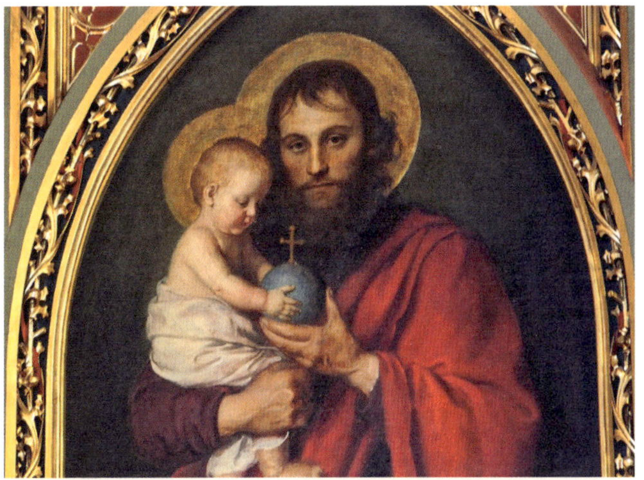

Der Andreas Hofer auf dem Altar

Einst führte die Eisenbahn von Bozen nach Kaltern an Frangart vorbei, Bozner Bürger kamen an den Sonntagen zum Speisen und Kartenspielen ins Gasthaus Schenk. Zu den Gästen zählte auch der berühmte Tiroler Maler Franz v. Defregger (1835–1921), Professor an der Kunstakademie München. Für die Kirche in Frangart stiftete Defregger ein Altarbild. Der Maler war ein Bewunderer des Tiroler Freiheitskampfes, den er in vielen seiner bekannten Bilder thematisierte. Er konnte der Versuchung nicht widerstehen und gab dem hl. Josef auf dem Altarbild, dem Patron der Frangarter Kirche, eindeutig die Züge von Andreas Hofer. Während der hl. Josef allgemein als alter Mann mit grauem Bart und schütterem Haar dargestellt wird, trägt er hier einen schwarzen Vollbart.

Girlan hinaus, folgen der Nr. 1 durch Weinberge zum Gut Marklhof, westlich daran vorbei fädeln wir in einen Feldweg ein, der durch Obstwiesen und später Buschwald (Nr. 1) abwärts zur Burg Sigmundskron führt. Auf einem Waldweg hinter dem Museumsschloss geht es zum Radweg im Talgrund hinunter. Dort überqueren wir erneut die Etschbrücke und kommen wieder zum Bahnhof von Sigmundskron zurück.

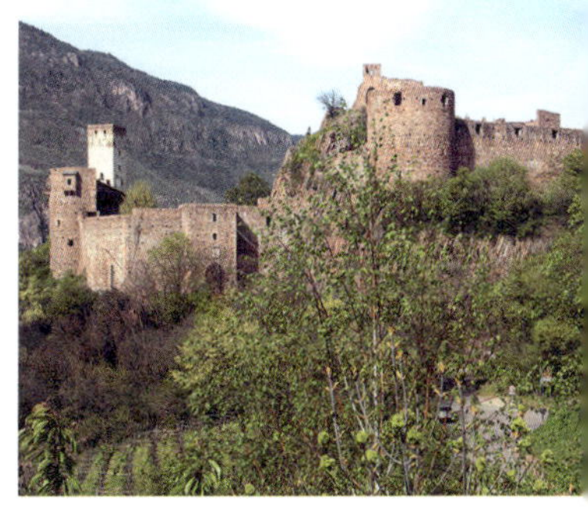

Südtirol und der Sekt

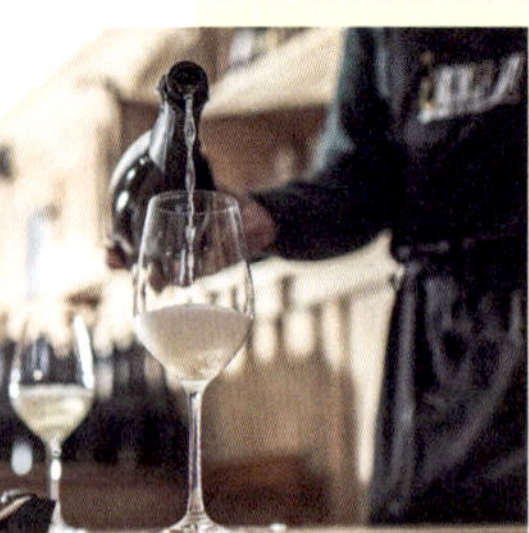

Die Begeisterung für den prickelnden Wein ist ungebrochen, der Konsum von Schaumweinen steigt und die Südtiroler Produzenten machen mit. Mittlerweile produzieren ein Dutzend Betriebe hochwertigen Sekt nach der klassischen Methode der Flaschengärung. Die Sekterzeugung ist ein notorisch langsames, schwieriges und mit viel Handarbeit verbundenes Geschäft: Von der Idee bis zur Abfüllung vergehen in der Regel drei bis vier Jahre. Am Anfang steht der Grundwein, der meist aus Chardonnay, Weißburgunder oder Blauburgunder besteht. Voraussetzung für einen guten Grundwein, der bevorzugt aus hohen Lagen mit mineralischen Böden kommt, ist die Säure: Deshalb wird auch die Ernte bis zu 2–3 Wochen früher angesetzt. Eine bauchige Flasche, ein klingender Name, Drahtkorb und ein knallender Korken sind noch längst keine Qualitätsgarantie! Der Markt wird zurzeit von perlenden Weinen überschwemmt, deshalb sollten Sie genau wissen, wie die Bläschen in die Flasche kommen, denn nur bei der klassischen Methode der Flaschengärung entsteht natürliche Kohlensäure. Der zum Grundwein vergorene Most, dem eine Mischung aus Zuckerlösung und Hefe, die sogenannte Tirage, zugeführt wurde, erfährt eine zweite Gärung in der Flasche, bei der Kohlensäure entsteht. Die Flaschen stehen kopfüber in einem Gestell. Damit sich das Hefedepot nach und nach im Flaschenhals sammelt, werden sie von Hand gedreht, „gerüttelt". Mit einem speziellen Verfahren werden die provisorische Verschlusskapsel und der Hefepfropfen entfernt und die Flasche verkorkt und etikettiert. Achten Sie beim Trinken auf die Perlage: je feiner die Perlen, desto hochwertiger der Sekt! Zum Restzucker-Einmaleins: pas dosé, naturherb, dosaggio zero: < 3 g/l; extra brut, extra herb: < 6 g/l; und brut, herb: < 12 g/l.

☞ Einige besondere Tropfen:

Cuvèe Marianna Extra Brut der Sektkellerei **Arunda**, Mölten, wo Josef Reiterer, der Pionier der Südtiroler Sektszene, mit Gattin Marianne auf 1.200 m die höchstgelegene Sektkellerei Europas führt. www.arundavivaldi.it

Comitissa Pas Dosé Riserva der Sektkellerei **Lorenz Martini** in Girlan. Der Sekt reift mindestens 3 Jahre auf der Hefe, in besonderen Jahren wird der Comitissa Brut Riserva Gold produziert. www.lorenz-martini.jimdofree.com

Ausführliche Informationen und ein Porträt der Sekt-Winzer finden Sie unter: Vereinigung Südtiroler Sekterzeuger, www.suedtirolersekt.it

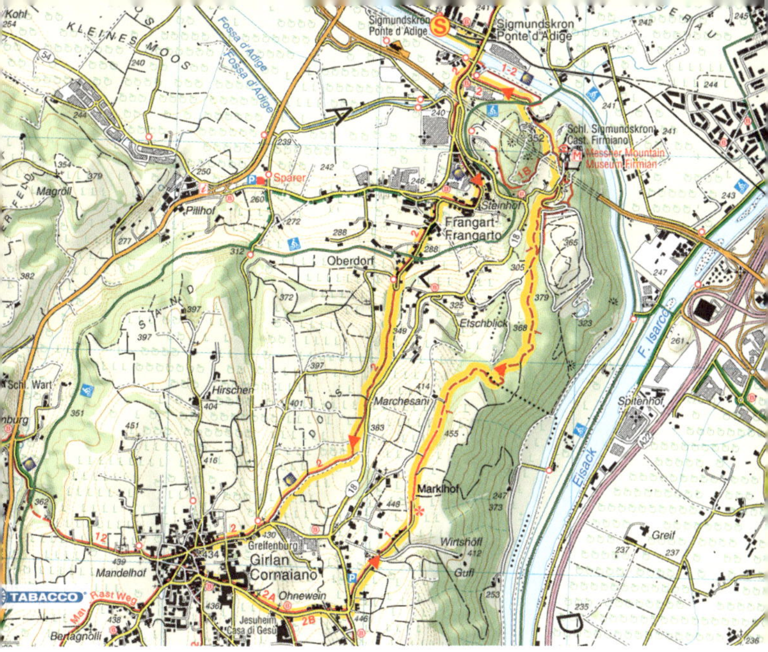

EINKEHRTIPPS

Gasthof Zum Falken: Am nördlichen Dorfrand gelegen, schöner Gastgarten. St.-Sebastian-Straße 8, Girlan, www.zumfalken.it, So. Ruhetag, im Winter geschlossen

Die Schlossschänke **Restaurant MMM Firmian** ist integriert ins MMM Firmian, fantastischer Rahmen, tolle Aussicht. Sigmundskroner Straße 53, Tel. 0471 631208 oder 347 9393066, www.schloss-sigmundskron.com, Do. Ruhetag

INFOS IN KÜRZE

- Trotz Stadtnähe wenig begangene Wege durch schöne Weinlandschaft
- Sigmundskron, Bahnhof, 242 m
- Leicht
- 2 h 30 min
- 225 Hm
- 8,6 km
- Frühjahr, Herbst, schneearme Winter
- Von Bozen auf der Sigmundskroner Straße bis Bahnhof Sigmundskron, Parkplätze
- Mit der Bahn und dem Bus nach Sigmundskron, Fahrplan: www.suedtirolmobil.info
- In Girlan gute Privat- und Genossenschaftskellereien für Weinprobe und -kauf

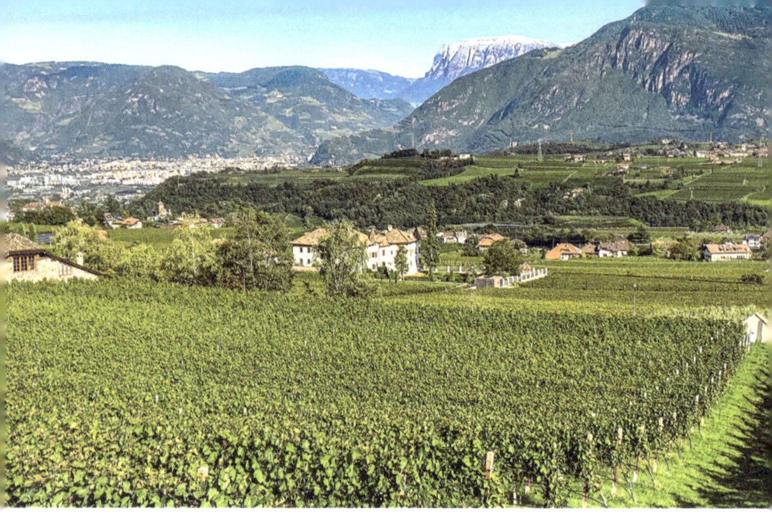

20 Zu Ansitzen und Burgen in Eppan

Im Überetscher Burgenland

Am Fuß der Mendel liegt die wunderbare Natur- und Kulturlandschaft des Überetsch mit fruchtbaren Apfelanlagen und Weinbergen. Gegen das Etschtal mit dem Mitterberg hin erstreckt sich ein Waldgürtel, in den die zwei Montiggler Seen eingebettet sind. An den Hängen des Mendelgebirges, im Ortsteil von Eppan-Berg, klettern die Reben bis auf eine Höhe von 700 m hinauf und liefern exzellente Trauben für beste Weißweine. Auf Bergvorsprüngen sieht man Ruinen von einst wehrhaften Burgen. Durch diese Bilderbuchlandschaft führt unsere lange, lohnende Rundwanderung.

Wir starten im Ortszentrum von St. Michael-Eppan und gehen auf den Kalvarienberg in Richtung Gleif-Kirche. Wir folgen dabei den hölzernen AVS-Wegweisern und wandern zwischen dem Eisstadion und der Raiffeisenhalle durch. Der breite, nicht sehr steile Weg verläuft nun durch Laubwald und führt in Serpentinen an Kreuzwegstationen und an der Gleif-Kirche vorbei. Unser Zwischenziel ist das Hotel/Gasthof Steinegger am Fuß der Mendel. Die Wegnummer 8B lenkt uns durch schöne Rebanlagen, mit wunderbarem Blick über Eppan, St. Pauls, den Bozner Talkessel und zu den Dolomiten. Beim Steinegger biegen wir nach rechts ab, ein Waldweg führt den Hang entlang (Nr. 8) nordwärts, am idyllisch zwischen Weinreben und Waldrand gelegenen Schloss St. Valentin vorbei in Richtung Perdonig. Nach einer knappen Stunde Gehzeit ab Steinegger verlassen wir den Perdoniger Weg (Nr. 8) und steigen zur Autostraße ab. Wir

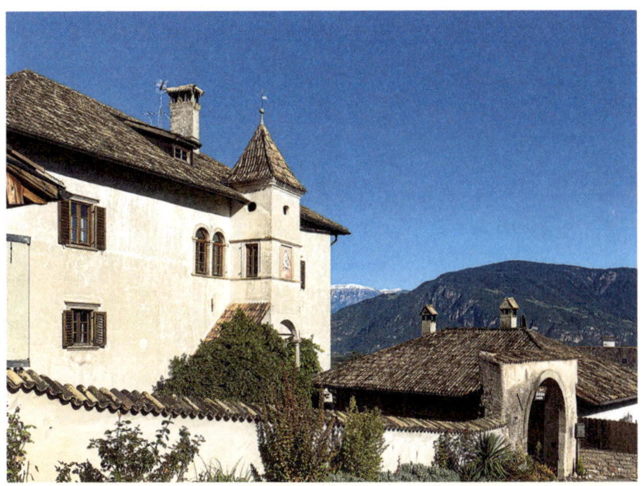

Die Überetscher Ansitze

Seit jeher waren Eppan und das Überetsch beliebter Wohnort wohlhabender Landwirte, des Landadels und reicher Bürger aus der nahen Stadt Bozen. In der Rebenlandschaft finden wir deshalb viele behäbige, ausladende alte Bauernhäuser und schlossartige Landsitze, hier Ansitz genannt. Auch in den Ortskernen fallen besonders stattliche Bürgerhäuser auf. Aus der gelungenen Verschmelzung von lokaler Bautradition und italienischer Renaissancearchitektur entwickelte sich der „Überetscher Stil", eine eigene Bauweise, die durch die charakteristischen Doppelbogenfenster des herrschaftlichen Wohntrakts im ersten Stockwerk gekennzeichnet ist.

Rebenerziehung: Pergel oder Drahtrahmen?

Die symmetrischen Rebzeilen prägen die Weinlandschaft. Einst war die laubenartige Erziehungsform, die sogenannte Pergel (von Pergola), vorherrschend. Ursprünglich für alle Rebsorten verwendet, wird sie heute vorwiegend nur mehr für den Vernatsch angewandt. Die eher wüchsige Vernatschrebe lässt sich auf diesem geneigten Laubendach besser bändigen, sie hat mehr Freiheit zum Wachsen, Nachteile sind die begrenzten Mechanisierungsmöglichkeiten und die höheren Erstellungskosten. Im Wandel der Zeiten wurden die Erziehungsformen perfektioniert und angepasst, deshalb gibt es heute weniger Pergel-Anlagen, dafür umso mehr Rebsorten auf Drahtrahmenerziehung.

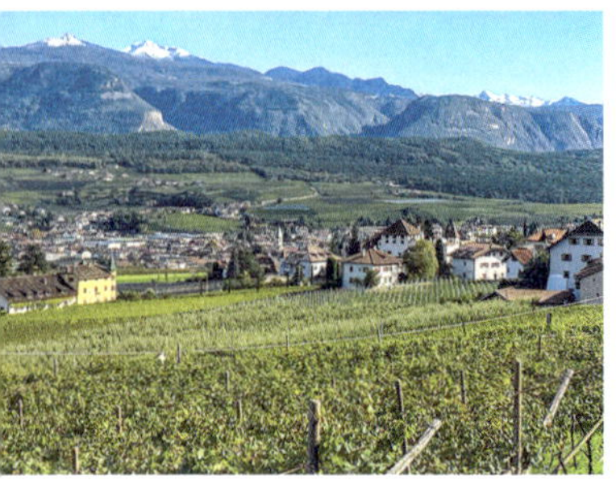

überqueren sie, folgen dem Wegweiser „Schloss Boymont 8A“ auf der Hofzufahrt (Schilder: „Perdoniger Weg“, Nr. 2, 4, 6) durch Weinberge bergab in ein kleines Tal, überqueren den Bach und gehen über einen Steig, gut gesichert und mit Geländer versehen, teils über Stufen und Treppen zur Burg Boymont. Nach einer Einkehr, nicht ohne vorher vom Dach der Burg aus die beeindruckende Aussicht genossen zu haben, nehmen wir den breiten, etwas steilen Weg (Wegweiser „St. Pauls“) von der Burg bergab. Der Burgenweg führt am eleganten Schlosshotel Korb vorbei und weiter, größtenteils eben auf wenig befahrener Asphaltstraße nach St. Michael-Eppan zurück (Nr. 12 und 8A). Dabei kommen wir noch an einigen typischen, turm- und zinnenbewehrten Wohnschlössern des einstigen Landadels vorbei.

EINKEHRTIPPS

In der **Burgschänke Boymont**, einer einfachen Jausenstation, wird die kleine Speisenauswahl durch die prachtvolle Aussicht wettgemacht. Tel. 0471 636000, www.schloss-hotel-korb.com/schloss/boymont/, Ende März – 6. Nov. 10–17 Uhr, Mo. Ruhetag
Im Restaurant des stattlichen **Hotels/Gasthofs Steinegger** sind Wanderer gern gesehen. Regionale Kost mit italienischem Einschlag, Panoramaterrasse. Matschatscher Weg 9, Eppan, Tel. 0471 662248, www.steinegger.it, geöffnet von Ostern – Anf. Nov., Mi. Ruhetag
Im **Gasthaus Platzegg** mit Tischen auf dem Dorfplatz bietet Fam. Hintner in Sichtweite zu ihrem Sternerestaurant regionale, alpin-mediterrane Osteria-Küche. Rathausplatz 1, St. Michael-Eppan, Tel. 0471 058858, www.platzegg.com, Ruhetage: Mi. mittags, So. abends, Di.

Burg Boymont

Die mächtige Anlage von Boymont in aussichtsreicher Position auf einem felsigen Hügel wurde Mitte des 13. Jh. von Gefolgsleuten der Grafen von Eppan erbaut. Die Burg brannte im 16. Jh. ab und verfiel zur Ruine. Sie diente mehr Wohn- und Repräsentationszwecken als der Verteidigung, denn der Standort ist im Gegensatz zum nahen Hocheppan verhältnismäßig ungeschützt. Auffallend sind die eleganten dreibogigen Fenster im Wohntrakt. Die Burg ist frei zugänglich und wird als Ausflugslokal geführt.

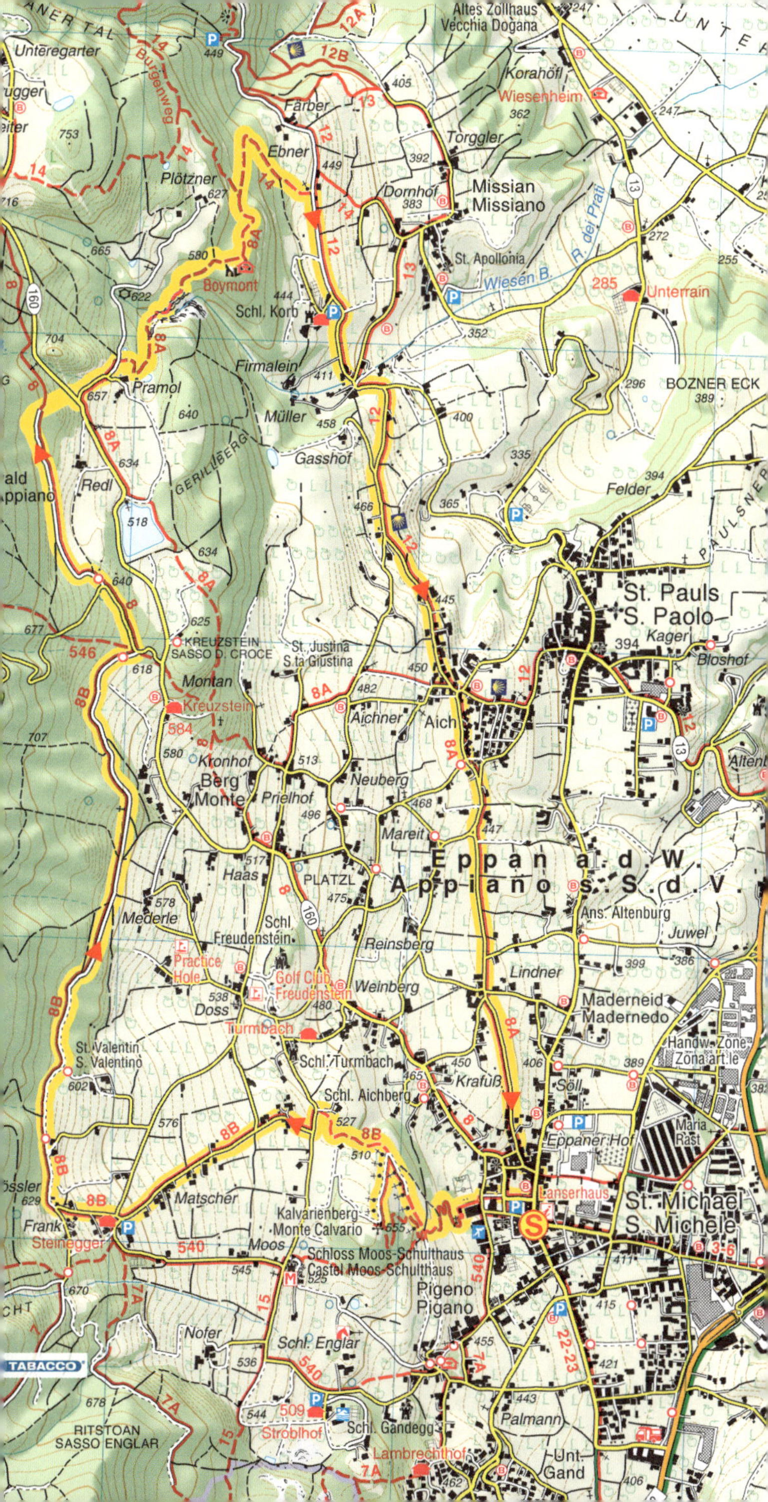

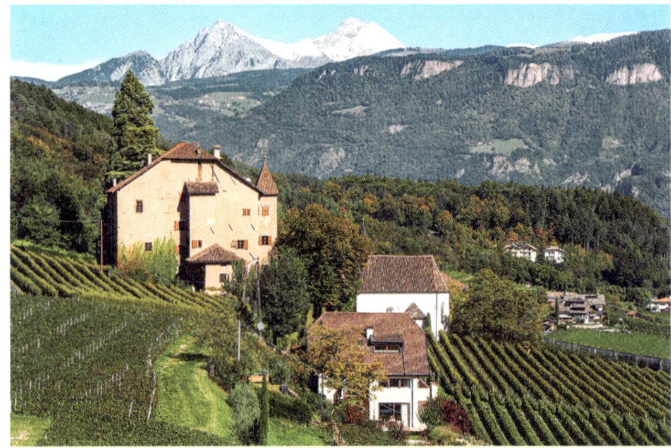

Eppan-Berg, Ansitz St. Valentin

Rund um den Ansitz St. Valentin in Eppan-Berg wachsen Weißburgunder, Sauvignon, Chardonnay und auch Blauburgunder. Die lehmigen Kalkschotterböden, mäßige Tagestemperaturen durch die nach Osten gerichtete Lage und die kalten Fallwinde vom Mendelgebirge nach Sonnenuntergang sind ideale Voraussetzungen für die genannten Sorten. Der Ansitz St. Valentin ist auch Namensgeber für die bekannte Premiumlinie „Sanct Valentin" der **Kellerei St. Michael-Eppan**. An der Umfahrungsstraße von Eppan lädt das modern gestylte Detailgeschäft der Traditions-Kellerei zur Weinverkostung ein.
Kellerei St. Michael-Eppan, Umfahrungsstraße 17–19, Tel. 0471 664466, www.stmichael.it

INFOS IN KÜRZE

- Aussichtsreiche Rundwanderung, teils auf breiten Straßen, teils auf schmalen Steigen, durch Weinberge und Wald, mehrere Einkehrmöglichkeiten am Weg
- Eppan, Ortsteil St. Michael, Hauptplatz, 415 m
- ** Mittel
- 3 h 40 min
- 480 Hm
- 11,6 km
- Frühjahr bis Herbst
- Von Bozen auf der SS 42 bis Eppan, Parkplatz an der Dorfeinfahrt
- Auch mit Linienbus 132 von Bozen erreichbar, Fahrplan: www.suedtirolmobil.info

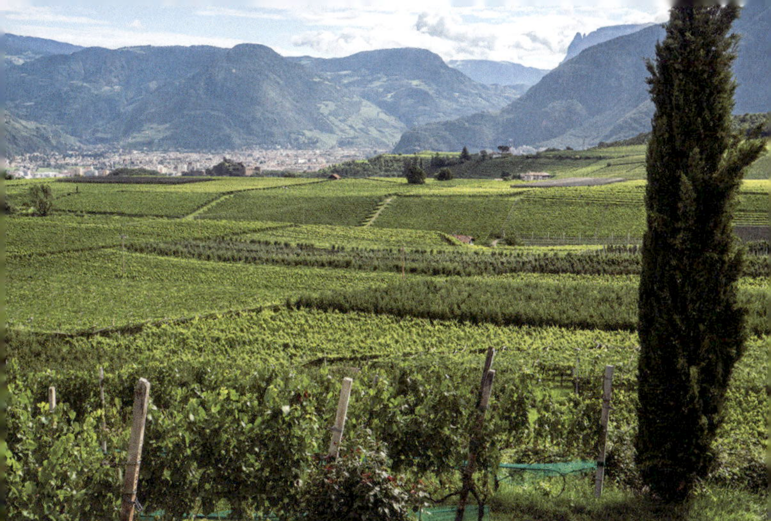

21 Der Weinlehrpfad in Girlan

Im Herzen des Eppaner Weinbaugebiets

Eppan, die größte Weinbaugemeinde Südtirols, wartet natürlich auch mit einem Rundweg durch die Weinberge auf. Dieser hat zu jeder Jahreszeit seinen Reiz, in der weiten Landschaft zeichnen die Rebzeilen geometrische Muster, an den knorrigen Rebstöcken zeigen sich die verschiedenen Erziehungsformen, von den Pergeln (oder der Pergola) bis zu den Drahtrahmen. Einzelne Zypressen, Mandelbäume und Lavendelbüsche am Weg tragen zu einer mediterranen Stimmung bei.

 Start ist im Girlaner Dorfzentrum, von der St.-Florian-Straße biegen wir links in die Pfarrgasse ein, die Schilder „Natur- und Weinlehrpfad" lenken uns, am Engelmacher Hof vorbei geht es nordwärts zum Dorf hinaus in die Weinberge. Längs des Wegs finden

Der Girlaner Weinlehrpfad

Ausgehend vom Ortszentrum wurde ein wunderschöner, einfacher und ebener Weg durch die Weinberge von Girlan um den Hügel Gschleier angelegt. Interessierte erfahren viel über den Eppaner oder besser Girlaner Wein, über Erziehungsformen der Reben, Sortenvielfalt, Böden und die Arbeit im Weinberg im Jahreslauf.

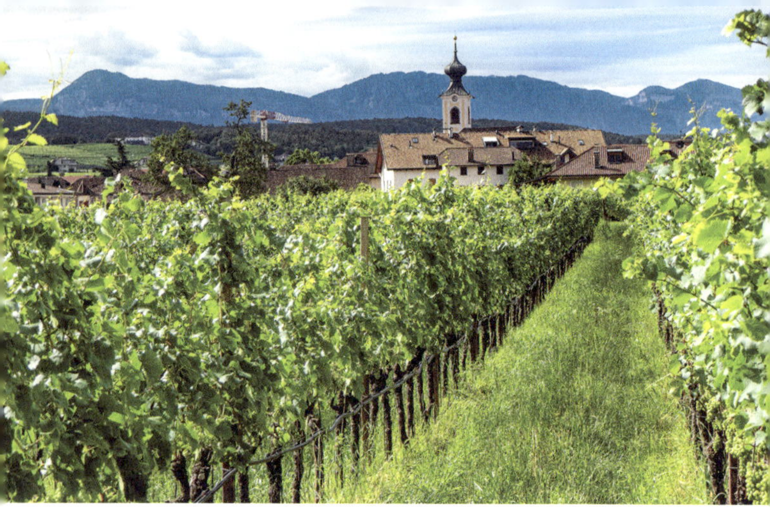

sich Erklärungstafeln mit kurzen Texten und Bildern. in einer weiten Schleife umrunden wir den flachen Hügel, bald geht es wieder in südlicher Richtung auf das Dorf zu. Die Aussicht ist prächtig, der Blick geht von den Dolomiten über das weite Becken mit der Landeshauptstadt Bozen bis zu den Meraner Bergen und der nahen Mendel.

Konventionell oder bio, oder doch besser biodynamisch?

Ein Thema, das die Gemüter erhitzt! In der Praxis gibt es drei verschiedene Methoden des Weinbaus: konventionell, biologisch und biodynamisch. Dabei sind die Grenzen oft fließend. Das hat zur Folge, dass so mancher Weinliebhaber schon vor dem Trinkgenuss einige Begriffe durcheinanderbringt. Deshalb versuchen wir in diese Thematik etwas mehr Klarheit zu bringen:

Der **konventionell** arbeitende Winzer ist in seiner Arbeit im Weinberg und Keller nur an die gesetzlichen Vorgaben gebunden, die den Einsatz von Dünger, Pflanzenschutzmitteln und Hilfsmitteln bei der Weinerzeugung regeln. Im konventionellen Weinbau wurden große Fortschritte in der Behandlung der Krankheiten und der Schädlingsbekämpfung erzielt, die modernen Mittel sind zum Teil weniger giftig und wirken gezielter. Im Keller dürfen die laut EU-Verordnung zugelassenen Hilfsmittel wie Hefen, Filterhilfsmittel und Schönungsmittel verwendet werden.

Dass Biobauern keine Pflanzenschutzmittel ausbringen, ist ein weit verbreitetes Missverständnis. Nur werden im **Bio-Weinbau** sogenannte Kontaktmittel verwendet, sie wirken auf der Oberfläche und

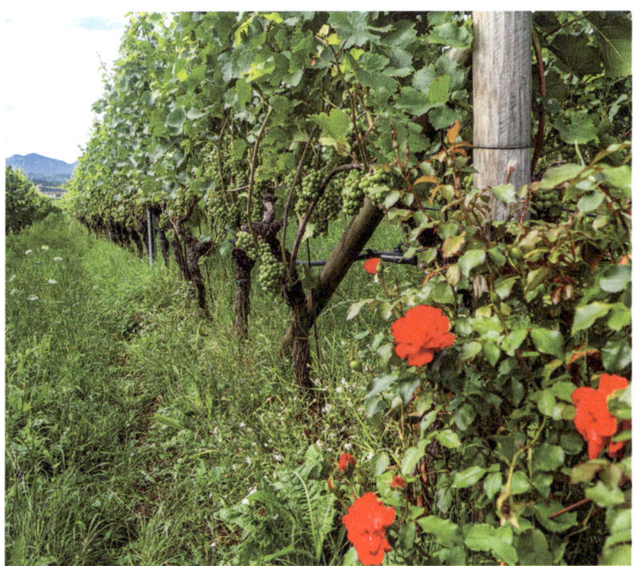

dringen nicht in die Pflanze und ihre Früchte ein. Gegen Pilzkrankheiten werden Kupfer und Schwefel eingesetzt, beides in der Natur vorkommende Elemente. Wichtig: die richtige Rebe für jede Lage! (» Siehe auch PIWI-Reben, S. 51) Unterstützend ist eine sorgfältige, luftige Laubpflege der Reben entscheidend, man hält so Krankheiten von der Rebe fern. Nicht zu vergessen: die Bodenpflege im Weinberg, ein gesunder Boden sorgt für kräftige Reben! Weiters ist Artenvielfalt bei den Gräsern und lokalen Wildpflanzen gefragt, Verzicht auf Kunstdünger und Herbizide ist selbstverständlich.

Die **Biodynamie** wiederum ist ein Trend, dessen Grundlage die Weltanschauung der Anthroposophie von Rudolf Steiner aus den 1920er-Jahren ist. Demnach wird der Weinberg als ein lebender Organismus betrachtet, der Winzer kann ihn so pflegen, dass er sich selbst erhält. Hornmist und Hornkieselpräparate werden, vergleichbar mit der Homöopathie, in Kleinstmengen ausgebracht und eingesetzt. Im Keller werden noch restriktivere Maßnahmen angewandt als bei Bioweinen, physikalische oder chemische Eingriffe sind dabei nicht erlaubt, Reinzuchthefen, welche die Gärung beschleunigen und den Geschmack des Weines beeinflussen können, sind verboten.

Auch der Markt passt sich diesen Trends an, Bioweine finden sich immer öfter im Verkaufsregal, das Label für biodynamische Weine wird bereits marketingstrategisch eingesetzt. Die einst verhärteten Fronten zwischen den Verfechtern der verschiedenen Linien bröckeln langsam, ein Nebeneinander und Miteinander scheint möglich zu sein.

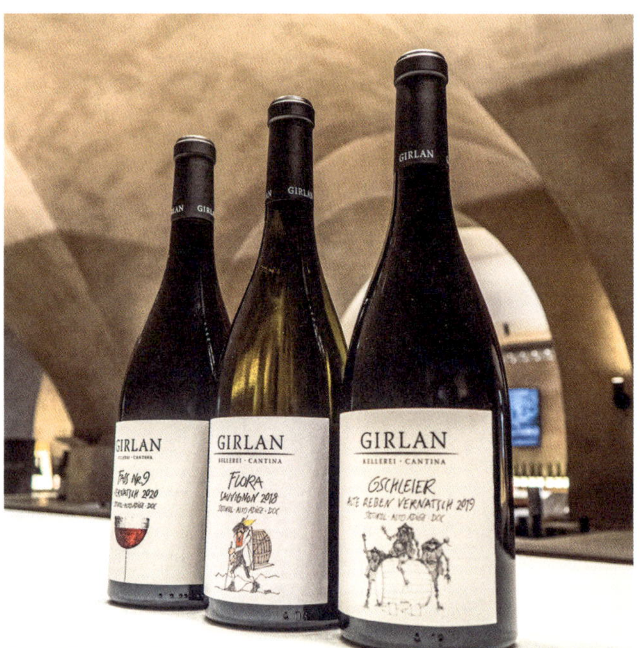

Der geheimnisvolle Bühel Gschleier

Der Hügel, um den unser Spazierweg verläuft, hat den Riegel- und Flurnamen Gschleier, was auf eine frühe Besiedlung mit einer ehemaligen Wallburg und einem römischen Kastell hinweist. Bei Grabungen im Jahre 1950 wurden Überreste davon (wie alte Mauerteile, römische Münzen usw.) gefunden. Der Name leitet sich vom Lateinischen bzw. Romanischen ab: Aus castellum, Kastell, wurde über „castlir" schlussendlich Gschleier. Genauso benennt die Kellerei Girlan einen ihrer Klassiker, den „Gschleier". Er wird aus Vernatschtrauben von besonderen Reben mit geringem Ertrag, die zwischen 80 und 100 Jahre alt sind und am Gschleier-Hügel auf 450 m mit Kalk-, Schotter- und Lehmböden ohne künstliche Bewässerung und mineralische Düngung wachsen, gekeltert.

☞ Was ist naheliegender, als diesen Wein in der **Kellerei Girlan** zu verkosten? Im Ortszentrum besetzt die Kellerei Girlan in zentraler Lage ein historisches Gebäude, in die alten Gewölbe wurde eine moderne Vinothek integriert. Der Betrieb gehört zu den größten und besten des Landes, 200 Winzerfamilien bewirtschaften 220 ha Weinbaufläche. Kellereigenossenschaft Girlan, St.-Martin-Straße 24, Girlan, www.girlan.it

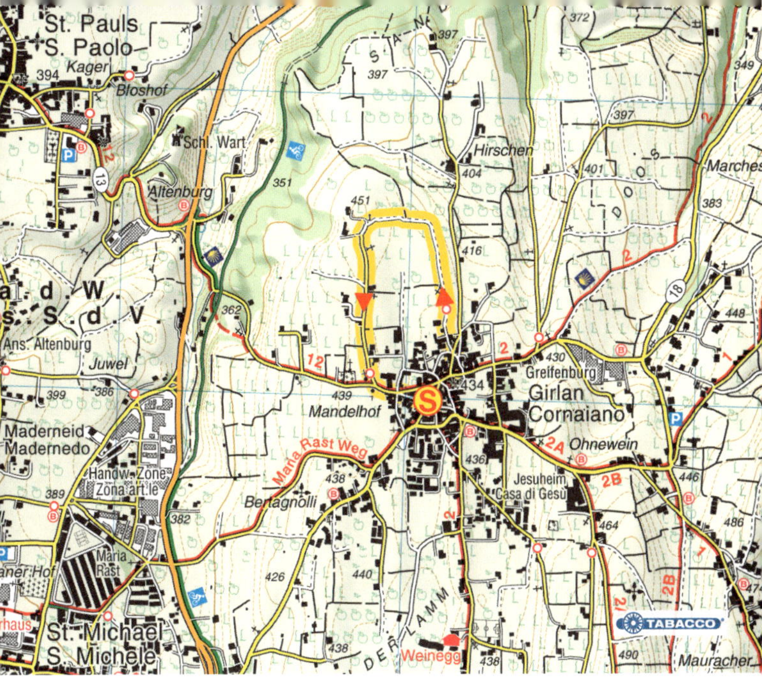

EINKEHRTIPPS

Gasthof Zum Falken: Am nördlichen Dorfrand gelegen, schöner Gastgarten. St.-Sebastian-Straße 8, Girlan, www.zumfalken.it, So. Ruhetag, im Winter geschlossen

Mehrere nette Kneipen in Girlan, z. B. **Café am Platz**, Girlaner Platz 8

INFOS IN KÜRZE

- Einfacher Spazierweg durch schöne Reblandschaft
- Girlan, Dorfplatz, 433 m
- Leicht
- 40 min
- Kein wesentlicher Höhenunterschied
- 1,9 km
- Frühjahr, Herbst, schneearme Winter, im Sommer heiß und wenig Schatten
- Anfahrt von Bozen über Frangart oder von Eppan, Parkplätze in Nähe der Schule, Raika und Feuerwehr
- Bus bis Girlan, Fahrplan: www.suedtirolmobil.info
- In Girlan gute Privat- und Genossenschaftskellereien für Weinprobe und -kauf

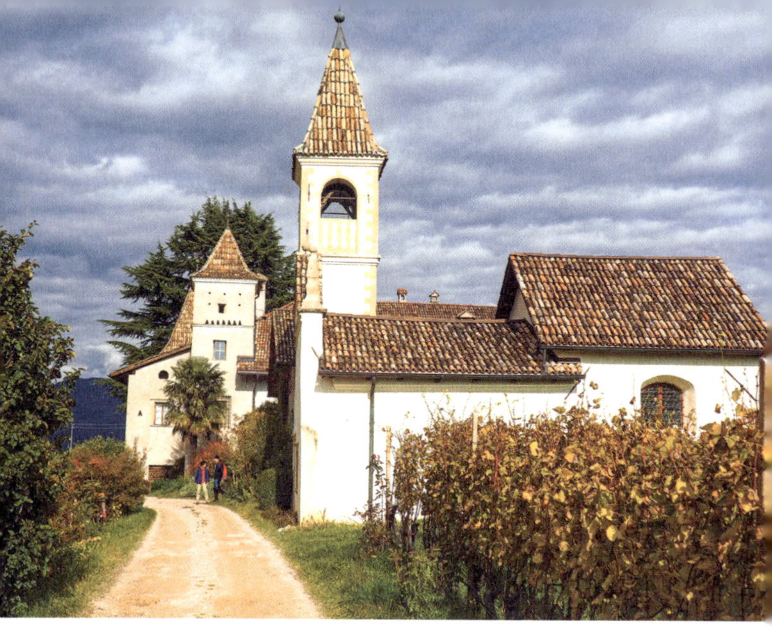

22 Von Eppan in den Montiggler Wald

Weinberge, Wälder und leichte Wanderwege

Diese einfache Wanderung in der Umgebung von Eppan führt uns nicht nur durch üppige Weinberge im fruchtbaren Überetsch, Teile des Wegs gehen auch durch den Montiggler Wald. Dieser ist ein stadtnahes Naturschutzgebiet, ein wahrer Kraftort mit dichtem Mischwald, zwei warmen Badeseen und einem weitverzweigten Netz von angenehmen Wanderwegen. Weinliebhaber können sich an der wunderbaren Reblandschaft sattsehen und finden neben dem dominierend auf einem Hügel gelegenen Kreithof, einer kleinen Eigenbaukellerei, in der Nähe auch eines der Schwergewichte der Südtiroler Weinszene, die Kellerei St. Michael-Eppan.

Der Ausgangspunkt für diese Wanderung liegt an der Eppaner Umfahrungsstraße, beim Restaurant Pfeffermühle. Wir folgen dem Radweg, der parallel zur Autostraße Richtung Kaltern führt, nach 300 m biegen wir rechts in den Kreuzweg ein. Der Wegweiser („Montiggl“, Nr. 23) leitet uns mit leichter Steigung auf den Hügel, auf dem der Kreithof, mit der nebenstehenden Kapelle ein markantes Gesamtbild, thront. Eine kurze Stichstraße bringt uns zum Anwesen.

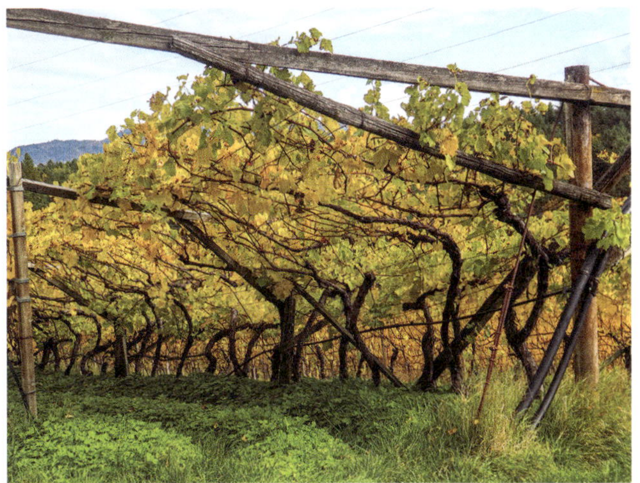

Der Vernatsch, einst Südtirols Hauptsorte

Der Ursprung des Namens lässt sich aus dem lateinischen „vernaculus" ableiten, das bedeutet so viel wie inländisch, einheimisch. Der Wein aus der im südlichen Tirol seit dem 16. Jh. heimischen Rebsorte Vernatsch erhielt, wie früher üblich, eine Lagenbezeichnung. Nach dem größten Anbaugebiet im Überetsch bei Kaltern und dem gleichnamigen See trägt er dort den Namen Kalterer See. Aus den Vernatschtrauben von den Weinbergen am Hügel mit dem St.-Magdalena-Kirchlein nordöstlich der Stadt Bozen wird der „St. Magdalener", durch einen geringen Anteil von Lagrein ist er etwas fülliger. Aus dem Vernatsch der Meraner Gegend wird der „Meraner" gekeltert. Der feine, gerbstoffarme, rubinrote Rotwein lässt sich leicht trinken, er war im süddeutschen Raum, in Österreich und in der Schweiz sehr beliebt und verhalf den Weinkellereien bis in die 1970er-Jahre zu großen Umsätzen. Dann kam der große Umschwung, der moderne Weintrinker bevorzugt nun die farbintensiven, schweren, körperreichen, fülligen, tannin- und alkoholbetonten, oft in Barrique ausgebauten und somit mit ausgeprägtem Holzton ausgestatteten Weine. Der Vernatsch hatte ausgedient, die Reben wurden gerodet und durch weiße oder wertvollere rote Sorten ersetzt, zusätzlich hat ihm die Kirschessigfliege wegen seiner dünnen Beerenhaut besonders zugesetzt, sodass sich die Bauern gerne von ihm trennten. Heute wird er in Südtirol noch auf 635 ha, das sind ca. 11,4 % der Weinbaufläche, angebaut. Hierzulande wird der Vernatsch seinen Stellenwert als lokale Spezialität bewahren, aber international spielt er nur noch eine Rolle als Randkuriosität.

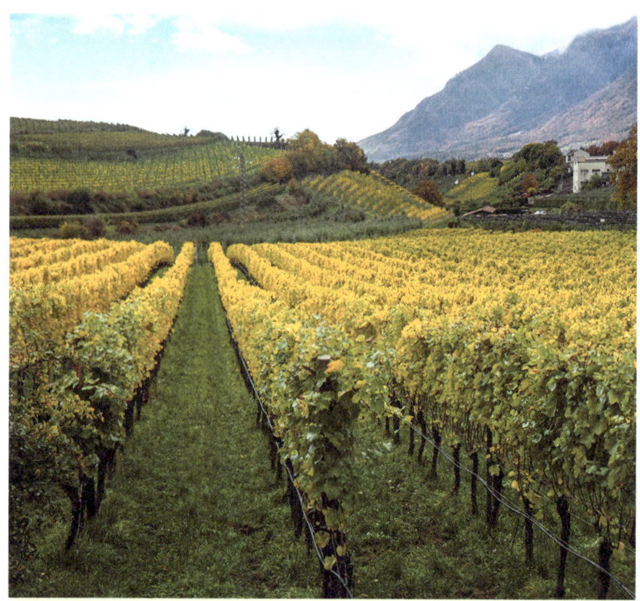

Genossenschaften oder Freie Weinbauern?

Die **Genossenschaften** in Südtirol entstanden aus der Not der vielen kleinen Weinbauern, die kaum Fässer, Lagerräume und Kellertechnik hatten, um ihre Ernte selbst zu keltern und zu vermarkten. Sie waren von den Händlern, den Weinherren, abhängig, die ihnen die Ernte abnahmen, aber meist schlecht und spät bezahlten. Das Genossenschaftswesen brachte den Bauern wichtige Vorteile in Bereichen wie Weinausbau, Marketing und Verkauf, das Modell hat sich etabliert und ist von ungebrochener Vitalität. Die Mitglieder werden durch Schulungen, Einbindung in den Produktionsprozess und durch ein abgestuftes Bezahlungssystem auf die Erfolgs- und Qualitätsstraße gelenkt. Heute gibt es in Südtirol 12 Genossenschaften, die 74% der gesamten Weinproduktion verarbeiten.
Die Vereinigung der **Freien Weinbauern** (FWS) bildet eine Interessengemeinschaft von rund 100 Weinbaubetrieben, meist Familienbetrieben, die den gesamten Produktionsablauf von der Rebe bis zur Vermarktung selbst in die Hand nehmen und authentisch gestalten. Viele der Impulse in der Südtiroler Weinszene kommen aus diesem Umfeld, wo sich Innovation und Respekt vor der Tradition treffen. Gemeinsame Messeauftritte und Veranstaltungen tragen zum hohen Bekanntheitsgrad der Südtiroler Weine bei. Eine der wichtigsten Veranstaltungen ist dabei die „Vinea Tirolensis“. www.fws.it

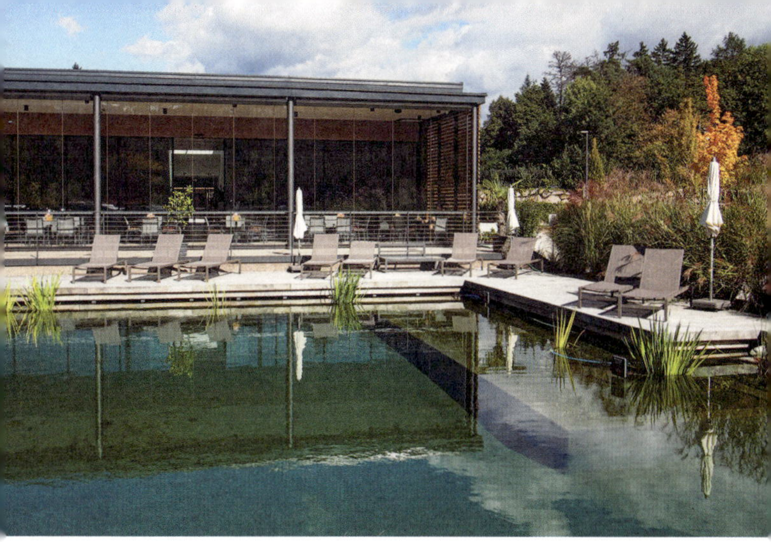

Wieder zurück auf unserem Weg, wandern wir durch Reben leicht bergab, der Feldweg taucht nun in den Montiggler Wald ein. Bei der nächsten Kreuzung halten wir uns links (Nr. 6), in nordöstlicher Richtung wandern wir durch Mischwald, kommen an einer Lichtung mit Obstbäumen vorbei und stoßen dann auf die Autostraße, die von Eppan kommend nach Montiggl führt. Ab der Kreuzung bis hierher 30 min Gehzeit. Hier findet sich ein moderner Campingplatz mit einem Restaurant, ein guter Platz für eine Rast und Einkehr. Wir überqueren die Autostraße und folgen den Wegweisern Nr. 6 in Richtung Rungg. Nach 10 Gehminuten kommen wir an eine Kreuzung, hier verlassen wir den Weg Nr. 6 und biegen links in den Weißhausweg ein. Der asphaltierte Güterweg begleitet uns in westlicher Richtung mit schönem Blick auf das Mendelgebirge durch herrliche Weinberge auf Eppan zu. Wir überqueren nochmals die LS 55 Eppan–Montiggl und gehen auf dem St.-Antonius-Weg zum Radweg. Noch wenige Schritte, und wir sind am Ausgangspunkt angelangt.

Der Kreithof

Auf einem Weinhügel zu unserer Linken zeigt sich ein Ensemble aus Kirchlein und türmchengekröntem Landsitz, es ist der Kreithof. Seine Ursprünge reichen ins Mittelalter zurück. Der Name „Kreit" hat seine alte Wurzel in „Gereuth". Es bedeutet so viel wie Rauten, Roden, Rodung, Urbarmachung. Die heutige Form erhielt das schlossartige Gebäude durch Um- und Ausbauten im 18. Jh. Der Kreithof wurde zum stimmungsvollen Drehort des „Bozen-Krimis", einer Serie von bisher zwölf Filmen der Reihe „Donnerstag-Krimi im Ersten". Ab-Hof-Weinverkauf. www.kreithof.com

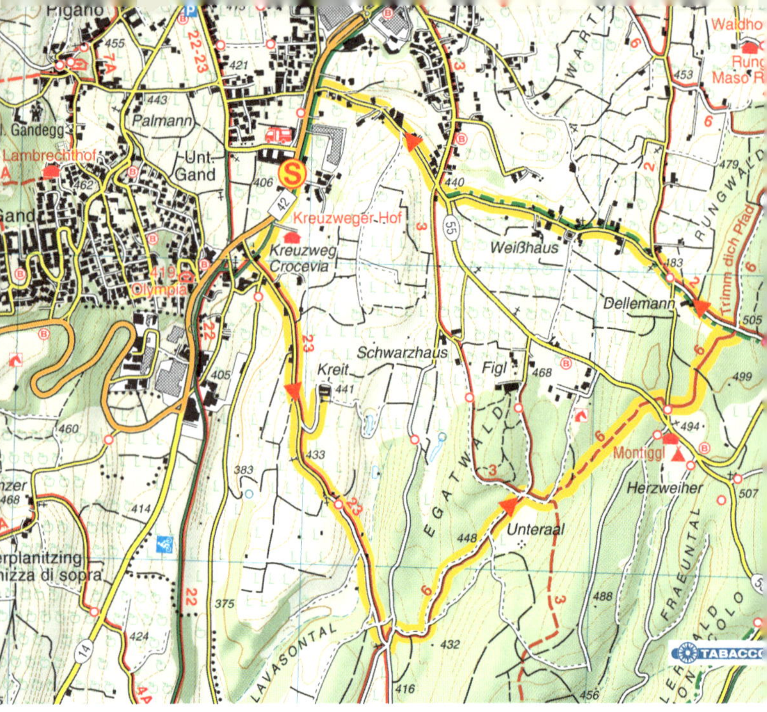

EINKEHRTIPP

Camping Montiggl: Im modernen Restaurant des Campingplatzes an der Montiggler Straße sind auch Tagesgäste gern gesehen. Vom hellen verglasten Speisesaal und der Gartenterrasse geht der Blick über einen romantischen Badeteich zum nahen Wald. Bar, Eisdiele, Restaurant, Pizzeria. Tel. 0471 1808290, www.campingmontiggl.com

INFOS IN KÜRZE

- Einfache Rundwanderung durch Weinberge und Wald im Überetsch
- Eppan, an der Umfahrungsstraße, der SS 42, 405 m
- Leicht
- 1 h 40 min
- 142 Hm
- 6,2 km
- Frühjahr, Herbst
- Von Bozen auf der SS 42, 10 km, Parkplatz in Eppan neben dem Restaurant Pfeffermühle
- Auch mit Linienbus von Bozen erreichbar, Fahrplan: www.suedtirolmobil.info
- Am Weg oder nahe dem Ausgangspunkt Kellereien für Weinprobe und -kauf

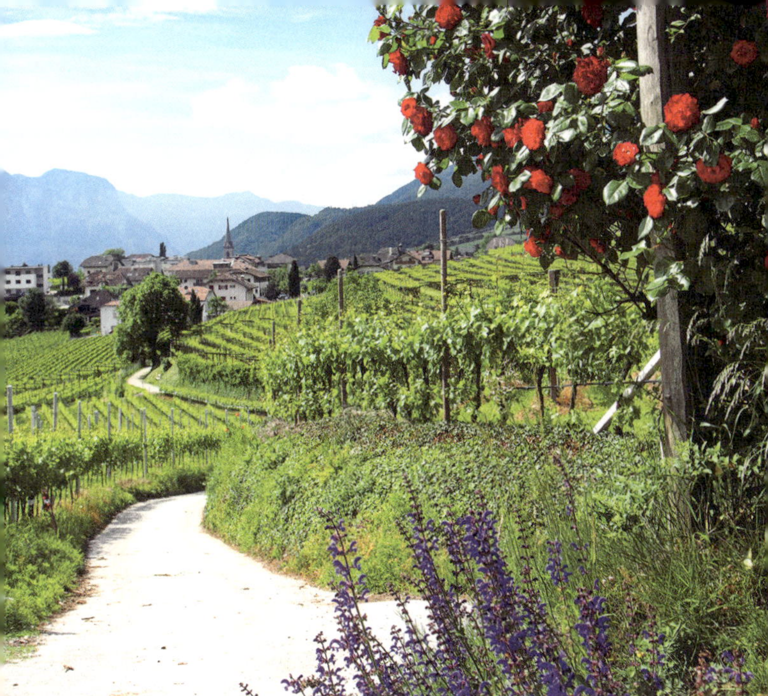

23 Von Kaltern nach Oberplanitzing

Leichte Weinwege ab Kaltern

Ganz nebenbei werden wir auf dieser einfachen Wanderung mit der Weingeschichte des berühmten Weindorfs Kaltern konfrontiert, auf Schritt und Tritt sind die Reben und der Wein allgegenwärtig. Als eine der größten Weinbaugemeinden Südtirols schuf Kaltern mit dem Namen wein.kaltern und dem Logo eines roten Punkts eine Marke, an der Winzer, Kellereien, Hotels, Restaurants und sogar die einzelnen Weinlagen ihren Anteil leisten. Mit dieser Wanderung erleben wir somit ein Stück Kalterer Weinkultur.

Ausgangspunkt ist der Parkplatz in der Kellereistraße in Kaltern. Vom Kreisverkehr spazieren wir auf dem Gehsteig der Maria-Theresien-Straße auf das Dorf zu, nach 10 Gehminuten biegen wir rechts in die Klavenzstraße ab. Bald bleiben die Häuser hinter uns, bei einem Wegkreuz verlassen wir den Klavenzweg und nehmen einen asphaltierten Feldweg („Oberplanitzing", „Eislöcher", Nr. 15), der mit geringer Steigung durch schöne Weinberge auf Oberplanitzing zusteuert. Der Blick zurück zeigt das Dorf Kaltern mit dem hohen

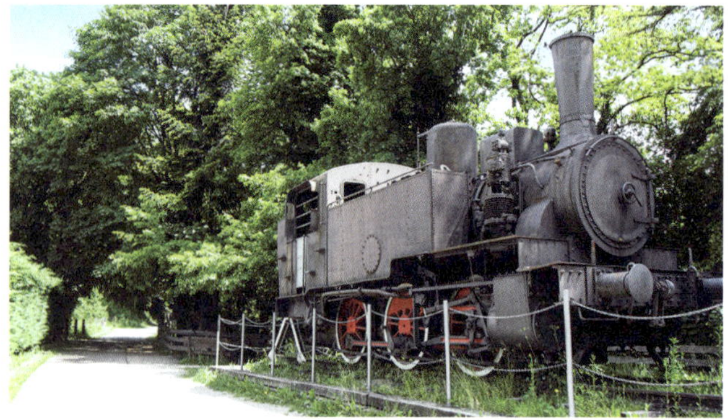

Es war einmal ... eine Eisenbahn

Im 19. Jh. veränderte die Eisenbahn den Weintransport: Was früher ein mühsames Geschäft mit Ochsen und Pferdekarren über holprige Straßen war, wurde nun mit der Bahn erledigt. In die Weingebiete des Überetsch setzte man ab Bozen eine Zubringereisenbahn ein, die für die Weintransporte von großer Bedeutung war. Da es keine Schmalspurbahn, sondern eine Bahn mit Standardbreite war, wurden in Bozen die Waggons einfach an die Brennerbahn gekoppelt. In kürzester Zeit waren nun Lieferungen nach Österreich und Deutschland möglich. Die erst in den 1960er-Jahren aufgelassene Bahn hieß aufgrund des Weintransports im Volksmund scherzhaft das „Kalterer Lepsbahnl". Leps ist ein dünner, leichter Wein, ein zweiter Aufguss auf die gezuckerten Trester, er war einst der Durstlöscher der Weinberg- und Feldarbeiter. Die aufgelassene Bahntrasse ist heute ein viel befahrener Radweg; wo er ins Dorf mündet, steht eine alte Dampflock und erinnert an die ursprüngliche Nutzung.

gotischen Kirchturm, dahinter liegen Reben und Berge und rahmen die herrliche Landschaft von Überetsch und Unterland ein. Bald sind wir im Dörfchen Oberplanitzing angelangt: Kirche, Weinbauernhäuser, ansitzartige Gebäude, der Kirchplatz mit dem schönen Dorfbrunnen an der alten Dorfgasse bilden ein einmaliges Bild architektonischer Geschlossenheit. Bis hierher 50 min Gehzeit. Wir biegen rechts ab, gehen sofort nach dem Hotel Masatsch an der Kurve der Oberplanitzinger Straße geradeaus (braunes Schild „Radroute", Hinweisschild „Weidlhof"), jetzt senkt sich der Weg bergab, beim Weidlhof finden wir wieder eine rot-weiße Markierung, wir biegen scharf rechts ab und schlagen nun den Rückweg ein. Durch schöne Weinberge wandern wir zur Autostraße Eppan–Kaltern, überqueren sie und gelangen auf dem Feldweg zur bekannten Jausenstation

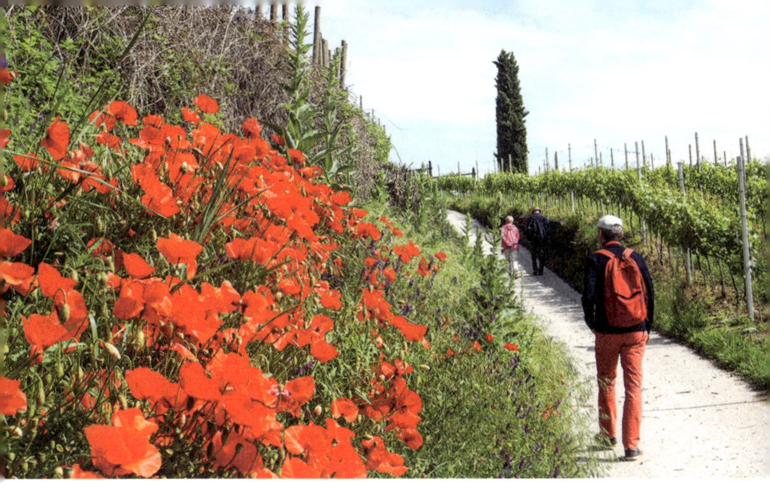

Christl im Loch, die an der aufgelassenen Trasse der Bahnlinie Bozen–Kaltern liegt. Der Bahndamm wurde zu einem beliebten Rad- und Spazierweg umfunktioniert, auf dem wir jetzt zu unserem Ausgangspunkt zurückwandern. Zuvor kommen wir noch an einer alten Dampflok vorbei, die an den einstigen Bahnbetrieb erinnert. Gegenüber lädt der Kiosk Pit Stop mit Tischen und Bänken zu Rast und Jause ein. Zum Parkplatz sind es jetzt nur mehr ein paar Schritte.

Puntara oder Putzmaur: die Riegel

Auf dem Weg vom Zentrum von Kaltern zur Fraktion Oberplanitzing überblicken wir die ausgedehnten, aber kleinteiligen Rebanlagen in der vielfältig strukturierten Landschaft. Anhöhen, Senken, kleine Tälchen, Waldstücke, die Weingüter, die sich den Mendelhang hinaufziehen, und jene, die sich zum See absenken, insgesamt ein Traumbild! Kleine Grundstückseinheiten, die sich abgrenzen lassen, werden in Kaltern Riegel genannt. Die manchmal fremd klingenden Riegelnamen wie etwa Putzmaur, Puntara, Panigl, Pulvernai, Barleit, Prey, Kreit, Keil, Klavenz, Malgreien oder Garnellen gehen zum Teil auf romanische oder rätische Flurnamen zurück. Damit der Wanderer auf seinem Weg die einzelnen Riegel erkennt, ist in den Boden ein weißer Kalksteinbalken mit dem Riegelnamen aus Metall und einem roten Punkt aus Porphyr eingelassen. Weiß und rot sollen an die Weiß- und Rotweine erinnern. Tische und Bänke an schönen Aussichtspunkten entlang des Wegs laden zur Muße ein, Info-Tafeln geben wertvolle Erläuterungen über Kaltern und seinen Wein. Das Konzept stammt von wein.kaltern – der Initiative für Qualität und Weinkultur. Mehr Informationen und eine Karte, auf der die Riegel eingezeichnet sind, finden Sie unter www.wein.kaltern.com.

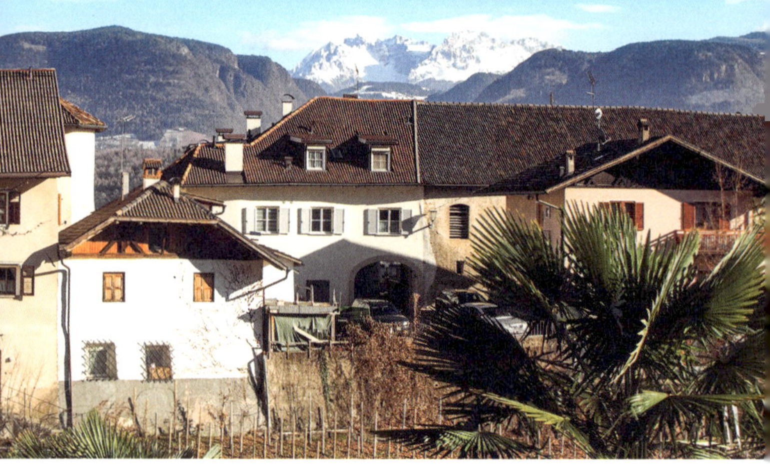

EINKEHRTIPPS

Zu den wenigen Häusern, die sich um den Kirchplatz von Oberplanitzing scharen, zählt auch das **Siegi's**, ein kleines Wein- und Esslokal. Tischchen auch vor dem Haus. Kleine Auswahl an pfiffigen Gerichten, gute Weine. Oberplanitzing 56, Kaltern, Tel. 0471 665721, www.siegis.it, Sa. abends und So. Ruhetag

Pit Stop: Netter Kiosk unter schattigen Bäumen, neben der alten Dampflok, die an das „Lepsbahnl" erinnert. Auf die Tische im Freien kommen Würstchen, Salate, Nudeln, Knödel, vegetarische Hamburger. Kellereistraße 12, Kaltern, Tel. 347 0854011, Di.–Sa. 11–19.30 Uhr, So. 11–16 Uhr, ganzjährig geöffnet, Mo. Ruhetag

Oberplanitzing, ein kleines Juwel

Oberplanitzing ist eines der schönsten kleinen Weindörfer Südtirols. Es liegt abseits vom großen Besucherrummel, und das ist gut so! Die Dorfstraße und den Kirchplatz säumen stattliche alte Weinhöfe und erzählen von der Bedeutung des Weinbaus, der wirtschaftlichen Wohlstand brachte. Auf dem Dorfplatz mit dem großen Brunnentrog aus Porphyr steht die spätgotische Kirche zum hl. Johannes. Große Teile der Weinberge waren einst im Besitz von Klöstern jenseits der Alpen, 1183 erhielt das Kloster Tegernsee ein ausgedehntes Weingut in Oberplanitzing als Schenkung. Die Weinbaugeschichte zwischen Kaltern und Tegernsee wurde in Erinnerung an die Gemeinsamkeiten durch eine Städtepartnerschaft besiegelt. Das Weingut St. Quirinus in Oberplanitzing erinnert an diese Zeit, war doch der hl. Quirinus der Patron von Tegernsee. Quirinus war auch namensgebend für das Stadtviertel Quirein in Bozen, auch dort lag ein großer Weinhof mit einer Quirinuskapelle des Klosters Tegernsee.

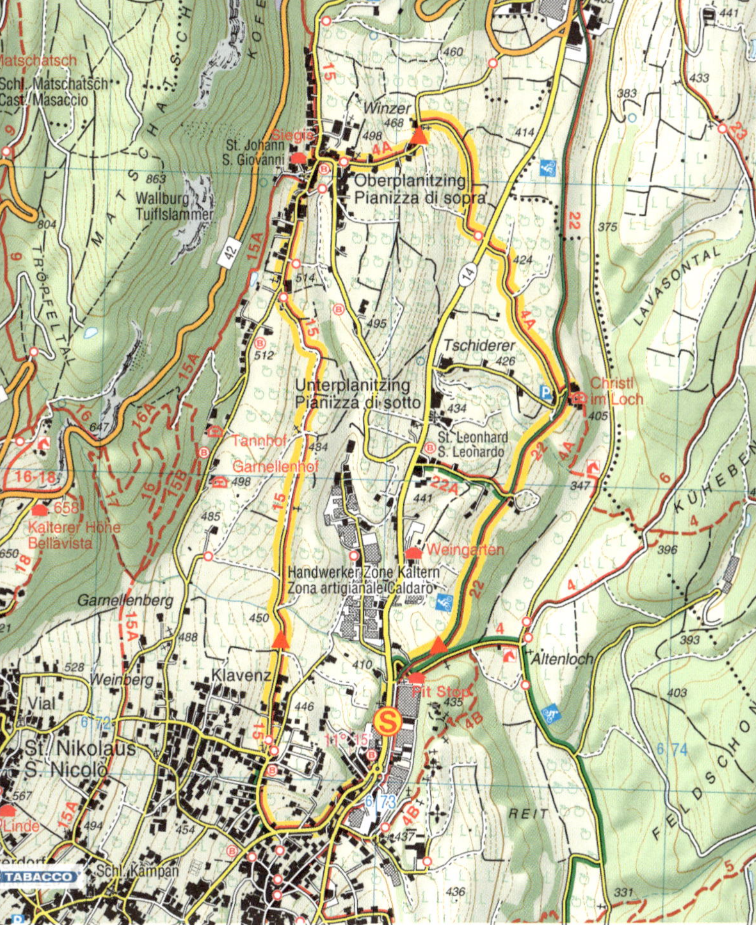

INFOS IN KÜRZE

- Leichte Wanderung, vorwiegend durch Weinberge
- Parkplatz in der Kellereistraße, Kaltern, 408 m
- Einfach, familienfreundlich, auch mit Kinderwagen gut möglich
- 1 h 40 min
- 110 Hm
- 6,1 km
- Im Sommer Mittagszeit meiden, zu heiß
- Von Bozen auf der Landesstraße nach Kaltern, Parkplatz am Dorfeingang, in der Kellereistraße
- Linienbus, Haltestelle Kaltern Bahnhof, www.suedtirolmobil.info
- Der Ausgangs- und Endpunkt liegt in der Kellereistraße, eine Einladung zu Kauf und Verkostung!

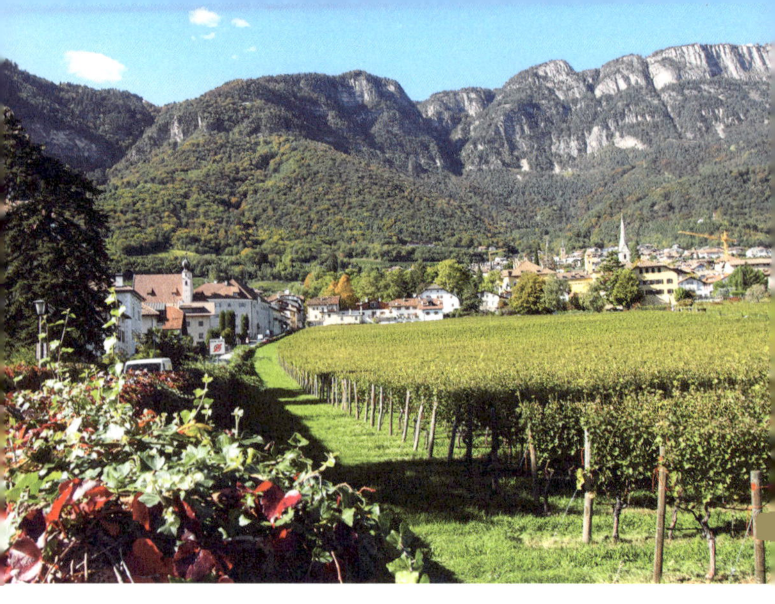

24 Von Kaltern zu den Seeleiten

Wo der Kalterer-See-Wein herkommt

Kaltern ist als berühmtes Weindorf von einem Meer von Weinreben umgeben. Unsere Wanderung führt vom südwestlichen Dorfrand durch ein Stück dieser geschlossenen Reblandschaft, die sich zum See hinzieht. Am Weg begegnen uns immer wieder Zypressen, Olivenhaine, Lavendel und Hanfpalmen, ein Zeichen des besonders milden Klimas, das für die hervorragende Qualität des Kalterer-See-Weins mitverantwortlich ist.

Wir beginnen unsere Wanderung im Nordwesten von Kaltern, am zentrumsnahen Rottenburger Platz, beim Franziskanerkloster. Wir biegen in die Mendelstraße ein und passieren den herrlichen Weinberg des Ansitzes (und Weinguts) Sallegg. Beim Kloster und der Kirche der Tertiarschwestern – der Zwiebelturm ist gut zu sehen – schwenken wir links in die Maria-von-Mörl-Straße ein und gehen nach Süden, überqueren die breite Europastraße und fädeln schräg gegenüber in die Lavardistraße ein. Hier stoßen wir auf die hölzernen Wegweiser und folgen dem Kardatscherweg (Nr. 10). Nach den letzten Häusern von Kaltern geht es nun in größtenteils ebener Hangquerung Richtung Süden. Die Asphaltstraße mündet in einen Forstweg, dieser quert ein kleines Tal, taucht in den Laubmischwald ein und schlängelt sich zuletzt als abwechslungsreicher Waldsteig

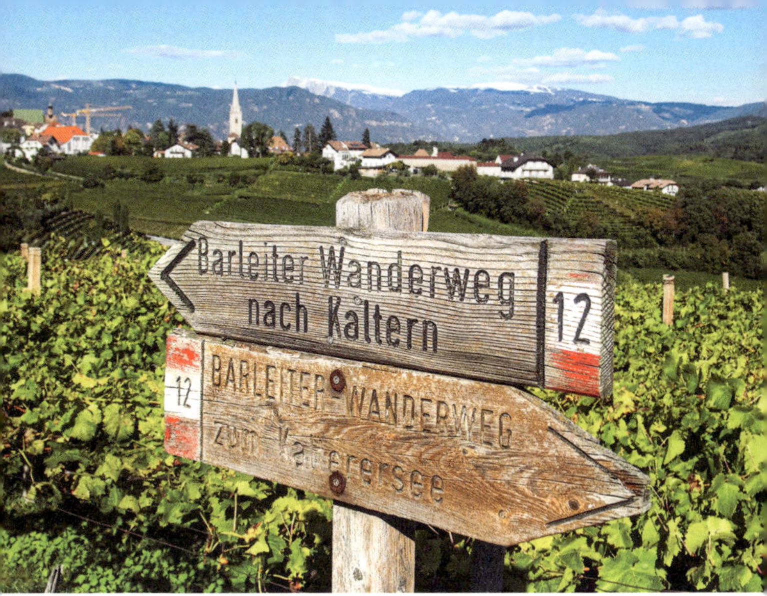

bis ins Bärental, das zum Kalterer See auslaufen würde. Hier, beim Weingut Dominikus, ist der südlichste Punkt unserer Wanderung erreicht, wir drehen um und folgen der Nr. 12 auf einem Güterweg, der etwas unterhalb des Hinwegs wieder nach Kaltern zurückführt. Dabei durchwandern wir mehrere Riegel, Flurbezeichnungen für kleine Landstücke (» siehe S. 113). Einer dieser Riegel heißt Barleit, auch unser Rückweg hat davon den Namen und heißt Barleiter Wanderweg. In angenehmer, leichter Steigung geht es durch eine wunderbare Rebenlandschaft, mit prächtigen Ausblicken zu

Weingut Dominikus

Wo der Steig nach der Hälfte der Wegstrecke aus dem Wald austritt, kommen wieder die zusammenhängenden Weinberge der Lagen von St. Josef am See in den Blick. Hier befindet sich mit bester Aussicht zum See das Weingut Dominikus. In 30 Jahren akribischer Handarbeit hat Dominikus Morandell tiefe Keller unter den Weinberg gegraben und mit den schönsten Steinen der Umgebung von Kaltern ausgemauert. Georg und Johanna führen das Lebenswerk des Vaters weiter und bieten unterhaltsame Kellerführungen mit anschließender Verkostung an. Sie verarbeiten ausschließlich Trauben aus eigener Produktion, das Aushängeschild ist der Kalterer See „Dominikus". Der Spaziergang durch diese kleine Kalterer Unterwelt kann mit einen Glas Sekt Dominikus abgerundet werden. Weingut Dominikus, St. Josef am See 39, Kaltern, Tel. 0471 960576, www.dominikus.it

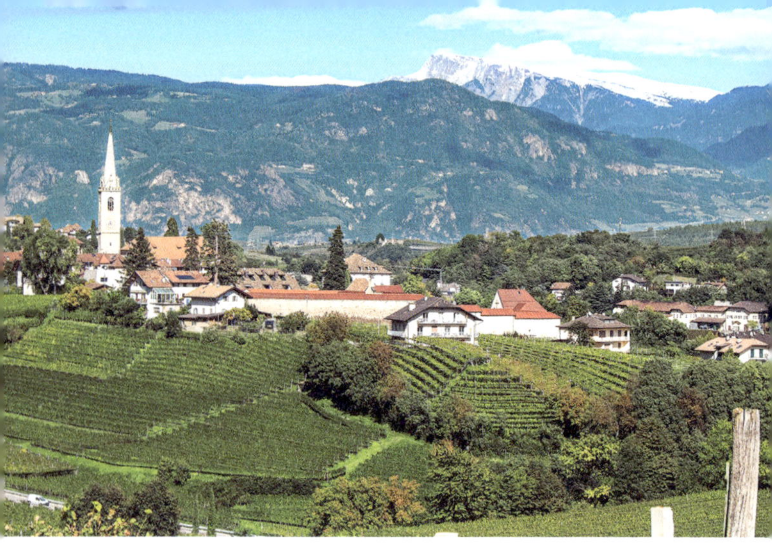

den Dolomiten, der Sarner Scharte im Norden, auf den Kalterer See und das weite Etschtal im Süden, ins Dorf zurück. Kurz vor Kaltern stößt unser Weg auf die Landesstraße 15, wir folgen ihr kurz bergauf, gehen rechts über die Europastraße zum Vereinshaus und von dort noch ein paar Schritte über die Goldgasse bergauf zum Ausgangspunkt am Rottenburger Platz.

Der Saltner, ein Feldhüter

Eine Figur, die noch bis ins vorige Jahrhundert aus den Weingärten Tirols nicht wegzudenken war, ist der „Saltner", der Feldhüter. Zu seinen Aufgaben gehörte es, Zäune zu kontrollieren, verbotene Wege zu schließen, entlaufenes Vieh einzufangen und dafür zu sorgen, dass sich niemand an den heranreifenden Trauben gütlich tat. Wege, Steige und Zaunlücken kennzeichnete und verschloss er mit dornigen Zweigen. Manchmal nagelte er auch die Saltnerpratz, eine aus einem Brett ausgesägte Hand, als Verbotszeichen an einen Pfosten. Der Saltner sollte ledig und mindestens 21 Jahre alt sein sowie einen guten Leumund haben. Im Weinmuseum von Kaltern ist die Saltner-Ordnung von Gries bei Bozen einzusehen. Die acht (!) Feldhüter sollten ihren Dienst am 1. Juli antreten, der Dienst endete mit der Weinlese. Der Lohn wurde mit einem Gulden pro Tag festgelegt.
Als Signalinstrument und zur Abschreckung trugen sie ein Horn, auch das Tragen eines Spießes, wohl mehr zur Abwehr von streunenden Hunden als zum Gebrauch als Waffe, war erlaubt. In der Meraner Gegend waren die Saltner mit auffälligen Trachten gekleidet, dazu gehörten der mit Pfauenfedern geschmückte Hut, Fuchsschwänze und eine mit Zähnen besetzte Halskette.

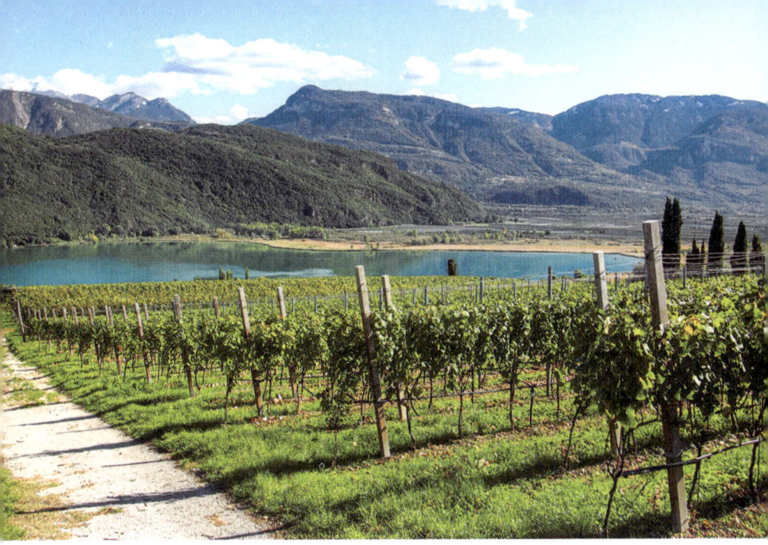

EINKEHRTIPP

Direkt am Weg finden wir keine Einkehr, wer eine kleine Zugabe nicht scheut, kann am südlichsten Punkt in 15 min zur belebten Tourismuszone am Nordwest-Ufer des Kalterer Sees wandern, dort gibt es mehrere Einkehrmöglichkeiten.

Castel Sallegg und der Weinlehrpfad

Warum ist alles gelb? Castel Sallegg, der adelige Landsitz mit Kellerei in Kaltern, erstrahlt im typischen Habsburger bzw. Schönbrunner Gelb. Die Erklärung dafür ist einfach, Sallegg war einst im Besitz des habsburgischen Erzherzogs Rainer von Österreich. Der Kaisersohn war Vizekönig des Lombardo-Venetianischen Königreichs, residierte bei Mailand und zog sich nach den Revolutionskriegen 1848 nach Bozen zurück. 1851 kaufte er das zentrumsnahe Landgut in Kaltern. Seine Enkelin, Maria Rainiera Lucchesi Palli, Fürstin von Campofranco, ließ Sallegg zu einem Schloss umbauen. Im Erbweg kam es an die Grafen von Kuenburg, es ist Sitz einer renommierten Eigenbaukellerei.
Für einen kleinen, 30-minütigen Spaziergang durch die Weinberge bei Sallegg bietet sich der 350 m lange Weinlehrpfad an, er vermittelt in anschaulicher Weise Wissenswertes um den Wein, von den Rebsorten, dem Jahreszyklus der Arbeit in Weinberg und Keller bis zu Klima und Terroir. Der Rundgang kann mit einer Kellerbesichtigung und Verkostung enden. Unterwinkel 15, Kaltern, Tel. 0471 963132, www.castelsallegg.it

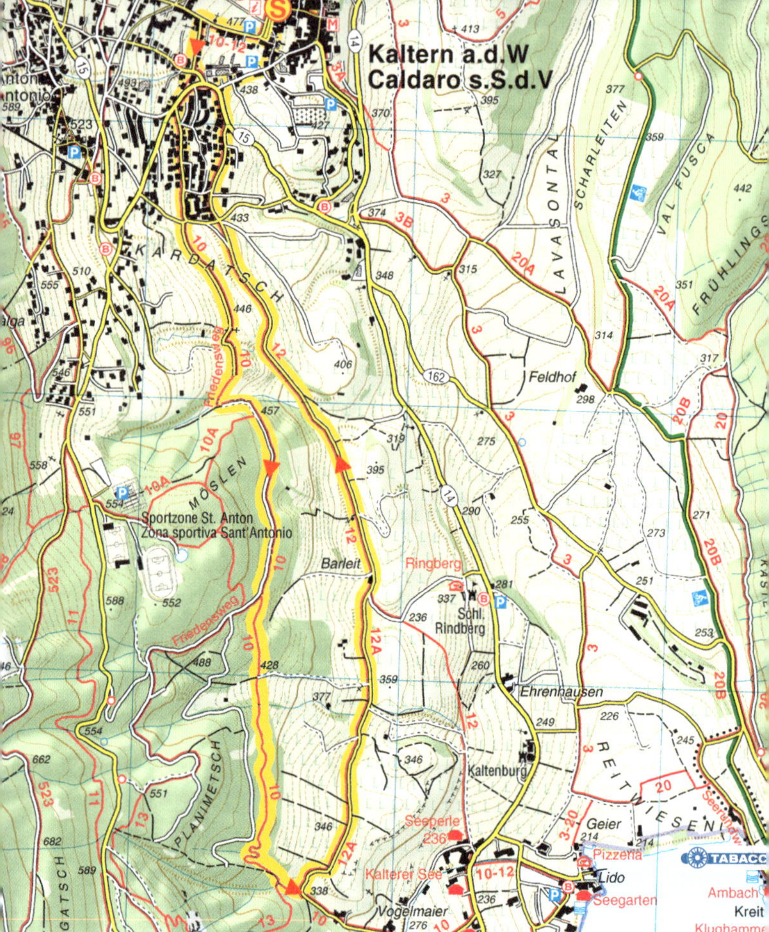

INFOS IN KÜRZE

- Herrlicher ortsnaher Rundweg durch Wald und Weinberge
- Parkplatz am Rottenburger Platz, Kaltern, 408 m
- Leicht
- 2 h 10 min
- 140 Hm
- 7,7 km
- Im Sommer Mittagszeit meiden, zu heiß
- Auf der Weinstraße nach Kaltern bis zum Rottenburger Platz mit Parkplatz (gebührenpflichtig) am Nordwestrand des Dorfs
- Linienbus, Haltestelle am Rottenburger Platz, www.suedtirolmobil.info
- Vom Weingut Dominikus sind es nur 15 Gehminuten zum See mit einem großen touristischen Angebot, Bars und Restaurants

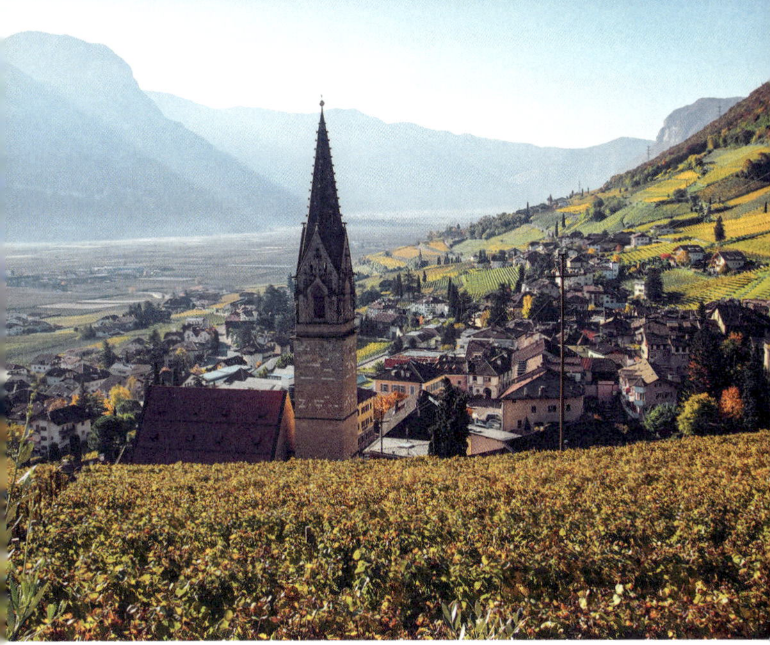

25 Von Tramin nach Söll

Im Herzen des Gewürztraminers

Diese Wanderung führt durch die Weinberge von Tramin bis Söll, wir sind im Herzen des Gewürztraminers. Auch das kleine Waldstück, das wir durchqueren, hat einiges an Besonderheiten zu bieten, deshalb wurde dort ein Naturerlebnisweg angelegt. Wir sind an der Schnittstelle vom dunklen, rotbraunen Porphyr und dem darauf aufbauenden hellen, gelbweißen Mendeldolomit unterwegs. Die Kombination dieser zwei Gesteinsarten im Boden ist mit ein Grund für die ausgezeichnete Qualität der Weine aus dieser Gegend.

Wir starten im Dorfzentrum, am Mindelheimer Platz, spazieren zum Rathausplatz, biegen rechts in die Hans-Feur-Straße ein und folgen ihr ostwärts, an der Pfarrkirche vorbei. Mindelheim im Unterallgäu ist übrigens seit langer Zeit die Partnerstadt von Tramin. Beim Ansitz Eggenheim folgen wir den Wegweisern „Kirchsteig" und gehen über Stufen in die St.-Julitta-Gasse und weiter über den Kirchsteig steil zwischen Weinbergen zum Kirchhügel von Kastelaz. Nach diesem Abstecher wandern wir an der Westseite vom Kirchlein über einen Steig wieder durch Reben bergab zur Mühlgasse, überqueren den Bach und gelangen am Hotel Winzerhof vorbei in die

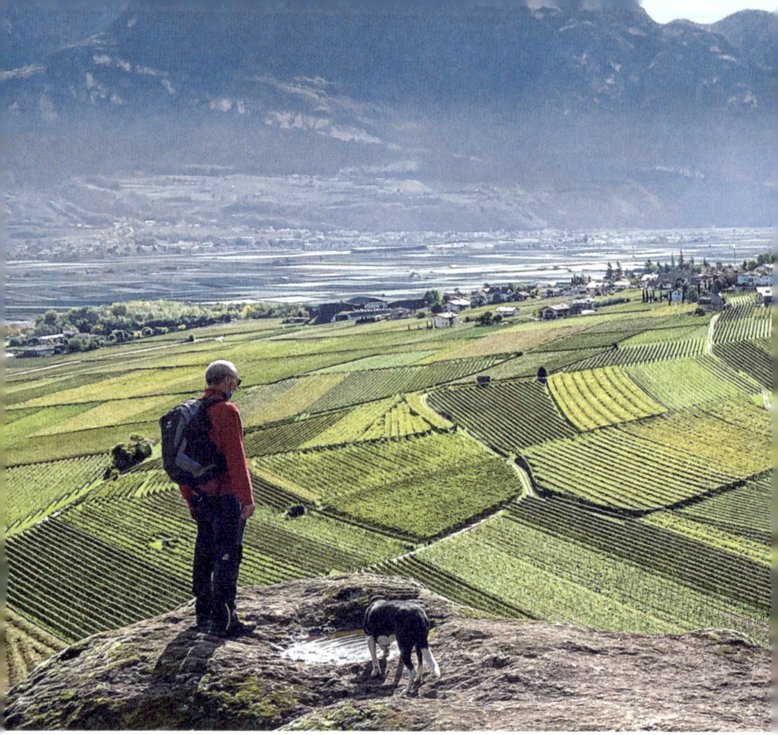

Rechenthalstraße. Die Wegweiser mit der Nr. 11 leiten uns jetzt auf die kleine Ortschaft Söll zu, der Kirchturm und das Kirchendach mit den grün glasierten Ziegeln winken uns schon zu. Es begleiten uns erst schöne Weinberge, dann führt unser Weg, als Naturerlebnisweg ausgeschildert, durch einen Buschwaldstreifen abwechslungsreich bis zum Zwischenziel, dem Plattenhof in Söll. Am Weg wechseln

Sankt Jakob in Kastelaz

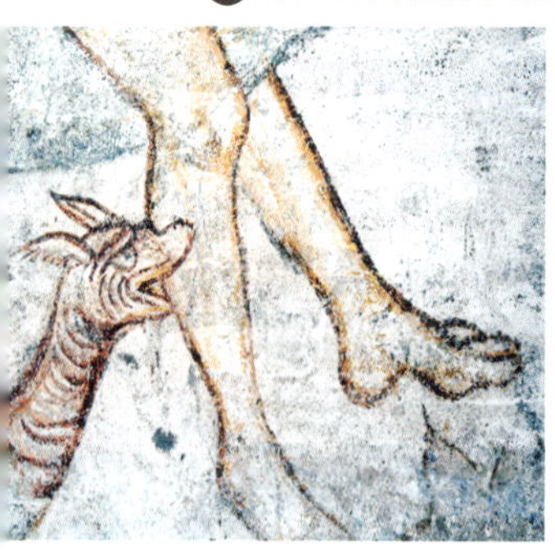

Die Besichtigung des Jakobskirchleins ist ein Muss, es enthält einen berühmten und originellen romanischen Freskenzyklus: Eine Vogelfrau, einen Ziegenfisch, den „Wadelbeißer", kurz: allerhand Fabelhaftes findet man auf den mehr als beeindruckenden Fresken im Kirchlein Sankt Jakob in Kastelaz bei Tramin! Die als Bestiarien bekannten Wandmalereien der Hügelkirche in imponierender Aussichtsposition oberhalb des Weindorfs stammen aus dem frühen 13. Jh.

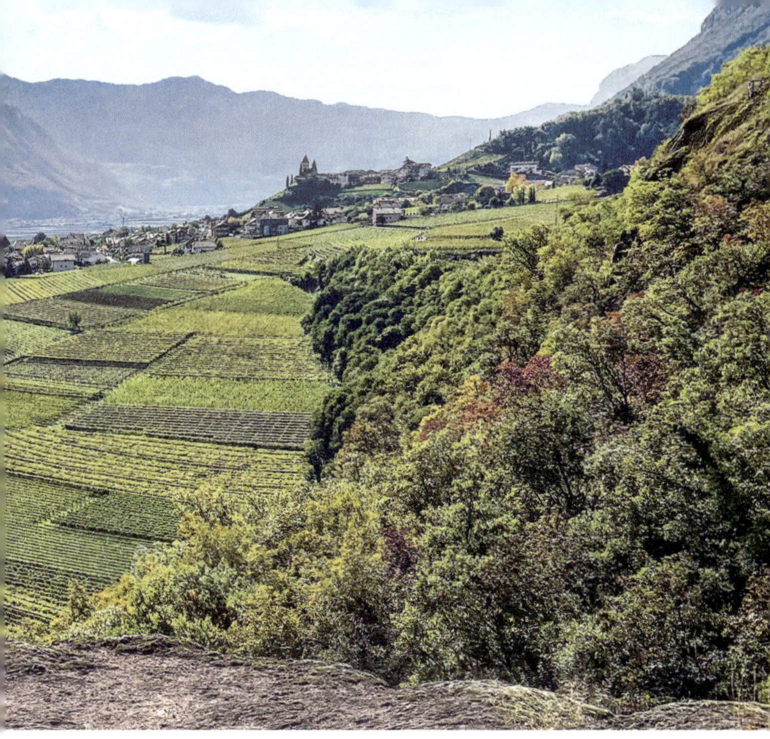

sich Trockenrasen, feuchte und schattige Bereiche mit nacktem Porphyrfels, der an manchen Stellen zu Tage tritt, ab. Von einer Felskanzel öffnet sich ein atemberaubender Blick auf den mit Reben überzogenen Schwemmkegel des Höllentalbachs, auf dem Tramin liegt. Das besondere Mikroklima begünstigt das Wachstum von Pflanzen, die eigentlich im submediterranen Raum weiter südlich zu Hause sind, wie Mäusedorn, Perückenstrauch, Speierling (Sorbus domestica), Zürgelbaum, Flaumeiche, Diptam (Brennender Busch) und andere mehr. Am Wegesrand sind bebilderte und gut beschriftete Täfelchen angebracht, die auf diese Besonderheiten hinweisen. Das Dörfchen Söll liegt auf einer sonnenverwöhnten Terrasse auf 450 m und schaut weit übers Etschtal.
Nach der Einkehr beim Plattenhof statten wir noch der Kirche zum hl. Mauritius einen Besuch ab, sie ist in den Grundstrukturen sehr alt und mit interessanten Fresken geschmückt. Der Rückweg geht am Plattenhof vorbei, wir folgen den Wegweisern zum Kalterer See, verlassen aber den Steig nach 15 Gehminuten und schlagen den weiteren Teil vom Naturerlebnisweg ein, der uns etwas tiefer als der Hinweg wieder Richtung Tramin zurückführt. Beim Winzerhof in der Rechenthalstraße überqueren wir wieder den Bach, kehren aber diesmal direkt über die Christian-Schrott-Gasse zur Dorfstraße und zum Ausgangspunkt zurück.

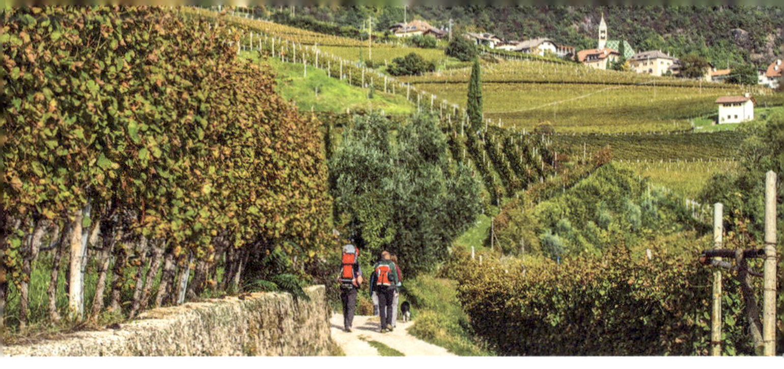

EINKEHRTIPP

Plattenhof: Traditionsreiches Ausflugsgasthaus mit einem angeschlossenen modernen Hotel. Gute Küche und Eigenbaukellerei, bekannt für die Liebe zum Gewürztraminer, große Gartenterrasse mit Aussicht. Wanderer und Tagesgäste sind gern gesehen. Söll 33, Tramin, Tel. 0471 860162, www.plattenhof.it, Mo. Ruhetag

Enthält Sulfite, oder: Was hat der Schwefel im Wein zu suchen?

Der Hinweis auf Sulfite am Etikett der Weinflasche ist kein Warnhinweis, es wird lediglich eine EU-Richtlinie befolgt: Sämtliche Inhaltsstoffe, die in einem Lebens- oder Genussmittel enthalten sind, müssen ab einer bestimmten Konzentration angegeben werden. Schwefel wird seit der Antike als Konservierungsstoff verwendet. Er hemmt die Oxidation und hat eine antimikrobielle Wirkung. Bei einer Oxidation reagieren Stoffe mit dem Sauerstoff aus der Luft, Weißwein z. B. verfärbt sich und wird dunkler, bräunlich, so wie auch ein angeschnittener Apfel bräunlich wird. Nachdem Schwefel mit einer Vielzahl von Inhaltsstoffen reagiert, kommt es auch zu sensorischen Veränderungen: Geschwefelte Weine punkten mit Frische und Frucht, tendieren aber auch zur momentanen Verschlossenheit, nicht geschwefelte Weine können luftig (oxidiert) und relativ reif wirken, aber auch bakteriell belastet sein. Es gibt keinen Wein komplett ohne Schwefel, denn Schwefeldioxid entsteht in geringen Mengen auf natürliche Art durch die Hefen als Nebenprodukt beim Gärprozess. Schwefel kann bei einigen Menschen allergische Reaktionen auslösen, die zugesetzte Menge im Wein ist gesundheitlich aber unbedenklich. Auch Trockenfrüchte, Konfitüren und Süßigkeiten enthalten übrigens oft Schwefel als Konservierungsmittel. Haben Sie Kopfschmerzen nach Weingenuss? Schieben Sie den schwarzen Peter nicht dem Schwefel zu, schuld ist meist der übermäßige Alkohol oder eine eventuelle Histamin-Unverträglichkeit!

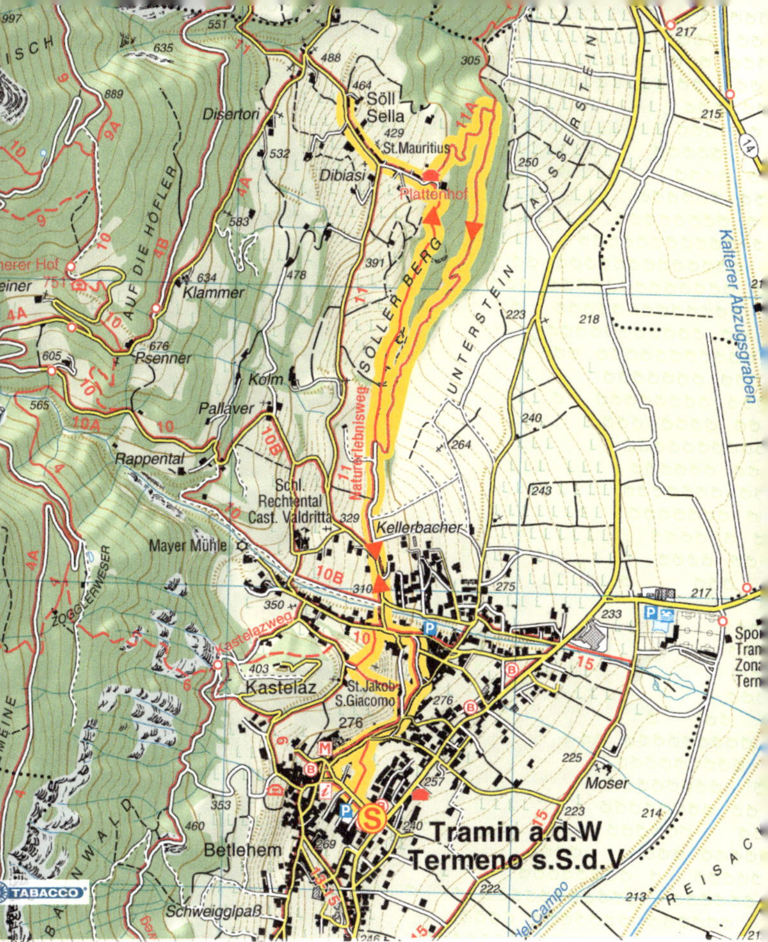

INFOS IN KÜRZE

- Aussichtsreiche Rundwanderung, teils auf breiten Straßen, teils auf schmalen Steigen, durch wunderbare Weinberge und Wald
- Tramin, Ortsmitte am Mindelheimer Platz, 260 m
- ** Mittel
- 2 h 30 min
- 300 Hm
- 7 km

- Frühjahr, Herbst und bei Schneefreiheit auch Winter
- Auf der Südtiroler Weinstraße (LS 19) bis Tramin-Ortsmitte, Parkplatz am Mindelheimer Platz
- Linienbus, Haltestelle Mindelheimer Platz, Fahrplan: www.suedtirolmobil.info
- In Tramin befinden sich mehrere Kellereien, Vinotheken und Gaststätten.

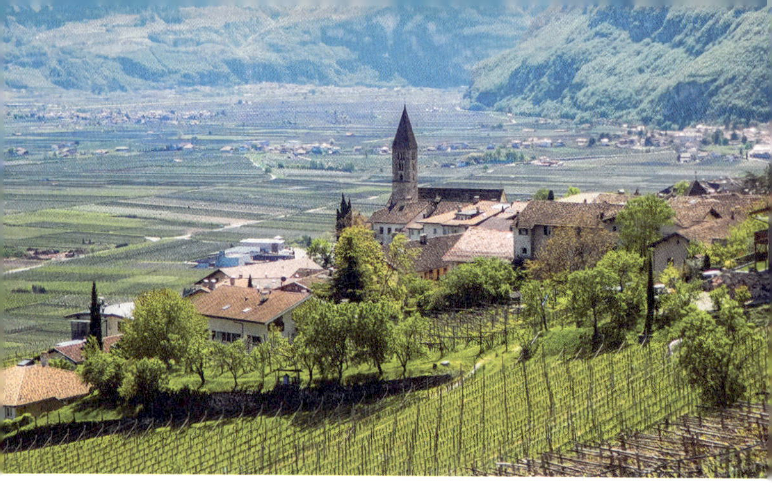

26 Von Tramin nach Kurtatsch

Auf dem Gewürztraminerweg

Diese abwechslungsreiche Wanderung führt von Tramin mit wunderbarer Sicht auf das Etschtal mit seinen Weindörfern in einer Querung des Mendelberghangs bis nach Kurtatsch. Von dort geht es auf einer nur von Anrainern befahrenen asphaltierten Straße durch herrliche Weinlandschaft nach Tramin zurück. Ein Teil des Wegs ist als Gewürztraminerweg ausgewiesen und entsprechend beschildert.

Die Wanderung beginnt am Mindelheimer Platz von Tramin. Wir kommen zum Rathausplatz, überqueren ihn und biegen beim Gasthaus Goldene Traube in die Schneckentaler Straße ein. Wir folgen ihr durch die schönen alten Bürgerhäuser bergauf, bis links der mit großen Cortenstahl-Buchstaben angekündigte Gewürztraminerweg abzweigt. Er führt durch schöne Reblandschaft und ist im weiteren Verlauf mit einem Holzwegweiser mit einer Traube gekennzeichnet. Auf einer kleinen Terrasse mit Olivenbaum laden zu Bänken umgebaute Barriquefässer zur Rast ein. Auf und ab geht es durch die Weinberge und kleine Waldstücke, nach einem kurzen Steilstück auf dem betoniertem „Lochweg" wandern wir nicht bergab zum Weiler Rungg, wo der Themenweg enden würde, sondern steigen weiter auf zum etwas höher verlaufenden Kastelazweg. Dieser führt durch Laubwald eben südwärts mit prächtiger Aussicht übers Etschtal. Am Weg finden wir einen Brunnen und Ruhebänke. Kurz vor dem Nachbardorf Kurtatsch senkt sich der Weg, tritt wieder in die Weinberge ein und geht über den Schießstandweg, die Rungger- und die Ober-

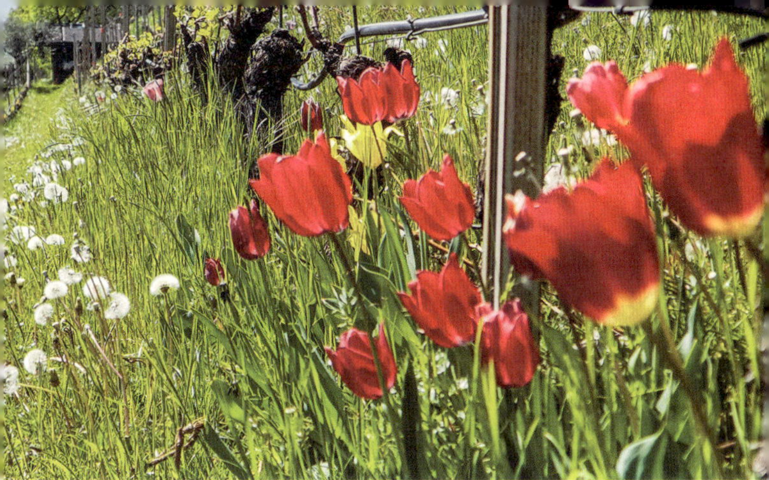

gasse auf den Dorfplatz zu. Nach einem Rundgang durch den Ortskern und einer Einkehr kehren wir in die Runggergasse zurück und nehmen das asphaltierte, nur den Anrainern vorbehaltene und deshalb kaum befahrene Sträßchen (Wegweiser „Tramin"). Durch schöne Weinberge führt es am Dörfchen Rungg vorbei nach Tramin zurück.

EINKEHRTIPPS

Gasthof Hotel Terzer: Pizzeria und Restaurant, von Einheimischen und Gästen gleichermaßen gern besucht. Sonnige Gartenterrasse, Pizza ab 18 Uhr. Obergasse 5a, Kurtatsch, www.gasthof-terzer.it, Mo. Ruhetag
Hofschank Zur Pergola: Modernes, stilvolles Haus, Garten mit Pergola, Eigenbauweine, kleine Karte mit heimischer Küche. Runggner Weg 3, Tramin-Rungg, www.zur-pergola.it, je nach Saison verschiedene Öffnungszeiten

Der Egetmann von Tramin

Am Rathausplatz fällt ein Brunnen mit einer kuriosen Skulpturengruppe auf: Sie stellt den Egetmann dar, die Hauptfigur beim bunten und derben Traminer Fastnachtstreiben, samt Schnappvieh und einer „Frau mit Zumm". Das durchaus sehenswerte Traminer Dorfmuseum hoamet gibt einen Eindruck von dem archaischen Volksfest, das alle zwei Jahre Tausende begeistert. Die Ausstellung im Dorfzentrum von Tramin zeigt auch Handwerkszeug, bäuerliches Gerät und erzählt vom Leben an der Grenze zwischen dem deutschen und italienischen Kulturkreis. Öffnungszeiten unter www.hoamet-tramin-museum.com, für Sonderführungen und Gruppen: Kustos Hermann Toll, Tel. 328 5603645

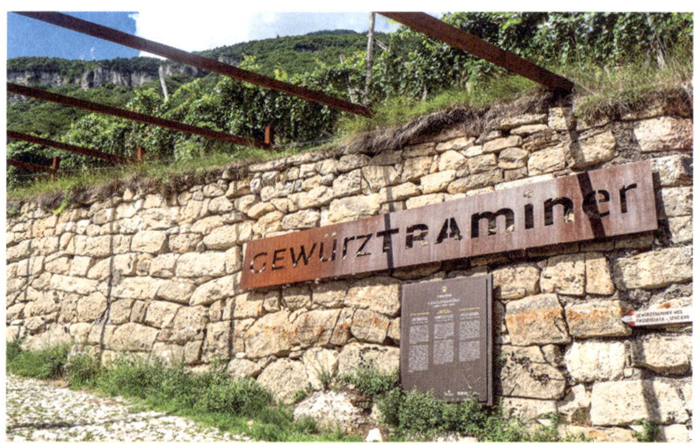

Wo der Gewürztraminer zu Hause ist

Auch wenn viele Südtiroler gern das schöne Unterlandler Dorf als Heimat des Gewürztraminers reklamieren und ihn zu den autochthonen, also aus Südtirol stammenden Weinen zählen, ist seine Herkunft nicht eindeutig gesichert. Unbestritten ist jedoch, dass der Name auf das Weindorf Tramin zurückzuführen ist. Lange galt er als Stiefkind unter den Reben: Besonders in den Hauptanbaugebieten des französischen Elsass, in Rheinland-Pfalz und Baden-Württemberg haftete ihm das Image eines schweren und süßlichen Weißweins an. In Südtirol beträgt die Anbaufläche 605 ha, also 12 % der Rebfläche, mit steigender Tendenz. Hierzulande wurde beim Gewürztraminer seit eh und je mit mehr Trockenheit und Eleganz gespielt. Diese Geschmacksrichtung überzeugte die Weinwelt und verhalf ihm zu seinem heutigen großartigen Erfolg. Die weiße Rebsorte mit den rötlich gefärbten Beeren ergibt einen Wein mit intensiver, gelber Farbe. Er ist die Aromasorte schlechthin, meist mit hohem Alkoholgehalt und üppiger Fülle.

☞ Den Duft von abblühenden Rosen, Litschis und anderen exotischen Früchten erleben Sie am besten bei einer Verkostung. Die **Kellerei Tramin** mit der extravaganten Gebäudehülle liegt am Ortsrand, die Weingüter **Hofstätter** und **Elena Walch** am Kirchplatz bzw. zentrumsnah, das Weingut **Plattenhof** auf der Terrasse von Söll.

Kellerei Tramin, Weinstraße 144, Tel. 0471 096634, www.kellereitramin.it

Weingut Höfstätter, Rathausplatz 7, Tramin, Tel. 0471 860161, www.hofstätter.com

Weingut Plattenhof, Söll 33, Tel. 0471 860162, www.plattenhof.it

Elena Walch, Andreas-Hofer-Straße 1, Tel. 0471 860172, www.elenawalch.com

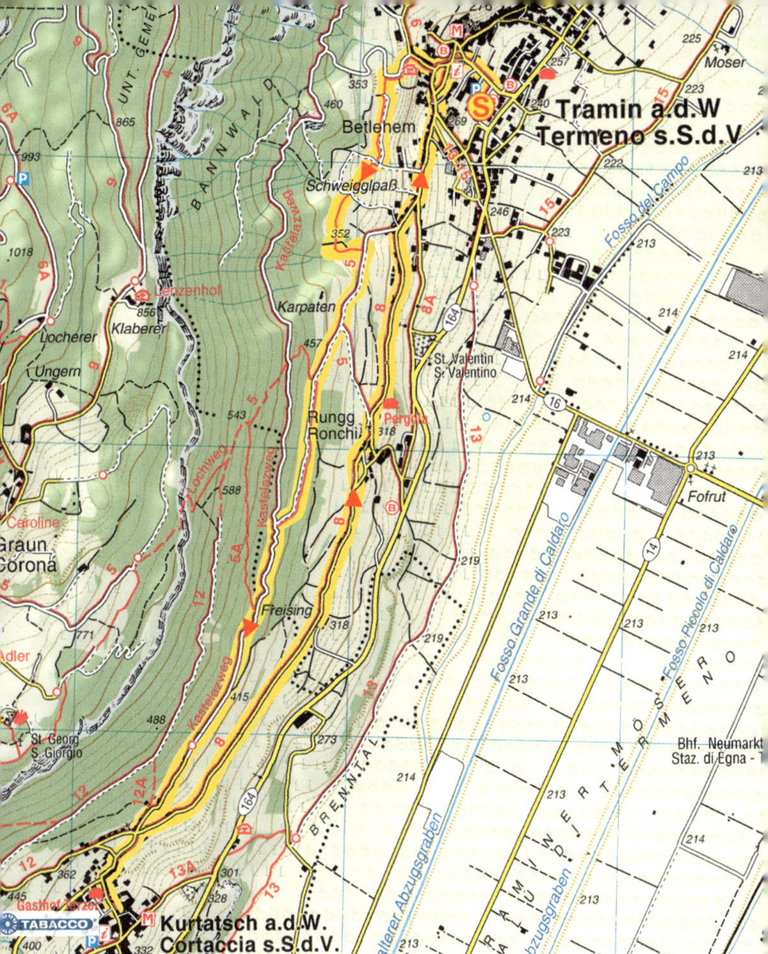

INFOS IN KÜRZE

- Einfache Themen-Rundwanderung durch herrliche Weinberge im Herzen des Gewürztraminer-Gebiets, immer mit Traumaussicht
- Tramin, Ortsmitte am Mindelheimer Platz, 260 m
- Leicht
- 2 h 20 min
- 240 Hm
- 7,8 km
- Frühjahr, Herbst und bei Schneefreiheit auch Winter
- Auf der Südtiroler Weinstraße (LS 19) bis Tramin-Ortsmitte, Parkplatz am Mindelheimer Platz
- Linienbus, Fahrplan: www.suedtirolmobil.info

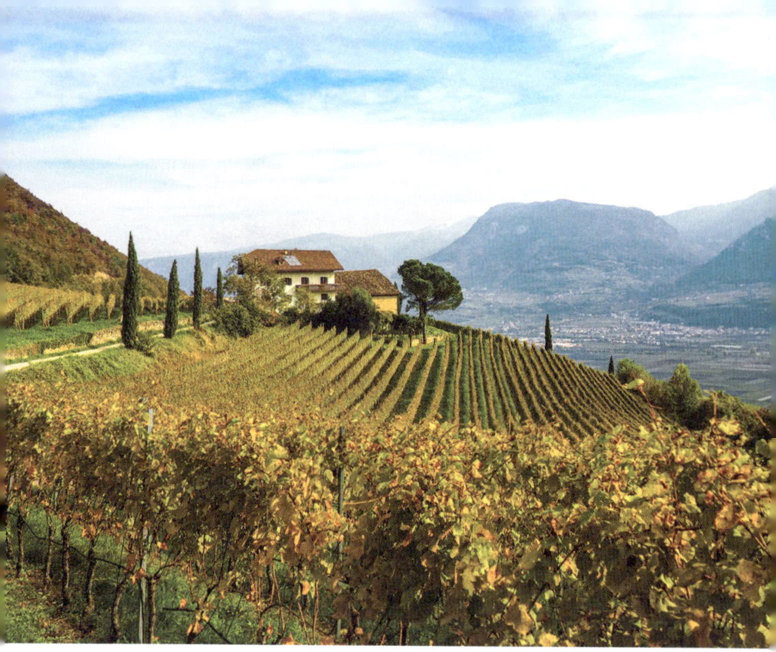

27 In den Weinbergen von Kurtatsch

Weinlandschaft im Süden Südtirols

In Kurtatsch hat der Weinbau einen großen Stellenwert, über 330 ha sind mit Reben bepflanzt. Aus den Trauben der tiefen, warmen Lagen werden die schweren Rotweine, aus jenen der höheren Lagen wunderbare Weißweine gekeltert. Viele historische Höfe und herrschaftliche Ansitze liegen am Weg unserer Wanderung und erzählen die Geschichte von Kurtatsch. In die Strecke wurde ein Weinlehrpfad integriert, der uns an verschiedenen Stationen viel Wissenswertes rund um die Rebe und Wein vermittelt. Außerdem werden wir mit einer wunderbaren Aussicht belohnt.

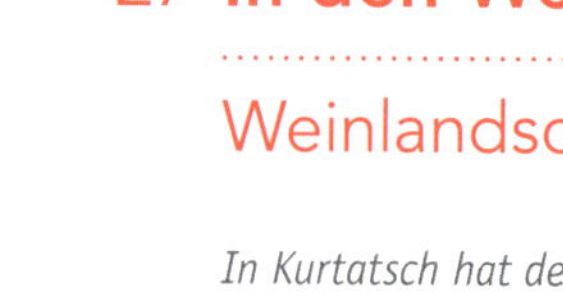

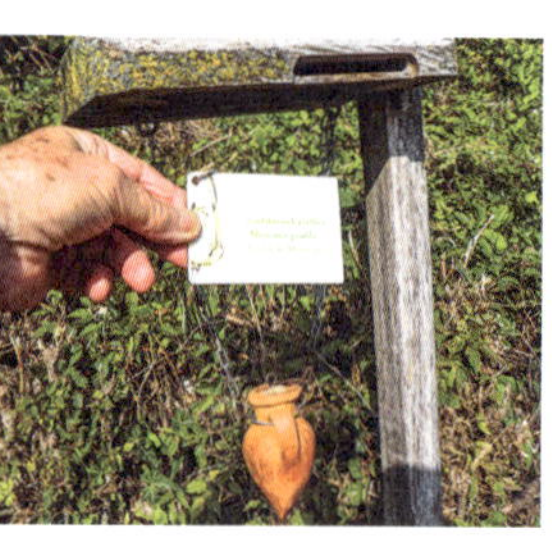

Startpunkt ist der Dorfplatz von Kurtatsch. Wir wandern über die Obergasse in nordöstlicher Richtung zum Dorf hinaus. Zuerst geht es an schönen alten Bürgerhäusern mit steingefassten Torbögen vorbei, dann durch Weinberge, an efeuüberwucherten Mauern entlang, bergauf. Bei einer Wegteilung mit einem Brunnen und einem Marien-Bildstock biegen wir links in die Maria-Hilf-

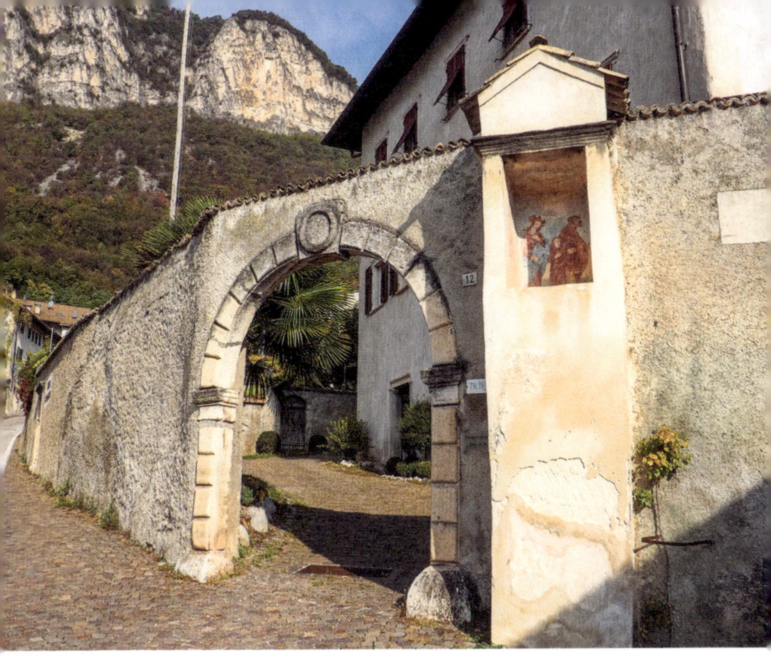

Straße ein und folgen ihr jetzt in westlicher Richtung, Kurtatsch liegt unter uns. Üppige südländische Vegetation begleitet uns. Im weiteren Verlauf wandern wir an stattlichen Weinhöfen vorbei, nach dem Königshof wird unser Weg flacher, geht eben zum herrlich gelegenen Forhof und stößt danach auf die Autostraße, die nach Fennberg und Graun führt. Wir folgen dieser ein kurzes Stück (Wegweiser „Hofstatt"), wir wollen zum rebenüberzogenen Hügel, der vor uns liegt. Auf seiner Kuppe stehen Zypressen und eine Ruhebank, es ist ein fantastischer Aussichtspunkt! Die wenigen Minuten

Vigna oder Weinberg?

Was den Franzosen die Cru, ist den Italienern die Vigna: Ab der Ernte 2014 dürfen die Winzer in Südtirol den Zusatz „Vigna" oder „Weinberg" auf dem Etikett verwenden. Er definiert eine zusammenhängende Rebfläche, die bei der Landesverwaltung in ein eigenes Register eintragen wird. Die Trauben aus solchen Einzellagen werden gesondert vinifiziert. Es soll zu mehr Transparenz bei Lagen und Weinhofbezeichnungen führen, das Terroir, die Einzellage wird manchen Fantasienamen verdrängen. Als Beispiele von mittlerweile vielen seien erwähnt: Barthenau Vigna S. Urbano von Hofstätter, Chardonnay Vigna Au von Tiefenbrunner, Vigna Castel Ringberg von Elena Walch.

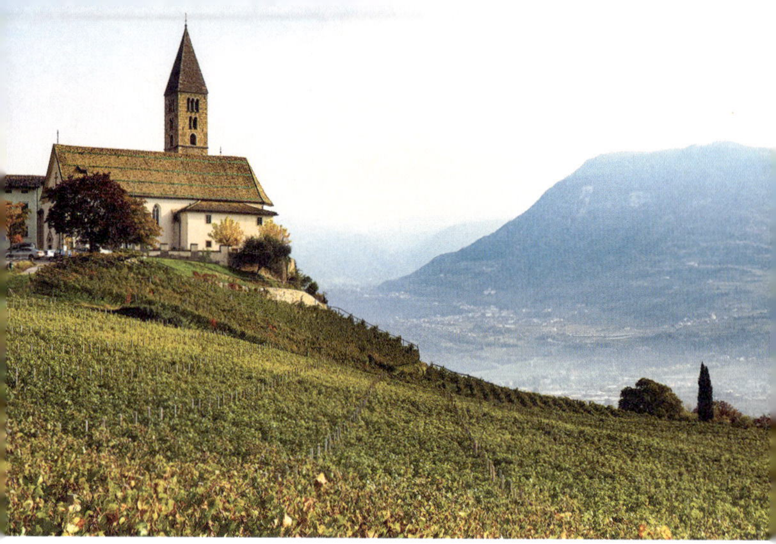

 **Weinbau und Krisenzeiten**

Schädlinge: Im 19. und 20. Jh. wurde die Südtiroler Weinwirtschaft von mehreren Krisen hart getroffen: Zunächst breiteten sich zwei Krankheiten aus, die durch aus Nordamerika eingeschleppte Pilze hervorgerufen wurden. Erst nach langen Versuchen konnten beide mit Schwefel (Echter Mehltau, Oidium tuckeri) und Kupfer-Kalk-Brühe (Falscher Mehltau, Peronospera) bekämpft werden.
Zu Beginn des 20. Jh. befiel die ebenfalls aus Nordamerika eingeschleppte Reblaus (Phylloxera) die Reben. Sie entzog den Wurzeln Wasser und Nährstoff und führte zum Absterben der Reben. Rund 75 % aller Rebflächen Europas wurden vernichtet. Einzige entscheidende Lösung war und ist immer noch die Veredelung, dabei werden Edelreiser auf reblausresistenten Amerikaner-Reben aufgepfropft.
Südtirol kommt zu Italien: Einen großen Einschnitt und Einbruch in die Weinwirtschaft brachte der Erste Weltkrieg mit der Annexion des südlichen Tirol, das damit von den traditionellen Märkten Österreich und Deutschland abgetrennt wurde, die jahrhundertelang die größten Abnehmer darstellten.
Qualitätsverlust und -offensive: Nach dem Zweiten Weltkrieg wurde die Qualität vernachlässigt, die Devise hieß: Die Masse macht's! Der St. Magdalener auf dem Schweizer und der Kalterer See auf dem österreichischen und deutschen Markt büßten an Ansehen ein. Mit dem Einbruch des Offenweinverkaufs in den 1980er-Jahren folgten ein Umdenken und neue Strategien beim Absatz und im Qualitätsanspruch. Die DOC-Regelung wertete die Weinlagen auf, es wurden fortan mehr Qualitätsweine hergestellt, Fass- und Doppelliterweine verschwanden allmählich.

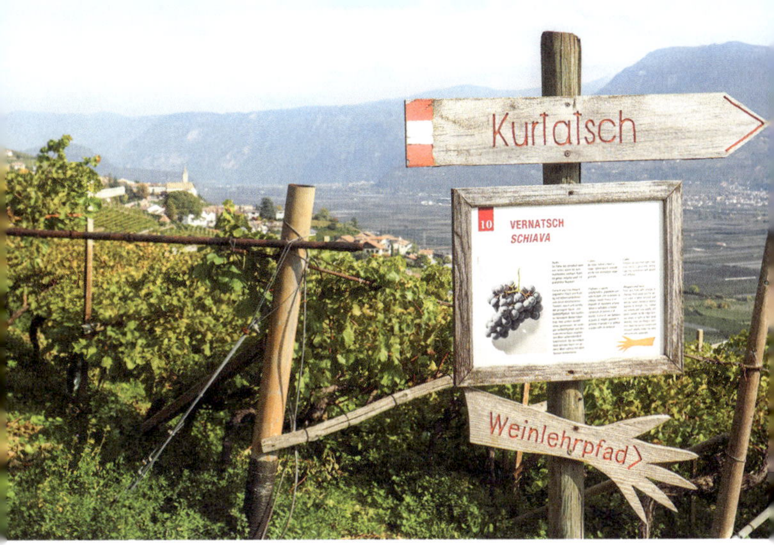

Umweg haben sich gelohnt. Wir kehren wieder zur wenig befahrenen Autostraße zurück und wandern auf dieser bergab zu den Häusern von Rain. Hier halten wir uns rechts, bei der nächsten Wegteilung verlassen wir die LS 161, die Straße nach Penon, und biegen links in den Mühlweg ab. Hinter einem Hügel, beim Penoner Bach, treffen wir auf den Weinlehrpfad. Wir können jetzt noch ein kurzes Stück bergab bis nach Entiklar wandern, hier liegt ein wunderbares Ensemble aus Schloss, Park, Kellerei und Jausenstation. Oder wir biegen links auf den Weinlehrpfad ab und folgen ihm durch die Weinberge bis Kurtatsch. Die Schilder, die den Weinlehrpfad anzeigen, haben die Form einer gespreizten Hand: einer „Saltnerpratz", wie sie einst zur Erntezeit vom Saltner – dem furchterregend und abenteuerlich gekleideten Flurwächter – an die Zugänge der Weinberge genagelt wurde, um diese als verbotene Wege auszuweisen. Tafeln informieren uns über die Weinlandschaft, die Anbaumethoden und Rebsorten sowie über die Pflanzen- und Tierwelt. Immer wieder treffen wir auf kleine, mit Korken verschlossene Duftflaschen aus Ton, die zum Riechen animieren. Versteckte Täfelchen verraten die Auflösung: Die Übung dient dazu, sich den Duft (etwa Banane, Rose, Mandel, grüner Apfel) bestimmter Weinsorten einzuprägen. Nach einem abwechslungsreichen Auf und Ab durch Kulturlandschaft mit viel Weinberg-Feeling kommen wir schließlich wieder am Dorfplatz von Kurtatsch an.

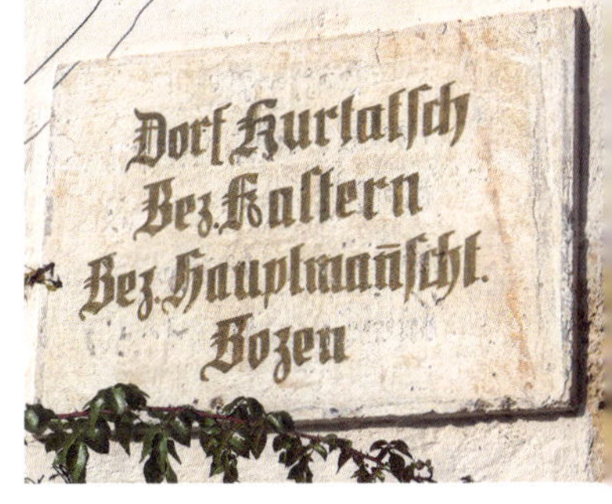

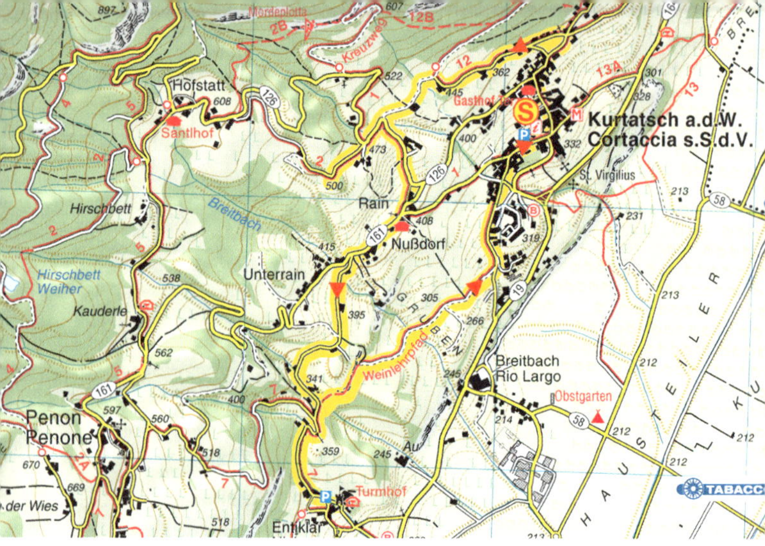

EINKEHRTIPPS

Restaurant Schwarz Adler: Stilvoll ausgebautes Haus. Gute Vorspeisen, Grillgerichte, bekannt ist das T-Bone-Steak, gut sortierte Önothek mit Weinverkauf. Hauptmann-Schweiggl-Platz 1, Kurtatsch, Tel. 0471 096405, www.schwarzadler.it, Juli und Aug. Di. Ruhetag
Turmhof: Gemütliche Stuben, Gastgarten im geschützten Innenhof mit altem Baumbestand. Brettljausen, dazu passen die vorzüglichen Weine der Kellerei Tiefenbrunner. Keine warme Küche. Schlossweg 4, Tel. 0471 880122, www.tiefenbrunner.com, So. Ruhetag

INFOS IN KÜRZE

- Abwechslungsreiche Rundwanderung durch Kurtatsch und etliche Weiler, Weinberge und Laubwald
- Kurtatsch an der Weinstraße, 338 m
- ✱✱ Mittel. Achtung auf die Abzweigungen beim Wegverlauf
- 2 h 10 min
- 310 Hm
- 6,2 km
- Frühjahr, Herbst, schneefreie Winter
- Auf der Weinstraße LS 19 bis Kurtatsch, Parkplatz an der Gemeinde im Ortszentrum
- Linienbus bis Kurtatsch, Fahrplan: www.suedtirolmobil.info
- Wer die Wanderung abkürzen will, startet im Dorf, in der Angela-Nikoletti-Straße, und wandert nur auf dem Weinlehrpfad nach Entiklar und zurück.

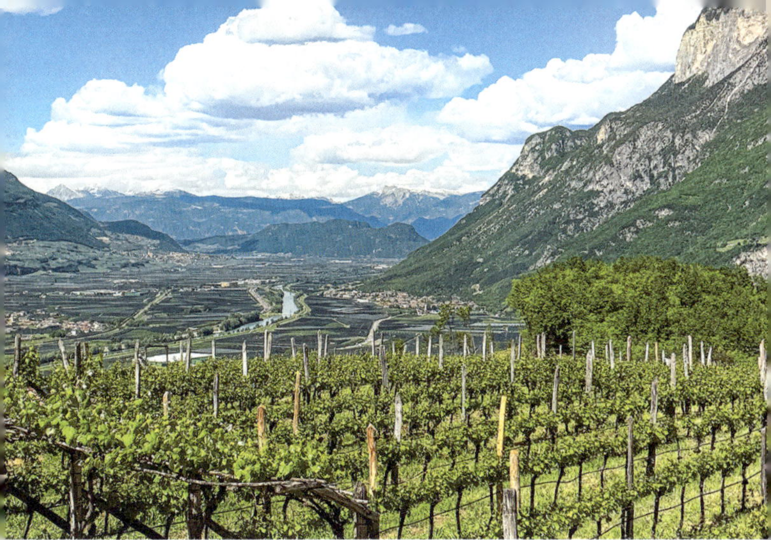

28 Von Salurn zum Rifugio Sauch

Mit einem Fuß in die Nachbarprovinz

Salurn ist mit fast 450 ha Rebanlagen, das meiste davon Weißwein, eines der Schwergewichte im heimischen Weinbau. Auf dieser Rundwanderung bei der Salurner Klause im Süden Südtirols zieht es uns vom Etschtal in die Wälder und durch Weinberge und sogar ein Stück in die Nachbarprovinz Trient. Neben ausgedehnten Weinbergen, stillen Wegen und besonderen Landschaften entdecken wir auch noch eine zur Naturschutzeinrichtung umfunktionierte Vogelfangstation, einen „Roccolo".

Wir beginnen unsere Rundwanderung in Salurn und gehen zum oberen Ortsrand. Beim gut sicht- und hörbaren Wasserfall weist uns ein Schild mit der Markierung Nr. 409, „Rifugio Sauch, Heiliger See, Lago Santo", den Weg. Der Steig überwindet im Zickzack, teilweise über Treppen, die Felsstufe, oben angelangt, geht es auf Asphalt weiter. Nach der Bachquerung folgen wir einem alten Plattenweg auf der Westseite des Steinhausertals aufwärts durch herrlichen Laubmischwald zur Häusergruppe des Notdurfterhofs mit ausgedehnten Rebanlagen. Ein toller Ausblick auf das breite Etschtal tut sich auf. Der Weg taucht nun wieder in den Wald ein. Ab dem Salomonhof an der Provinz- und Naturparkgrenze (1 h) geht es durch Mischwald und zuletzt steiler werdend über einen holprigen Hohlweg zum Rifugio Sauch (913 m), einem Berggasthaus auf einer weiten Wiese (2 h ab Salurn). Nach der Einkehr wandern wir noch

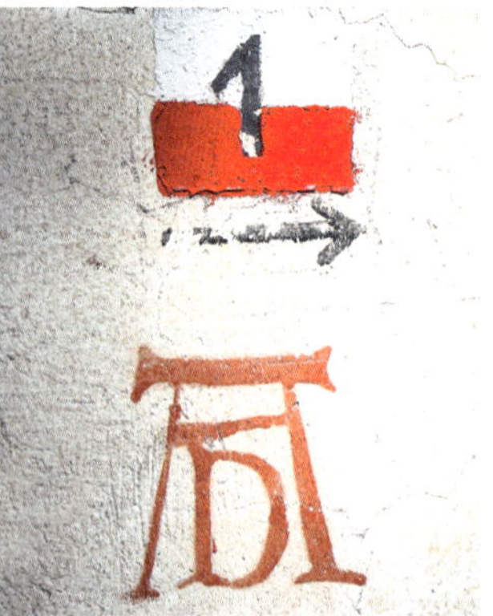

10 min weiter zum „Roccolo", einer Vogel-Großfang-Anlage. Für den Rückweg nehmen wir beim Rifugio Sauch den mit AD gekennzeichneten Dürerweg (» siehe auch Wanderung S. 139). Die Markierung führt uns durch Wald weiter zu einem Bauernhof, dann geht es an einer Schlucht entlang und schließlich durch Obstwiesen und Weinberge zügig talwärts bis zur breiten asphaltierten Straße Salurn–Buchholz. Hier biegen wir bei einem Bildstock links in einen Karrenweg ein, es ist der „Bildstöcklweg", der an mehreren gemauerten Kreuzwegstationen vorbei nach Salurn zurückführt.

Merlot, Cabernet und Cuvée

Merlot. Die Merlot-Rebe liebt die Wärme, sie fühlt sich auf tiefgründigen, lehmigen Böden wohl. Deshalb wird sie auch meistens in der Talsohle und in den tiefen, flachen Lagen um Tramin und Kurtatsch angebaut. Stellt man den qualitativen Aspekt, sprich: wenig Ertrag, in den Vordergrund, so ergibt sie einen dunkel-granatroten, kräftigen Wein mit weichen Gerbstoffen, der einen wunderbaren Trinkgenuss bereitet. Tipp: Merlot Brenntal von der Kellerei Kurtatsch, Weinstraße 23, www.kellerei-kurtatsch.it

Cabernet Franc und Cabernet Sauvignon. Welche der beiden Rebsorten, die ursprünglich aus dem französischen Bordeaux-Gebiet stammen, die bessere ist, darüber ließe sich streiten. Beide sind sehr hochwertige Weine und ergeben mit dem Merlot die typische Bordelaiser Cuvée. Früher war der Cabernet Franc für seine vegetabile Note (grün, grasig, Paprika) bekannt, diese ist aber mit den neuen Klonen fast verschwunden. Beide Rebsorten verlangen warme Lagen, und will man Spitzenweine produzieren, so kommt man um einen niedrigen Ertrag und gute Auslichtung nicht herum. Neuanlagen werden nur mehr auf Drahtrahmen erstellt.

Cuvée. Eine Cuvée ist die Vereinigung, der Verschnitt, zweier oder mehrerer Traubensorten, die meist im Keller gemacht wird. Zum Beispiel wird in der Bordelaiser Cuvée Cabernet (Franc, Sauvignon) mit Merlot vereint, um dadurch die optimale Balance und Ergänzung zu erzielen.

☞ In der Weinstube Alte Post in Tramin können Sie solche Cuvées und andere gute Weine glasweise verkosten und zusammen mit feinen Gerichten genießen. Alte Post, Rathausplatz 7, Tramin, Tel. 0471 1885636, www.alte-post-tramin.com

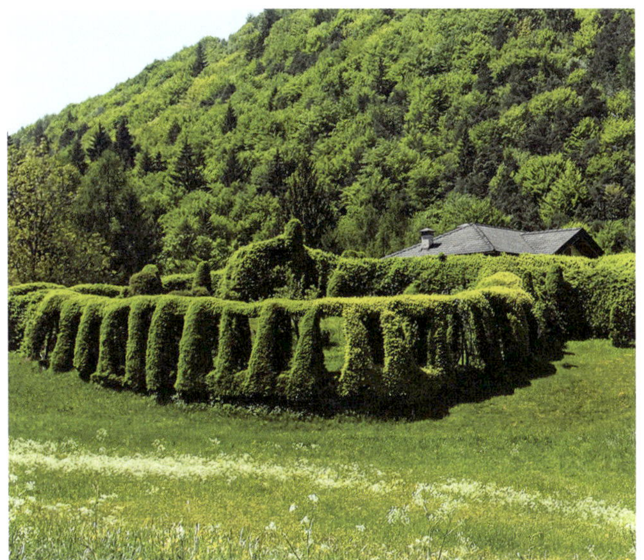

Der Roccolo

Auf der Wiesenkuppe oberhalb des Rifugio Sauch steht eine Besonderheit: die arkadenartig gestutzten Hecken eines „Roccolo", einer Vogelfangstation. Hier wurden Lockvögel in Käfigen positioniert, sodass Zugvögel diese Lichtung als Rastplatz wählten und sich in den Netzen verfingen. Ausführliche Schautafeln in Italienisch und Englisch erläutern die Funktionsweise des „Roccolo". Wir befinden uns auf der Fluglinie der Zugvögel. Einst wurden die gefangenen Vögel als Delikatesse verspeist, inzwischen wird der „Roccolo" von der naturwissenschaftlichen Fakultät der Universität Trient zu Beobachtungen des Vogelzugs genutzt.

Weingut Haderburg

Bei Salurn liegt das Weingut Haderburg, bereits in den 1970er-Jahren begann Luis Ochsenreiter als einer der Ersten mit der Sektherstellung, sein „Haderburg" hat Kultstatus. Namensgeber für die Kellerei ist die Burgruine Haderburg, die auf einem Felssporn Salurn zu bewachen scheint. Die Hänge oberhalb von Salurn bieten beste Voraussetzungen für charaktervolle Rot- und Weißweine sowie Sekte. Weingut Haderburg, Albrecht-Dürer-Weg 3, Salurn-Buchholz, Tel. 0471 889097, www.haderburg.it

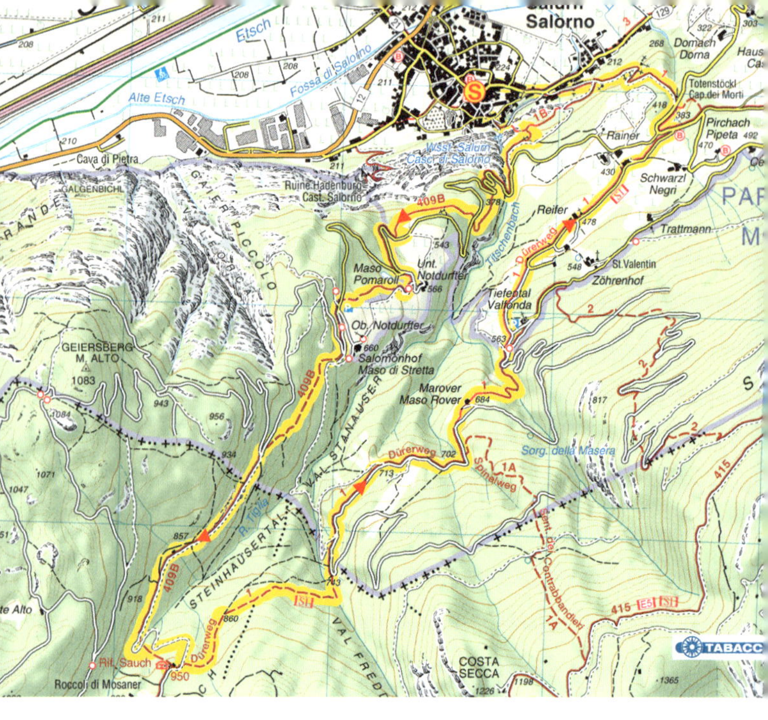

EINKEHRTIPP

Rifugio Sauch: Einfaches Berggasthaus auf einer Waldlichtung. Liegestühle auf der Wiese. Im Sommer geöffnet. Es ist angeraten, sich von der Öffnung telefonisch zu vergewissern, es ist für alle Fälle ein Brunnen beim Haus. Località Sauch, Giovo (TN), Tel. 0461 683768, www.rifugiosauch.com

INFOS IN KÜRZE

- Lohnende Rundwanderung mit vielen Besonderheiten, abseits der üblichen Routen
- Salurn, Ortszentrum, 220 m, an der Kirche vorbei auf den Wasserfall zu
- ** Mittel, steiles Steigstück am Beginn
- 4 h 20 min
- 700 Hm
- 11,2 km
- Frühjahr, Sommer, Herbst
- Auf der Brennerstaatsstraße 12 bis Salurn, Parkplatz in der Kindergartenstraße
- Auch mit Linienbus und Bahn von Bozen erreichbar, Fahrplan: www.suedtirolmobil.info

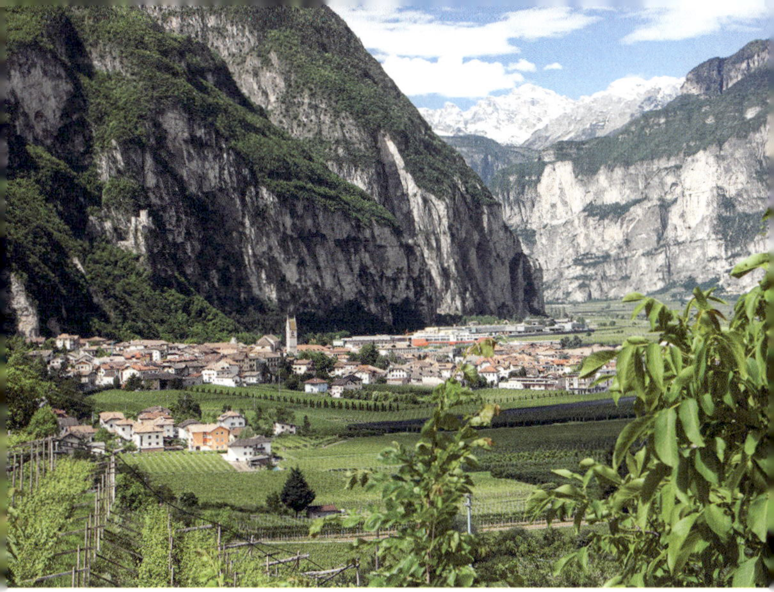

29 Auf dem Dürerweg bis Buchholz

Durch die Weinberge oberhalb von Salurn

Im südlichsten Zipfel Südtirols, auf der östlichen Seite des Etschtals, wo es sich zur Salurner Klause verengt, liegt lieblich auf einem sonnigen Balkon über dem Talboden das Örtchen Buchholz. Von Laag im Talboden aus zieht sich ein guter Weg durch Weinberge, an Bauernhöfen vorbei nach Buchholz. Bei großartiger Aussicht nach Süden senkt sich der Weg wieder ins Etschtal, geht nach Laag zurück und ergibt so einen abwechslungsreichen Rundweg.

Ausgangspunkt sind die Tennisplätze am Südrand von Laag. Hier finden sich das Monogramm Dürers (AD) als Symbol des Wegs und die Markierung Nr. 7, denen wir bergwärts folgen. Der anfangs asphaltierte Weg geht durch Weinberge und an Bauernhöfen vorbei, gewinnt schnell an Höhe, wird später flacher und zieht sich am Rand einer schaurig tiefen Schlucht zum Laukusbach hin, den eine uralte,

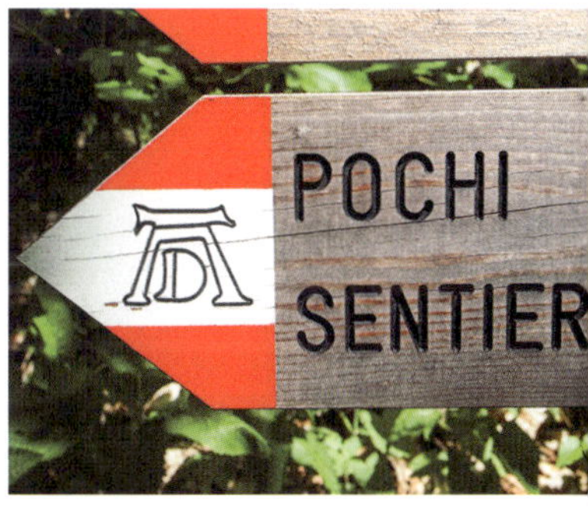

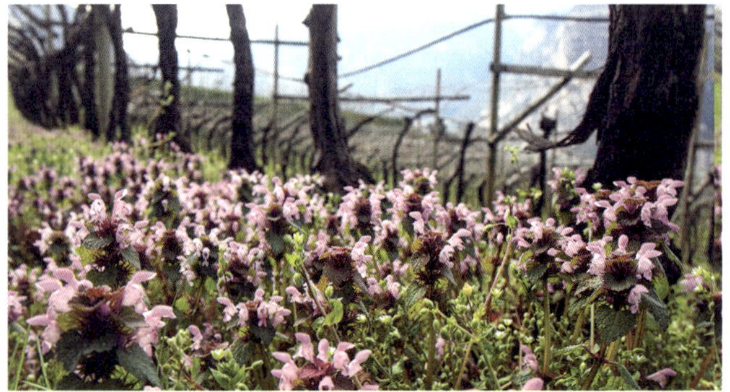

Pflanzenschutz, ein heikles Thema

Pilzkrankheiten, darunter besonders Peronospora (Falscher Mehltau), Botrytis (Grauschimmelfäule) und Oidium (Echter Mehltau) sowie Insekten können in den Weinbergen großen Schaden anrichten. Im konventionellen Weinbau werden deshalb die Reben mehrmals mit Pflanzenschutzmitteln gespritzt. Zusätzlich werden zwischen den Rebzeilen Herbizide ausgebracht, um unerwünschte Pflanzen zu vernichten. Alle diese Mittel sind chemisch-synthetische Wirkstoffe, sie haben gravierende Auswirkungen auf die Umwelt, die Natur und letztlich auch auf den Menschen. Sie sind meist nicht selektiv, sie töten nicht nur allein den Schädling, sondern auch Nützlinge, z. B. die Biene. Hinzu kommt, dass Schädlinge eine Resistenz gegen die Mittel entwickeln, es braucht daher immer neue, stärkere Wirkstoffe.

Es herrscht noch immer die Meinung vor, Weinbau wäre ohne Pestizide nicht möglich. Dabei verzichten ökologische Landwirte bereits mit Erfolg auf chemisch-synthetische Pestizide und Kunstdünger. Außerdem heißt es, biologische Landwirtschaft wäre ineffizient, ökonomisch nicht wettbewerbsfähig. Das Gegenteil ist der Fall, der weitgehende Verzicht auf Pestizide könnte der kleinstrukturierten Südtiroler Landwirtschaft zu wichtigen Marktvorteilen verhelfen, langfristig ist sie umweltfreundlicher und vor allem nachhaltiger.

Deutlich weniger chemischen Pflanzenschutz brauchen die neuen, pilzwiderstandsfähigen Rebsorten, kurz PIWI-Reben (» siehe auch Seite 51), deren Einführung aber nur schleppend vorangeht, konservative Verbandsstrukturen und Vermarktung stehen ihrer schnellen Verbreitung im Wege.

Ein Strategiewechsel in der Landwirtschaft und auch auf politischer Ebene wäre wünschenswert. Es geht um ein Abwenden von Monokulturen hin zu mehr Vielfalt, die Förderung von Nützlingen, das Einsetzen von Frühwarnsystemen, aber vor allem um ein Umdenken; das könnte ein Weg sein, um langfristig auf Pestizide zu verzichten.

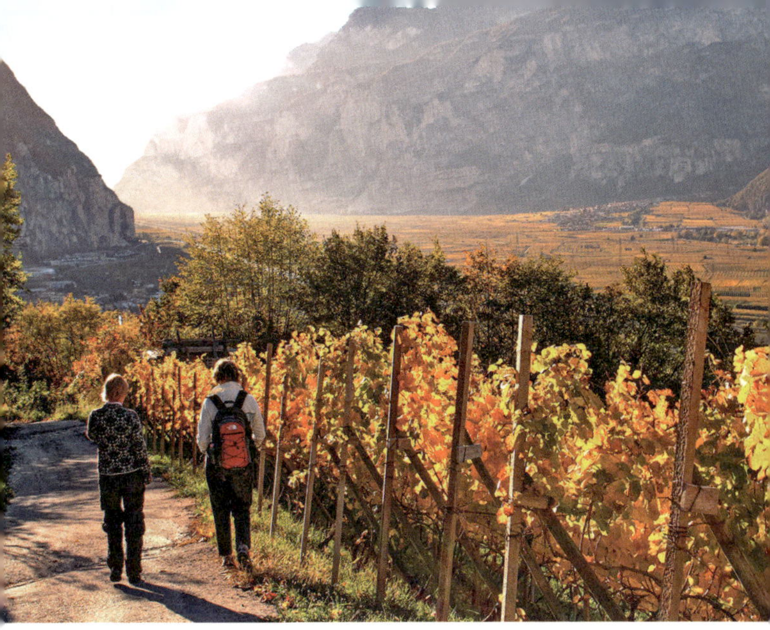

steinerne Bogenbrücke überspannt. Nach der Querung eines Hangs geht es durch freie Wein- und Obstfluren und nach einem letzten kurzen Steilstück auf Buchholz zu. Auf einem Hügel steht die Dorfkirche, der hl. Ursula geweiht, an den Kirchhügel angelehnt liegt das Restaurant Grünwald, unsere Einkehr. Am Skulpturengarten vorbei senkt sich der Weg (Nr. 3A) gegen das Tal hin zu einer Geländekante, der Asphalt wechselt wieder zu Kies. Durch Buschwald geht es in Kehren durch eine bizarre Landschaft, von Gesteinstrümmern und Felstürmen durchsetzt, ins Tal. Vor einem Felsentor treffen wir auf einen Klettergarten für Sportkletterer. Der Weg endet am Parkplatz der Baita Garba, einem beliebten Ausflugslokal (Winterruhe) im Tal. Nun geht es auf einem wenig befahrenen, asphaltierten Güterweg (Nr. 5) nordwärts weiter, am Ansitz Karneid rechts ab und am Bergfuß bis nach Laag zum Ausgangspunkt zurück.

Der Skulpturengarten

Ab Buchholz weisen Schilder den 20-minütigen Fußweg zum Skulpturengarten. Hier hat die Künstlerin **Sieglinde Tatz Borgogno** in einem Waldstück und auf kleinen Lichtungen Skulpturen aus Bronze, Marmor und Keramik aufgestellt. Die Figuren stehen und liegen im Laub und im Gras. Im Mittelpunkt des Schaffens der Künstlerin steht der Mensch mit seinen Stärken und Schwächen: Mann und Frau, Mutter und Kind, das Alter und die Jugend, verblühende Schönheit, der Wandel der Zeiten. Freier Zutritt.

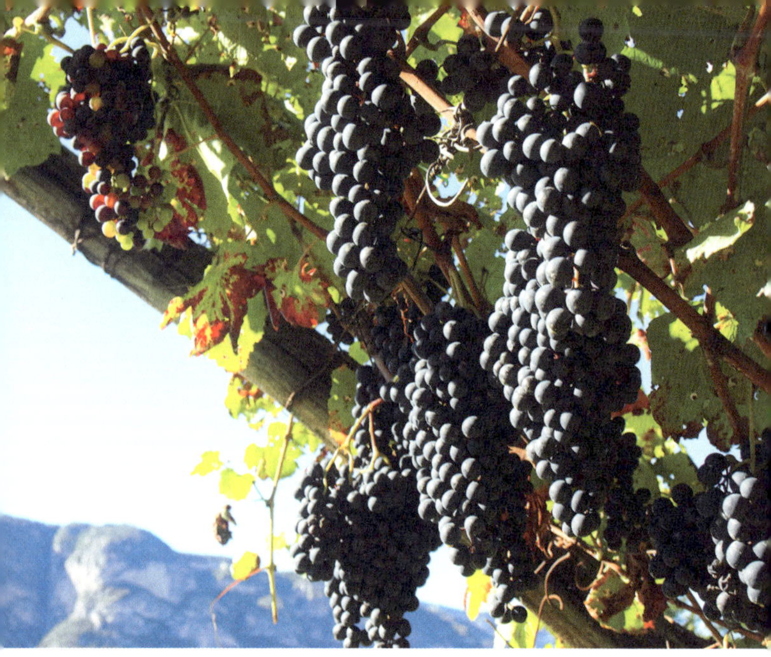

EINKEHRTIPPS

Restaurant Pizzeria Grünwald: Von der Familie Lucia und Ivan Girardi geführt, sind auf der Speisekarte unverkennbar die Trentiner Wurzeln auszumachen. Viel Hausgemachtes. St.-Ursula-Straße 1, Buchholz, Salurn, Tel. 0471 889092, www.gruenwald.it, Di. Ruhetag, Juni, Juli, Aug. kein Ruhetag

Baita Garba: Rustikales Ausflugslokal mit viel Platz im Freien unter den Pergolen und schattigen Bäumen. Die Spezialität des Hauses sind die frischen Forellen aus dem hauseigenen Fischteich sowie die Grillgerichte. Salurn, Tel. 0471 884492, www.baitagarba.it, Mitte März – Mitte Okt., Di. Ruhetag

Der Dürerweg

Der junge Albrecht Dürer war bei seiner ersten Italienreise 1494 wegen des wieder einmal überschwemmten Etschtals gezwungen, einen Umweg über die Berge zu nehmen. Auf dieser Reise entstand eine Reihe von Zeichnungen und Aquarellen, die er mit „Welsch Pirg“ (also italienische Berge) oder „Ain welsch schlos“ signierte. Erst 1935 gelang es, die Bilder einer Gebirgslandschaft und dem Schloss von Segonzano im Trentiner Cembratal zuzuordnen. Auf einem Teil dieser Reiseroute sind wir unterwegs. Der Weg ist mit AD, dem Signet des Künstlers, ausgeschildert.

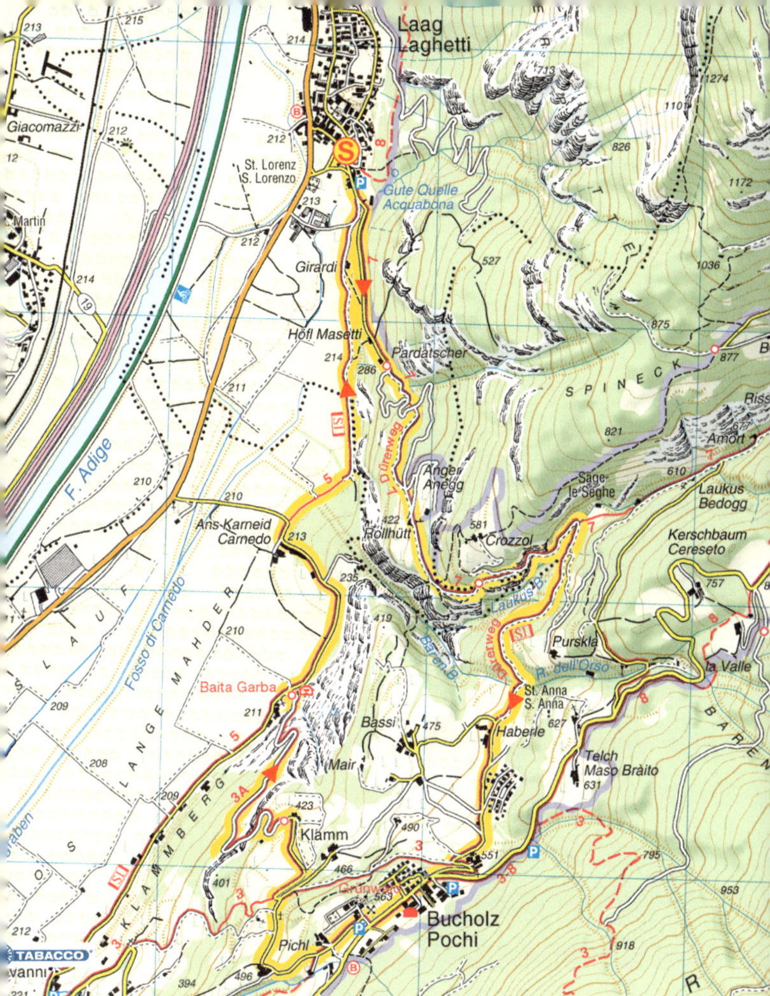

INFOS IN KÜRZE

- Rundwanderung in Talnähe auf wenig begangenen Wegen
- Laag, bei den Tennisplätzen in der Dantestraße am östlichen Dorfrand, 213 m
- ★★ Mittel
- 3 h 15 min
- ↑ 450 Hm
- → 9,3 km
- Frühjahr, Herbst, schneefreie Winter
- Auf der Brennerstaatsstraße SS 12 bis Laag, dort in den Ort, Parkplätze in der Dantestraße bei den Tennisplätzen
- Auch mit Linienbus erreichbar, Fahrplan: www.suedtirolmobil.info

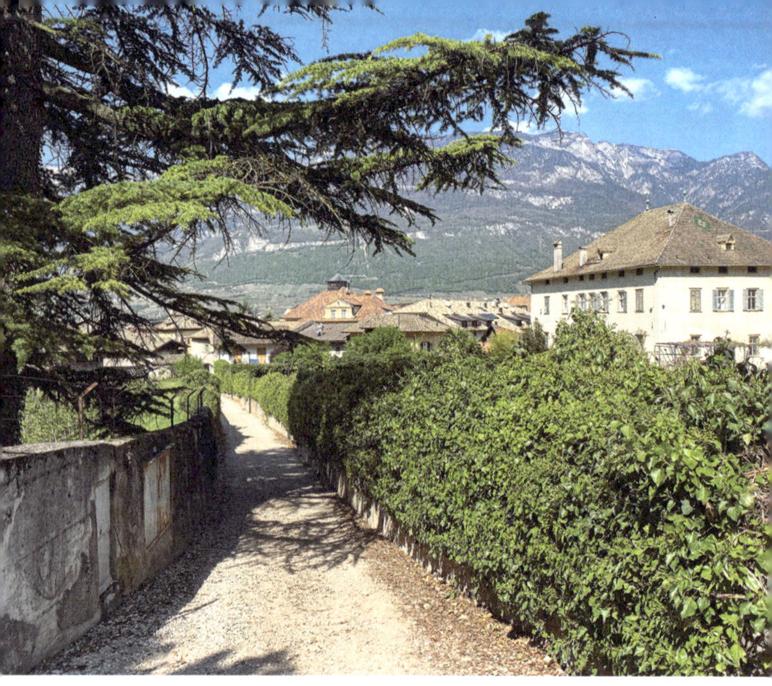

30 Von Neumarkt nach Pinzon

Ins Zentrum des Blauburgunders

Von der Talsohle aus führt diese Rundwanderung zu den Terrassen von Mazon und Montan, dem Zentrum des Blauburgunder-Anbaus von Südtirol. Es ist die günstigste Lage für den kapriziösen Wein, der Sonne, kühle Nächte und leichte Winde liebt. Voraussetzungen, die in diesem Teil Südtirols zu finden sind. Leichte Wege und Steige bringen uns durch eine wunderschöne Weinlandschaft mit stattlichen Weinhöfen in den Weiler Pinzon mit einem kunsthistorischen Leckerbissen, ins Dorf Montan, an einer Burgruine vorbei und wieder nach Neumarkt zurück.

Wir starten in Neumarkt am Dorfplatz und wandern auf der Fleimstaler Straße zum Dorf hinaus, auf die Berge zu. Nach wenigen Gehminuten biegt zur Rechten ein Gässchen ab, der mit Nr. 8 markierte Weg führt zwischen den Häusern und später durch Weinberge durch, taucht in den Laubwald ein und steigt in südöstlicher Richtung bergauf. Sobald wir die Höhe der Geländeterrasse mit den Weinbergen von Mazon erreicht haben, dreht der Weg und führt uns zum freistehenden Kirchlein St. Michael, das über die ausgedehnten

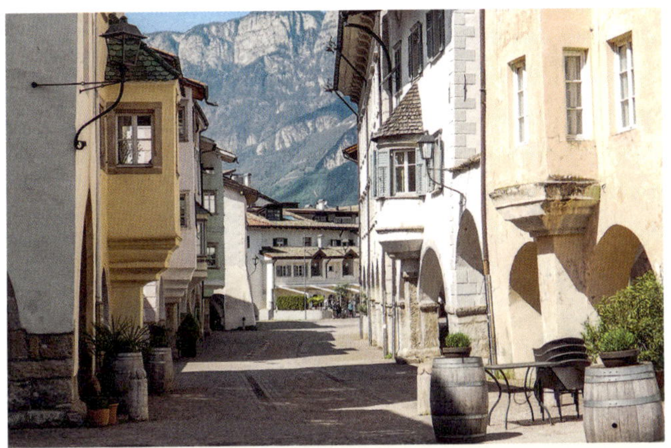

Die Marktgemeinde Neumarkt

Neumarkt lohnt einen Besuch, es ist der kulturelle und wirtschaftliche Mittelpunkt im Südtiroler Unterland und blickt auf eine große Vergangenheit zurück. Mit der malerischen Laubengasse, den jahrhundertealten Mauern stattlicher Bürger- und Adelshäuser mit überraschend weitläufigen und architektonisch interessanten Innenhöfen strahlt es beinahe städtischen Charakter aus. Gemütliche Cafés und Restaurants mit Tischen auf dem verkehrsberuhigten Corso laden zur Muße ein.

Weinberge zu wachen scheint. Die ältesten Teile der Kirche stammen aus dem 11. Jh., an der Außenseite birgt sie alte Fresken. Bei den Weinhöfen von Mazon biegen wir rechts ab, Weg Nr. 15 bringt uns zur mächtigen Burgruine Caldiff. Hinter der Burg verläuft ein Waldsteig bergab zu einem Bach, im Talgrund umrunden wir einen Bauernhof und steigen am Gegenhang durch submediterranen Buschwald kurz aufwärts zu Pferde- und Viehweiden, Pinzoner Egger genannt. In leichtem Auf und Ab wandern wir an Trockenmauern vorbei und zuletzt durch schöne Weinberge ins malerische Dörfchen Pinzon. Neben der Kirche mit dem spitzen, gotischen Turm lädt der Pinzoner Keller, eine stimmungsvolle Winebar und Restaurant, zu einer ersten Pause ein. Nun treten wir den Rückweg an, es geht am Dorfbrunnen vorbei, durch die Gassen

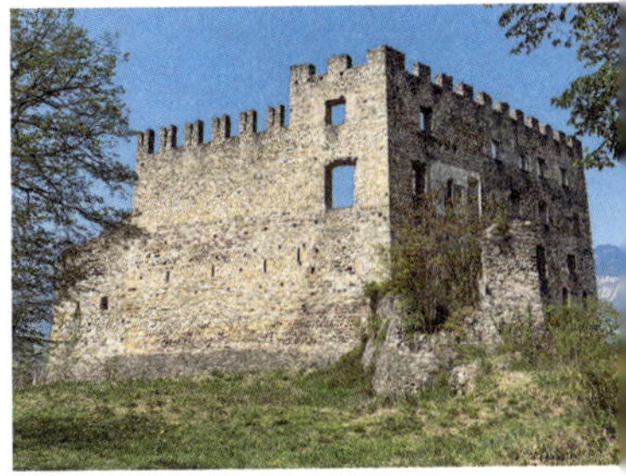

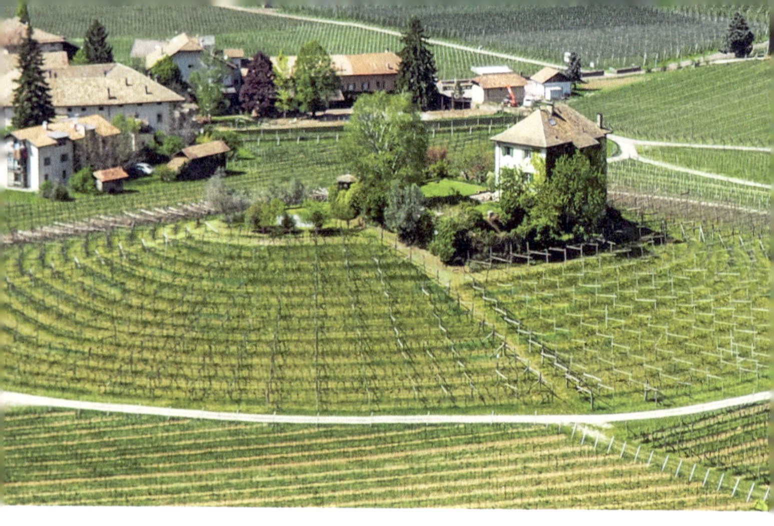

Der Blauburgunder

Unter den Südtiroler Rotweinen ist der Blauburgunder der ungekrönte König. Die Traube, aus der die weltbekannten Burgunderweine gewonnen werden, stammt aus Frankreich, seit über 150 Jahren hat sie in Südtirol eine zweite Heimat gefunden. Kaum eine Rebsorte stellt so hohe Bedürfnisse an den Standort wie der Blauburgunder. Er liebt Abendsonne, kühle nächtliche Fallwinde von den umgebenden Bergen, Kalkböden und nicht zu hohe Temperaturen, er gedeiht am besten in gut exponierten, luftigen, mittelhohen Hanglagen. Bei zu viel Hitze verliert er an Säure, wirkt langweilig und schmeckt dann manchmal nach überzuckerter Marmelade. Die Traube ist walzenförmig, klein und kompakt und für die Pilzkrankheit Botrytis (Grauschimmel) anfällig. Blauburgunder, bzw. dessen weißer Saft, wird auch als Grundwein für die Schaumweinherstellung sehr geschätzt. Gute Voraussetzungen findet er auf den steilen Sonnenhängen im Vinschgau, in der Meraner Gegend und den Hügeln im Überetsch. Besonders auf den Terrassen von Mazon und Montan oberhalb von Neumarkt im Unterland gedeiht er hervorragend. Hier spielt der Star der Rotweine, dem seit 2002 die jährlich ausgetragenen Blauburgundertage (www.blauburgunder.it) mit Verkostungen gewidmet werden, die Hauptrolle. Nicht nur bei diesem Wettbewerb schneiden die Südtiroler Blauburgunder hervorragend ab, auch die wichtigsten italienischen Weinführer zeichnen sie als die besten ihrer Art südlich der Alpen aus!

Unter den Lauben in der alten Dorfgasse findet sich ein kleines, feines Restaurant für die Verkostung edler Weine. Sie begleiten die exquisite Küche in der Enoteca Johnson & Dipoli. Andreas-Hofer-Straße 3, Neumarkt, Tel. 0417 820323, www.johnson-dipoli.it

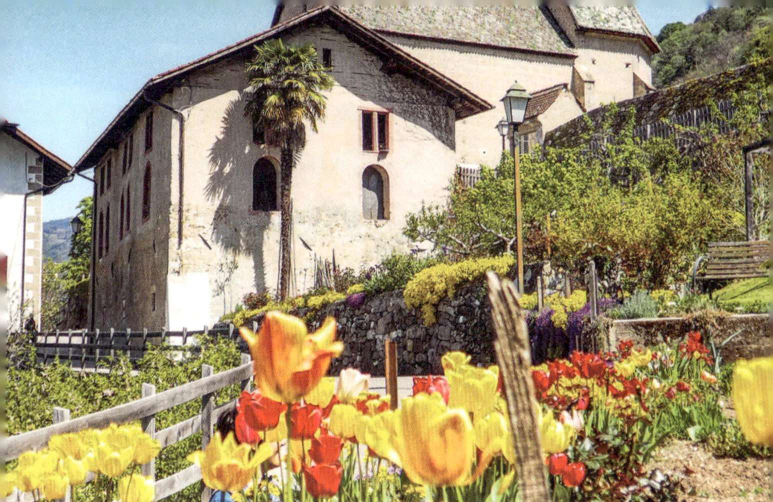

von Pinzon bergab und bei den letzten Häusern links durch Weinberge, ein Waldstück und durch Wiesen und Apfelbäume zur Autostraße nach Neumarkt. Beim Gasthof Rauscher in der Vill überqueren wir die Straße und den Bach, parallel zur Autostraße und im letzten Teil am Gehsteig wandernd treffen wir in Neumarkt ein.

EINKEHRTIPPS

Buschenschank Planitzer: Nur 10 Gehminuten von Pinzon entfernt. Panoramaterrasse, professionell geführt. Glen 25, Montan, Tel. 0471 819407, www.planitzer.it. Variable Öffnungszeiten, im Hochsommer geschlossen, gut besucht, Reservierung angeraten
Pinzoner Keller: Gastgarten und ebenerdiges Lokal in alten Gewölben, gehobene Küche. St.-Stephan-Platz 3, Pinzon/Montan, Tel. 0471 813552, www.pinzonerkeller.com, Mo.–Mi. geschlossen. Tipp: anrufen, da wegen Hochzeiten und anderen Events oft ausgebucht!

Die Kirche und der Klocker-Altar in Pinzon

Mitten in den malerischen Weinbergen liegt Pinzon. Alte Bauernhäuser scharen sich um die gotische Kirche und den stimmungsvollen, mit alten Kastanienbäumen bestandenen Dorfplatz. Kulturbewusste sollten sich den berühmten gotischen Flügelaltar von Hans Klocker in der Stephanskirche ansehen. Klocker war im späten 15. Jh. mit seiner Werkstatt in ganz Tirol tätig und ein gefragter Altarbauer und Bildschnitzer. Der Pinzoner Altar gilt als einer der fünf schönsten Flügelaltäre Tirols und kann nach telefonischer Voranmeldung besichtigt werden (Info zu Öffnungszeiten und Besichtigungen: Tel. 0471 820181).

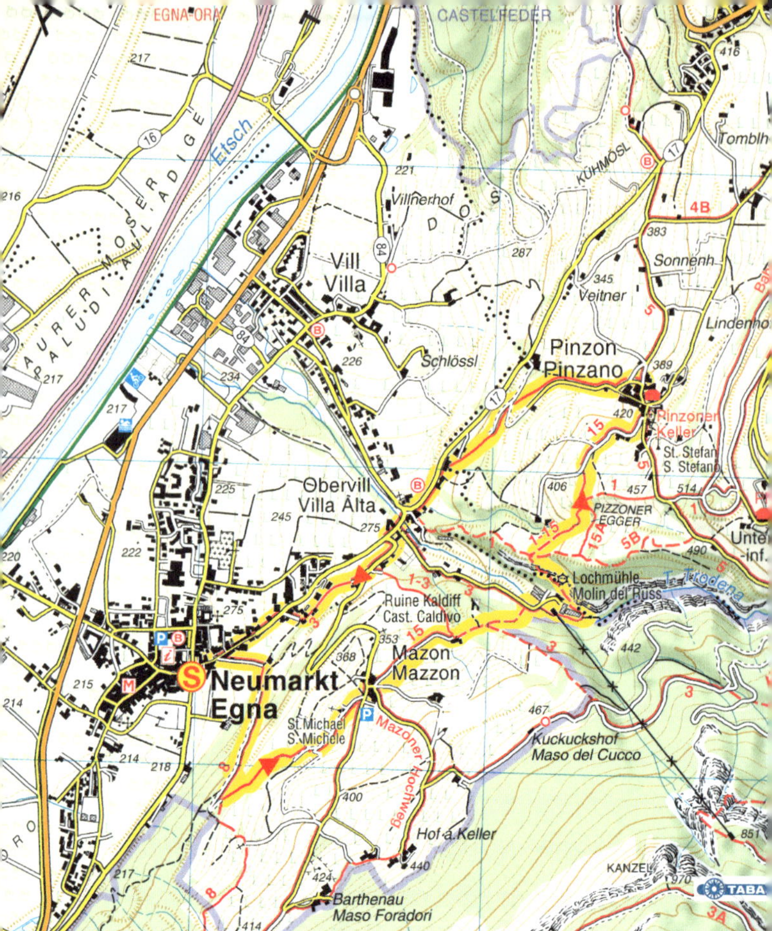

INFOS IN KÜRZE

- Einfache Rundwanderung durch das Herz des Blauburgundergebiets mit wunderschönen alten Bauernhöfen und herrlichen Weinbergen
- Neumarkt, Rathausring, am Beginn der Feimstaler Straße, 220 m
- Leicht
- 2 h
- 260 Hm
- 5,5 km
- Frühjahr, Herbst, schneefreie Winter
- Auf der SS 12, Parkplatz am Südrand von Neumarkt, Nikolausring
- Neumarkt ist mit Bus und Bahn erreichbar, Fahrplan: www.suedtirolmobil.info
- Dorfbesuch von Neumarkt einplanen, lohnend!

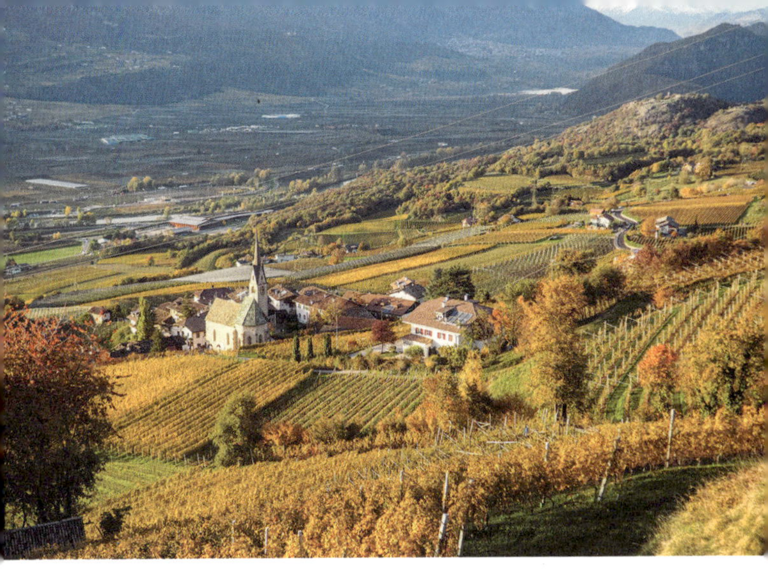

31 Von Neumarkt nach Montan und Glen

Beste Weinlagen im Unterland

Zwischen Auer und Neumarkt schiebt sich ein felsiger Hügel zum Etschtal hin, von Gletschern glatt geschliffen und von kargem submediterranen Buschwald bestanden, eine Landschaft von herbem Reiz. Etwas höher auf einer Hangterrasse liegt das Dörfchen Montan, eingebettet in eine liebliche Obst- und Weinlandschaft. Oberhalb davon finden sich die Weinhöfe von Glen und wenig südlich davon die kleine Ortschaft Pinzon. Wir sind auf leichten Wegen und Steigen in einer der besten Weingegenden unterwegs. Es ist die günstigste Lage für den kapriziösen Blauburgunder, der Sonne, kühle Nächte und leichte Winde liebt.

Wir starten am nordöstlichen Dorfrand von Neumarkt, vom Parkplatz in der Nähe des Gasthauses Rauscher in der Vill an der alten Fleimstaler Straße. Hinter dem Haus beginnt der Weg Nr. 15, der uns durch submediterranen Buschwald, über die Weiden der Pinzoner Egger, an Trockenmauern vorbei und zuletzt durch prächtige Weinberge ins malerische Dörfchen Pinzon bringt. Vom Dorfplatz wandern wir am Gehsteig der kaum befahrenen Straße (jetzt Nr. 1B) ins Dorf Montan, am letzten Wegstück begleiten uns wunderbare alte Weinhöfe. Unmittelbar an der Dorfkirche biegen wir

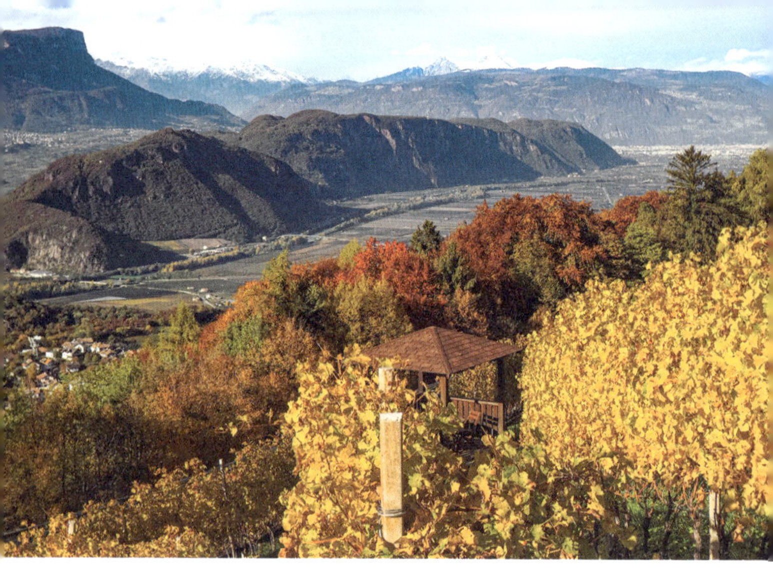

rechts ab und folgen den Schildern „Glen Nr. 1", zusätzliche Wegweiser mit der Bezeichnung „Wein Wald Wasser Weg" und einem runden Schild mit Traube und Beschriftung „Blauburgunderweg" erinnern uns daran, dass wir im Blauburgundergebiet unterwegs sind. Wir wandern durch Laubwald, nach einer Quelle und einer Kneipptretanlage überqueren wir die alte Bahntrasse der aufgelassenen Fleimstalbahn. Der Steig führt jetzt stamm bergauf zu den

Ortsnamen in Südtirol, oder: Warum Kaltenbrunn Fontanefredde und Kurtatsch Cortaccia heißt

Auf dem Friedhof von Montan liegt an prominenter Stelle gegen das Etschtal hin die Grabstätte jenes Mannes, der ein unerfreuliches Kapitel in der Geschichte Südtirols mitgeschrieben hat: Ettore Tolomei. Schon vor dem Ersten Weltkrieg setzte sich der überzeugte italienische Nationalist, Faschist und Politiker mit fanatischem Eifer für die Italienisierung Südtirols ein. Er übersetzte 20.000 deutsche Orts- und Flurnamen meist völlig willkürlich ins Italienische, die von den faschistischen Machthabern übernommen wurden und bis heute als amtliche Namen angewandt werden. Er lebte in Glen, am Maso Thaler, etwas oberhalb von Montan. Von deutschsprachigen Südtirolern wird er auch als „Totengräber Südtirols" und wegen seiner Ortsnamenübersetzungen als „Ortsnamenfälscher" bezeichnet. Auf italienischer Seite wird er dagegen oft als Patriot und „Großer Italiener" betrachtet. Zur Zeit der politischen Spannungen in den 1960er-Jahren war Tolomeis Grabstätte mehrmals Ziel von Sprengstoffanschlägen.

steilen Wiesen der Lichtung Windisch. Der Weg wird breiter und flacher, in südlicher Richtung geht es nun leicht bergab. Bald begleiten uns schöne Rebanlagen, darunter auch jene vom „Maso Thaler", einer Privatkellerei mit einer interessanten Geschichte. Der Weg senkt sich, wir überqueren die Autostraße Montan–Truden und folgen der Beschilderung „Nr. 1 Neumarkt" zum nahen Buschenschank Planitzer, der in beneidenswerter Panoramaposition zur Rast einlädt. Für den

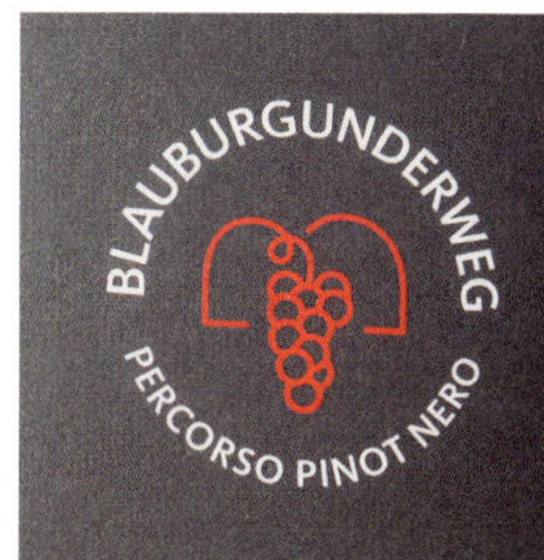

 Was bedeutet DOC?

Die Abkürzung DOC auf den Südtiroler und italienischen Weinflaschen steht für „Denominazione di Origine Controllata" – herkunftskontrollierte Weine bestimmter Anbaugebiete. 98 % der Südtiroler Weine tragen die DOC-Bezeichnung. Dieses Gesetz ordnet die Weine in einer Qualitätspyramide. Die Ursprungsbezeichnung legt strenge Vorschriften fest, von der Lage bis zu den Ertragsmengen im Weinberg.

 Autochthon und allochthon

Sind Sie vielleicht schon mal über das Wort autochthon gestolpert? Es kommt aus dem Altgriechischen und enthält die beiden Wortteile „selbst" und „Erde". Man könnte autochthon also mit einheimisch übersetzen. Im Gegensatz zu autochthonen Rebsorten sind allochthone nicht dort entstanden, wo sie wachsen. So wären Lagrein- und Vernatschreben in Südtirol autochthon, überall sonst allochthon. Der Blauburgunder hingegen, seit über 150 Jahren eine der wichtigsten Sorten in der Gegend von Mazon und Montan, ist allochthon, seine Heimat liegt im französischen Burgund.

Die Bahntrasse der aufgelassenen Fleimstalbahn

Montan und Pinzon liegen an oder neben der ehemaligen Trasse der Fleimstalbahn von Auer nach Predazzo, die im Ersten Weltkrieg als Nachschubstrecke für die Dolomitenfront diente. Die Bahntrasse ist ein beliebter Rad- und Wanderweg geworden, in unmittelbarer Nähe des Buschenschanks Planitzer liegt das beeindruckende begehbare hohe Viadukt, ein toller Aussichtspunkt.

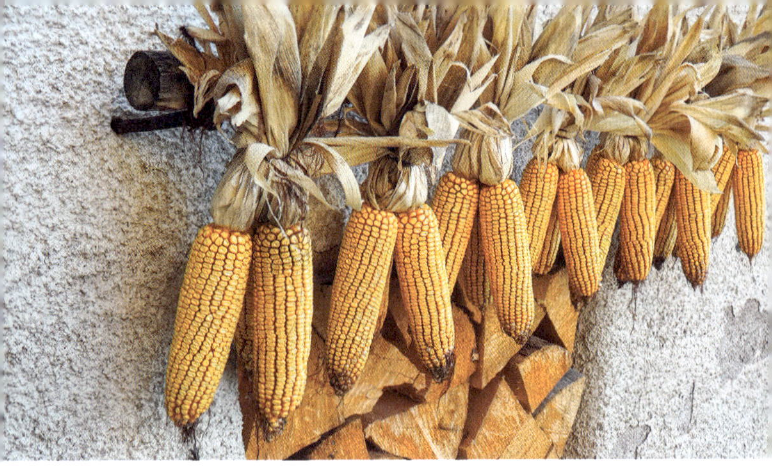

Rückweg (immer Nr. 1) gehen wir unter dem beeindruckenden Bahnviadukt durch, mit traumhaftem Blick auf Mazon und das Etschtal kommen wir wieder zu den Weiden der Pinzoner Egger. Hier halten wir uns links und nehmen den Steig, der sich in das kleine Tal absenkt, umrunden einen Bauernhof im Talgrund und kehren auf der linken Talseite zum Rauscher in der Vill, unserem Ausgangspunkt, zurück.

EINKEHRTIPPS

Pinzoner Keller: Gastgarten und ebenerdiges Lokal in alten Gewölben, gehobene Küche. St.-Stephan-Platz 3, Pinzon/Montan, Tel. 0471 813552, www.pinzonerkeller.com, Mo.–Mi. geschlossen. Tipp: anrufen, da wegen Hochzeiten und anderen Events oft ausgebucht!

Fünf Fehler, die Sie beim Weintrinken vermeiden sollten

Benutzen Sie die richtigen Gläser (» siehe S. 163) und fassen Sie das Glas immer am Stiel an, nicht am Kelch.
Schenken Sie nicht zu viel ins Glas ein, besser ist es, einmal mehr nachzuschenken.
Verzichten Sie bei Weinverkostungen auf Rauchen, Parfüm und auf Häppchen, denn das beeinträchtigt den Geschmack.
Die Faustregel, dass Rotwein bei Zimmertemperatur getrunken werden soll, ist überholt. Die ideale Temperatur liegt bei 16°–18°, für Weißwein und Rosé bei 10°–12° und für Sekt bei 8°.
Trinken Sie nicht immer denselben Wein! Die Vielfalt macht Wein interessant und Sie bereichern Ihr Weinwissen.

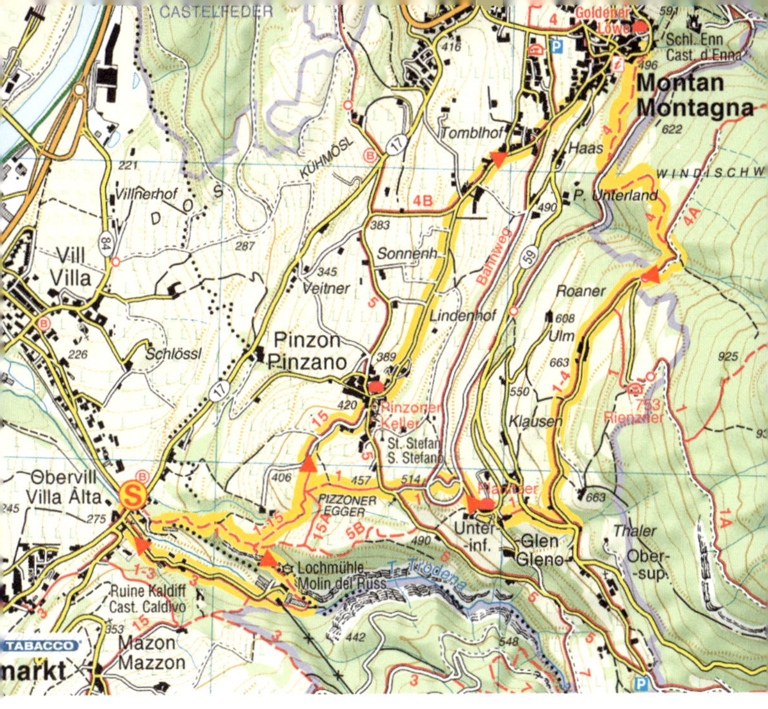

Goldener Löwe: Traditionsreicher Gasthof am Kirchplatz von Montan. Tische im Innenhof und am Dorfplatz. Pfiffige Gerichte. Kirchplatz 11, Montan, Tel. 0471 819844, www.goldenerloewe.it, Do. Ruhetag

Buschenschank Planitzer: Nur 10 Gehminuten von Pinzon entfernt, Panoramaterrasse. Glen 25, Montan, Tel. 0471 819407, www.planitzer.it, variable Öffnungszeiten, gut besucht, Vormerkung angeraten, im Hochsommer geschlossen

INFOS IN KÜRZE

- Rundwanderung durch alte Weindörfer im Herzen des Blauburgundergebiets
- Neumarkt-Vill an der LS 17, bei Gasthof Rauscher, 367 m
- ★★ Mittel, kurze steile Waldstücke
- 2 h 40 min
- 440 Hm
- 7,8 km
- Ganzjährig, bei Schneefreiheit im Winter in den Tallagen
- Von Neumarkt auf der LS 17 bis zum Gasthof Rauscher, gegenüber öffentlicher Parkplatz
- Auch mit Linienbus erreichbar, Haltestelle Rauscher, Fahrplan: www.suedtirolmobil.info

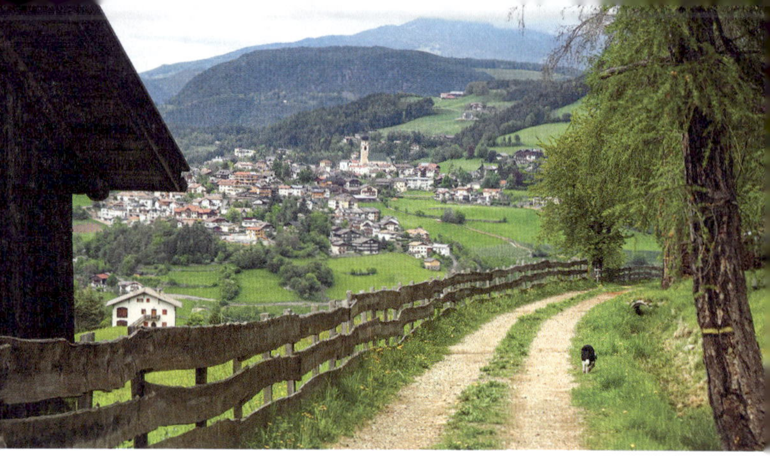

32 Die Weinberge von Völser Aicha

Am Eingang zum Tierser Tal

Wo das Tierser Tal in das enge Eisacktal mündet, liegt rechter Hand auf dem Geländebalkon, der dem Schlernmassiv vorgelagert ist, die Streusiedlung Völser Aicha, ein klimatisch begünstigtes Fleckchen Erde. Auf dieser Höhe gedeihen die letzten Reben, gemütliche Buschenschänken laden zur Einkehr ein. Der Blick geht über das untere Eisacktal und auf den gegenüberliegenden Rücken des Ritten und im Süden zum Bozner Talkessel.

Ausgangspunkt unserer Wanderung ist der kleine Weiler Prösels, nahe am prächtigen gleichnamigen Schloss. Nach dem Gasthaus Pröslerhof (nach dem Um- und Zubau heißt es Presulis) orientieren wir uns an der Panoramatafel zum Oachner Höfeweg, auf dem wir ein gutes Stück unterwegs sein werden. Wir folgen den entsprechenden Schildern durch Wiesen, Mischwald und an Bauerhöfen vorbei in einer Hangquerung bergab. Im Wald erinnert der Wirtskeller an den einstigen Gebrauch von kalter Luft, die aus Felsspalten strömt, als „Naturkühlschrank". Die Edelkastanien am Weg lieferten neben den Früchten auch das Holz für die Stützgerüste der Weinreben, die Pergeln. Auf südlich und sonnig exponierten Terrassen mit Trockenmauern begegnen uns die ersten Weinreben. Stattliche uralte Bauernhöfe wie der Unterpsenn und im weiteren Verlauf der Fronthof unterstreichen die einstige Bedeutung dieser Weinbauern, die den geistlichen Besitzern Zins in Form von Wein liefern mussten. Nach den Höfen Gemoaner und Prackfoler und den ausgedehnten, steilen Weinbergen begleitet der Weg die Talflanke des Tierser Tals, steigt langsam und mündet in die asphaltierte Zufahrt zum Fronthof. Der

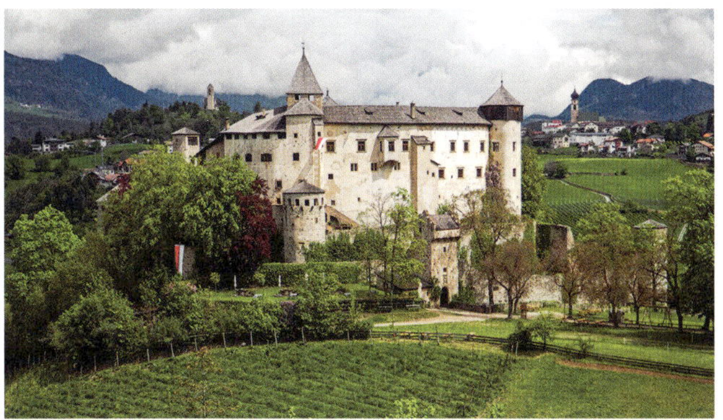

Schloss Prösels

Nehmen Sie sich Zeit, die Burg zu besichtigen: Das prächtige Bauwerk wurde von Leonhard d. Ä. von Völs zu Beginn des 16. Jh. erbaut. Er war eine der schillerndsten Persönlichkeiten seiner Zeit, Landeshauptmann von Tirol, persönlicher Freund Kaiser Maximilians und mit insgesamt drei Frauen, alle aus mächtigen Adelsfamilien, verheiratet. Das Schloss birgt neben einer schönen Waffen- und Rüstungssammlung, die besonders Kinder begeistert, herrschaftliche Wohnräume und eine Gemäldesammlung.
Schloss Prösels, Prösler Straße 2, Völs am Schlern, Tel. 0471 601062, www.schloss-proesels.it, zu besichtigen nur mit Führung (Gruppen mit Vormerkung)

Wie kommen eigentlich die Aromen in den Wein?

Die Bodenbeschaffenheit hat nur bedingt Einfluss auf das Aroma der Trauben und somit auf den Wein. Die jeweilige Rebsorte ist wesentlich aromaprägender, man spricht unter anderem von blumig, würzig und fruchtig oder findet Noten von Apfel, Birne oder Pfirsich. Zudem haben Klimafaktoren wie Temperatur, Niederschlag und Sonneneinstrahlung starken Einfluss auf die Typizität. Doch Aroma ist nicht nur Geruch, sondern auch Geschmack, und den nehmen wir mit Zunge und Gaumen wahr. Wir unterscheiden zwischen süß und sauer, bitter, salzig und umami (fleischig, würzig oder wohlschmeckend) oder auch cremig oder fett. All diese Nuancen kann man beim Weintrinken schmecken, am wichtigsten ist aber ein harmonisches Geschmackserlebnis. Der attraktivste Wein taugt nichts, wenn er uns nicht schmeckt. Und Geschmäcker sind bekanntlich verschieden ...

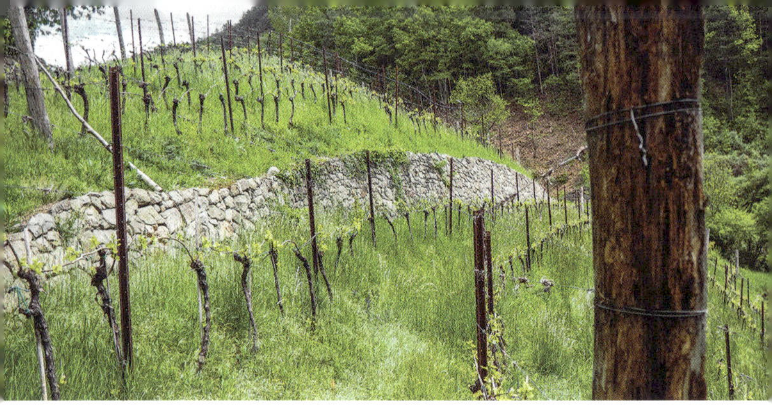

Ausblick ist grandios: Voraus die Felszacken des Rosengartenmassivs, im Rücken der Blick auf Bozen, zur Rechten das Tierser Tal, auf der gegenüberliegenden Talflanke das Dorf Steinegg. Der Weg Nr. 6/A bringt uns bergauf, bei den ersten Häusern von Völser Aicha, beim kleinen Dorfplatz mit der Feuerwehrhalle, wandern wir geradeaus, es sei denn, wir möchten beim Oachner Wirt einkehren. Nun geht es auf Weg Nr. 3/A kurz bergab und dann bei der Wegteilung wieder bergauf („Gasse"), an mehreren Bauernhöfen vorbei, bei der Wegteilung nach dem Wieserhof verlassen wir den Weg Nr. 3/A, folgen dem Wegweiser („Prösels 20 min") nach rechts und gelangen zur Tierser Straße. Wir überqueren sie und gehen oberhalb der Autostraße auf einem Feldweg zwischen Lärchen und Apfelanlagen nach Prösels.

EINKEHRTIPPS

Gasthof Oachner Wirt: Neues Dorfgasthaus mit großer Sonnenterrasse. Völser Aicha 21, Völs am Schlern, Tel. 0471 601505, Mo. Ruhetag

Zwei starke Charaktere

Am Rande des Wanderwegs unterhalb von Völser Aicha trifft man auf zwei Weinhöfe, die zu den südlichsten Weingütern im Eisacktal gehören: der **Bessererhof** und der **Gumphof**. Beide profitieren von den kühlen Strömungen vom Norden und den warmen vom Bozner Talkessel. Auf den schwindelerregend steilen Hängen, auch Leiten genannt, werden vorwiegend aromatischer Weißburgunder und Sauvignon produziert. Ein Besuch lohnt sich!

☞ Bessererhof, Völser Straße 15, Völs am Schlern, Tel. 0471 601011, www.bessererhof.it

Gumphof, Völser Straße 11, Völs am Schlern, Tel. 0471 601190, www.gumphof.it

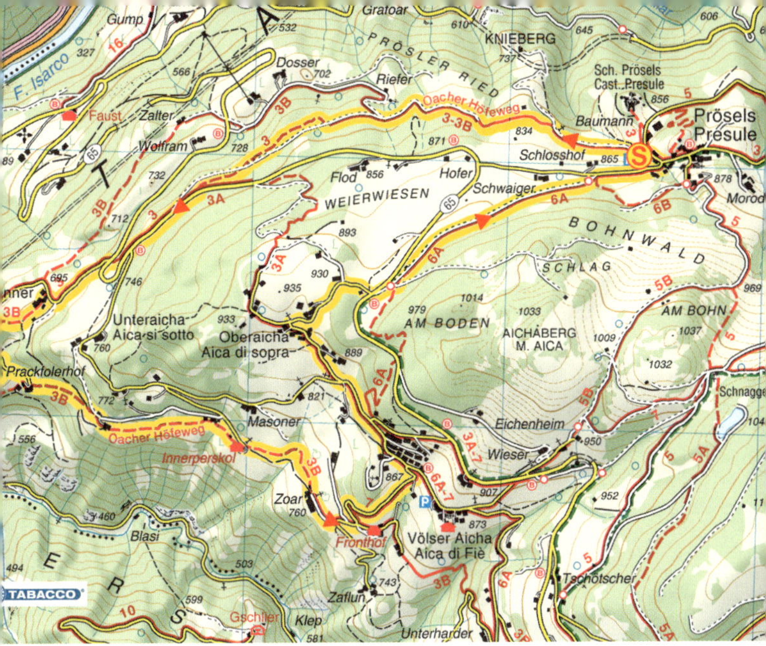

Pröslerhof/Presulis: In unmittelbarer Nähe des Schlosses, große Terrasse. Prösels 22, Völs am Schlern, Tel. 0471 601069, Mo. Ruhetag
Fronthof: Stattlicher alter Bauernhof, riesiger Keller mit interessanten hohen Gewölben. Oberaicha 5, Völs am Schlern, Tel. 0471 601091, www.fronthof.com, Reservierung erwünscht, Ab-Hof-Verkauf von Wein und Speck
Innerperskoler Hof: Sonnig gelegener Bauernhof mit Buschenschank am Weg, Hausmannskost und Eigenbauweine. Unteraichaweg 10, Völs am Schlern, Tel. 333 9683387 oder 348 5723206, www.innerperskolerhof.it

INFOS IN KÜRZE

- Aussichtsreiche Tageswanderung durch Wiesen, Wälder und Weinberge
- Prösels bei Völs, 845 m
- ** Mittel
- 3 h
- 370 Hm
- 9 km
- Frühjahr, Sommer, Herbst
- Von Bozen auf der SS 12 bis Blumau, auf die LS 24, nach 3 km auf die LS 65 abbiegen, bis Prösels. Parkplatz beim Schloss
- Auch mit Linienbus von Bozen erreichbar, Fahrplan: www.suedtirolmobil.info

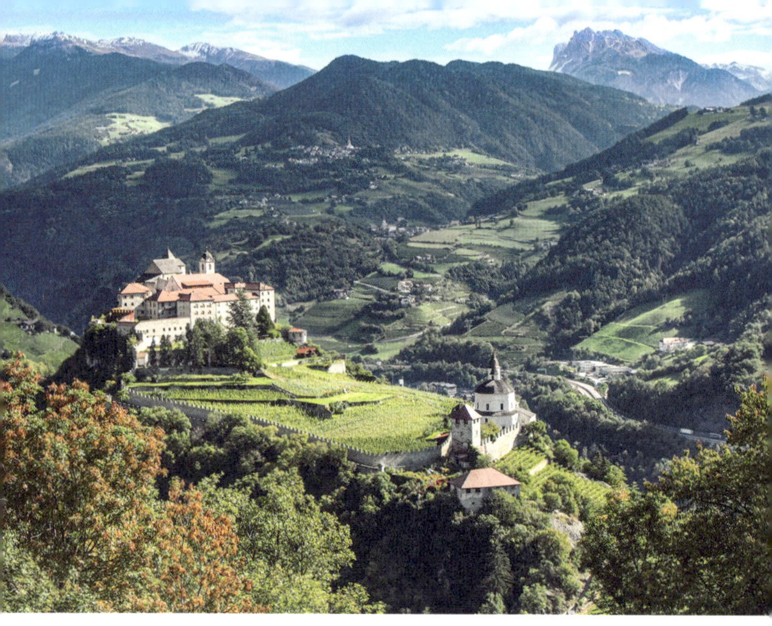

33 Durch die Weinberge bei Villanders

Wo das Törggelen seinen Ursprung hat

Bei unserem Ausflug erleben wir die kleinteiligen und steilen Weinleiten im Eisacktal und sind in der Heimat des Törggelens unterwegs. Und weil viele Einkehrstationen am Weg liegen, darf der Weg nicht zu lang und beschwerlich sein. Wir wandern durch schmale Rebenterrassen, besichtigen in Villanders die stattliche Dorfkirche, kehren bei mehreren Buschenschänken ein und genießen zudem eine herrliche Aussicht über das Eisacktal bis hin zu den Geislerspitzen.

Wir starten an der Straße nach Villanders, in der Serpentine kurz vor dem St.-Valentins-Kirchlein. Über den Erzweg folgen wir der asphaltierten Zufahrt zu den Bauernhöfen und Buschenschänken Breitner und Johannser, beides altehrwürdige und schön restaurierte Landgüter! Wir können es uns nicht verkneifen, eine vorgezogene kleine Brotzeit (tirolerisch Halbmittag) mit einem Schluck Weißen zu genießen. Beim Johannser, am Hügel vor dem Haus, bietet sich ein prächtiger Blick aufs Kloster Säben an. Noch ein kurzer Aufstieg am Erzweg und wir sind auf dem Keschtnweg gelandet. In südwestlicher Richtung geht es auf diesem Weg durch wunderbare Kastanienhaine auf einem mit Steinplatten ausgelegten Weg nach Villanders, über den Friedhof, an der Kirche vorbei zum

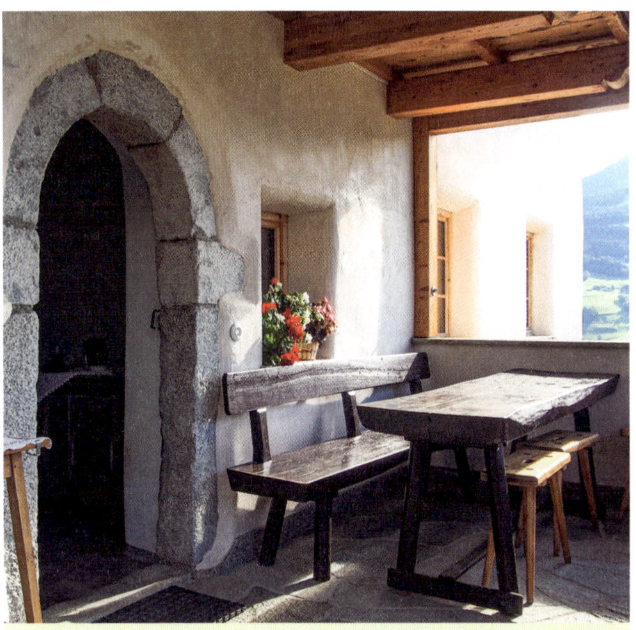

Törggelen, ein alter, feuchtfröhlicher Brauch

Auch wenn es manchmal danach aussieht: Das Törggelen ist keine Erfindung gewiefter Tourismusmanager, sondern ein traditionsreicher, herbstlicher Brauch. Edmund Mach (1846–1901), im alten habsburgischen Tirol der legendäre Direktor der Weinbauschule von San Michele und Autor anerkannter Weinbücher, schreibt in einem seiner Werke: „... Törgelen" (eine Art Weinleseschmaus, wobei besonders noch gebratene Kastanien eine Rolle spielen) ... Er ist für den Tiroler das, was der Heurige für den Niederösterreicher ist."
Früher, wenn die Ernte eingebracht, mithilfe der Traubenpresse, der Torggl, verarbeitet und der leicht angegorene, süßliche und noch trübe Wein trinkbar war, lud der Weinbauer seine Helfer zu einem Umtrunk ein. Der Name Törggelen leitet sich von der Weinpresse, der Torggl, ab, von lateinisch „torculum", „torquere", vom Drehen der Spindel an der Presse. Obwohl ursprünglich nur in der Bozner Gegend und im Eisacktal zu Hause, „törggelet" heute das ganze Land, es ist ein önogastronomischer Fixtermin im Spätherbst. Bei aller Liebe zur Tradition: Nachdem Sie den neuen frischen Zechwein verkostet haben, dürfen Sie gern zu einer Flasche guten, gereiften Weins wechseln!

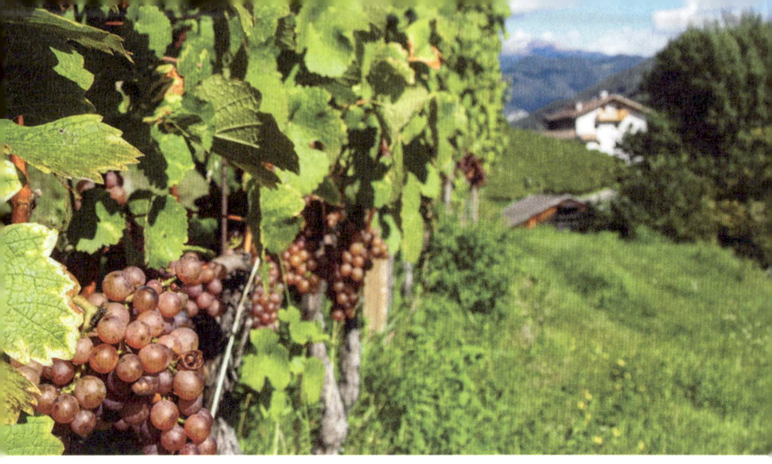

Gasthof Steinbock. Nach Überquerung der Landesstraße geht es immer auf dem Keschtnweg bergab und nach den letzten Dorfhäusern über einen schönen Waldsteig zum malerischen Örtchen St. Moritz, das die Einheimischen Sauders nennen. Unter den wenigen Häusern, die sich um die Kirche gruppieren, sind gleich zwei bekannte Buschenschänken, wir entschließen uns heute für den Winkler und nehmen auf der großen Terrasse Platz. Nach der Einkehr gehen wir kurz ein Stück des Wegs zurück und steigen bei einer Steiggabelung zur Landesstraße ab, dabei folgen wir den Markierungen nach St. Valentin über eine Brücke. Wir wandern bergauf zum unteren Dorfrand von Villanders (Markierung Nr. 4/A), bei den ersten Häusern von Villanders gehen wir oberhalb eines auffallenden, mit Holzschindeln verkleideten neuen Hauses vorbei und treffen dort auf den Wanderweg nach Klausen. Zuerst leicht bergab geht es dann in einer Hangquerung, der Beschilderung „St. Valentin" folgend, zur Landesstraße nach Villanders. Am Gasthaus Sturm vorbei, das Kirchlein von St. Valentin im Blick, folgen wir der Straße bis zum Parkplatz.

Villanders

Die stattliche Dorfkirche von Villanders wurde mit Einkünften aus dem Bergbau finanziert, in der Nähe wurde silberhaltiges Erz geschürft. Die bunt bemalten Glasfenster mit Szenen von arbeitenden Knappen aus der Mitte des 16. Jh. erinnern an die alten Bergwerkszeiten. Die Dorfgasse mit dem Gasthof Steinbock wurde als Vorlage für das Defregger-Bild „Das letzte Aufgebot" berühmt. Franz v. Defregger (1835, Tirol – 1921, München) war Professor an der Kunstakademie München, ein glühender Verehrer von Andreas Hofer und für seine Genrebilder zum Tiroler Volksaufstand bekannt. Er war zu seinen Lebzeiten einer der erfolgreichsten Maler.

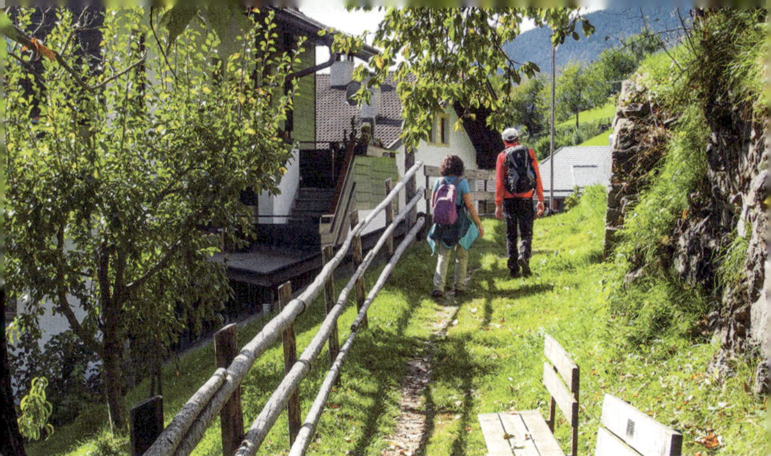

EINKEHRTIPPS

Wir sind in der Hochburg des Törggelens, wir haben die Qual der Wahl unter den vielen Einkehrmöglichkeiten:
Breitnerhof: Schöner, renovierter Bauernhof. St. Valentin 14, Villanders, Tel. 0472 847808 und 347 4686473
Gasthof Sturm: Verkehrsgünstig an der Zufahrtsstraße nach Villanders gelegen. St. Valentin 7, Villanders, Tel. 0472 847645
Johannserhof: Historischer Bauernhof, flotte Bauersleute. Erzweg 25, Villanders, Tel. 0472 847995 und 349 6046088
Larmhof: Traditionsreicher Buschenschank. Sauders 30, Villanders, Tel. 0472 843163, www.larmhof.it
Winklerhof: Schöner Bauern- und Weinhof. Sauders 25, Villanders, Tel. 0472 843105 und 335 214254, www.winklerhof.eu
Hotel Restaurant Zum Steinbock: Historisches Dorfgasthaus mit feiner Gourmetküche. St. Stefan 38, Villanders, Tel. 0472 843111, www.zumsteinbock.com, Mo. Ruhetag

Die Valentins-Kirche

Das Kirchlein ist dem hl. Valentin geweiht, er ist einer der beliebtesten Heiligen Tirols. 1303 erstmals urkundlich erwähnt, wurde es nach einem Brand 1414 neu errichtet. Aus dieser Zeit stammen die Fresken an der Westfassade, darunter ein Christophorus, eine vorzügliche Arbeit. Im Inneren, auf dem neugotischen Altar, steht links von der Madonna mit Kind und Traube der hl. Valentin, Bischof von Meran-Mais und der Überlieferung nach Bekehrer der Räter. Sein Patrozinium ist der 7. Januar. Rechts der „andere, moderne" Valentin, der Bischof von Terni, Patron der Verliebten, sein Gedenktag ist der 14. Februar.

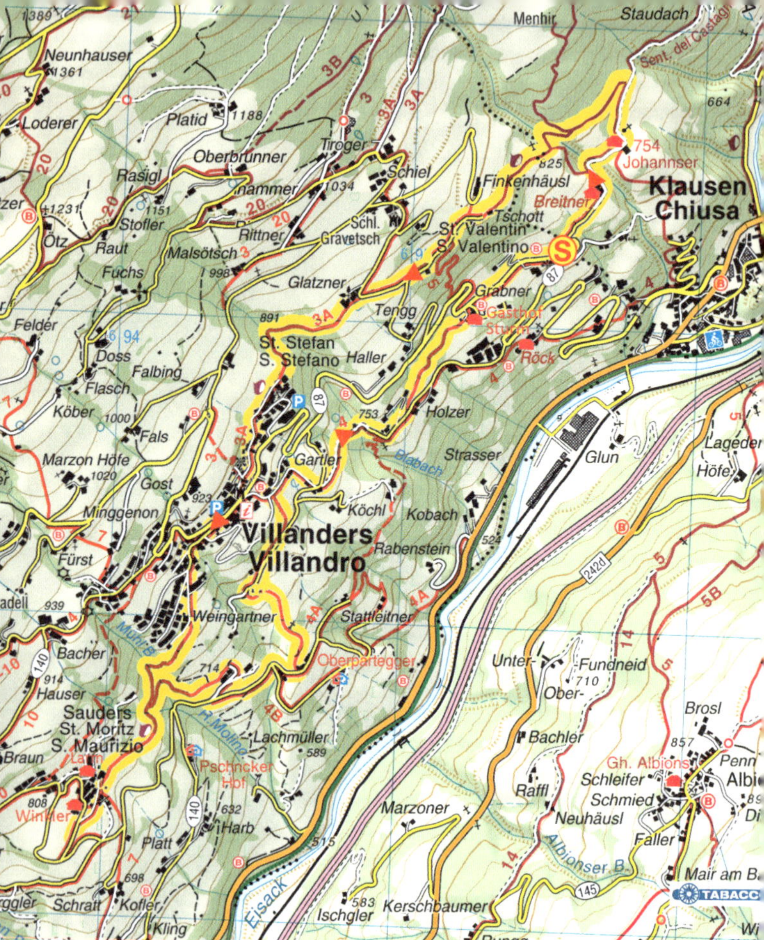

INFOS IN KÜRZE

- Rundwanderung auf zum Teil schmalen Steigen durch Weinberge und Wald
- An der Straße von Klausen nach Villanders, 720 m
- Leicht
- 3 h
- 380 Hm
- 8,2 km
- Frühjahr, Sommer, Herbst
- Von der SS 12 in Klausen nach Villanders abbiegen, nach 2,2 km kleiner Parkplatz gegenüber der Auffahrt vom Erzweg
- Auch mit Linienbus ab Klausen erreichbar, Bedarfshaltestelle am Startpunkt. Fahrplan: www.suedtirolmobil.info
- Im Herbst, zur Törggele-Hochsaison, Vormerkung in den Buschenschänken angeraten

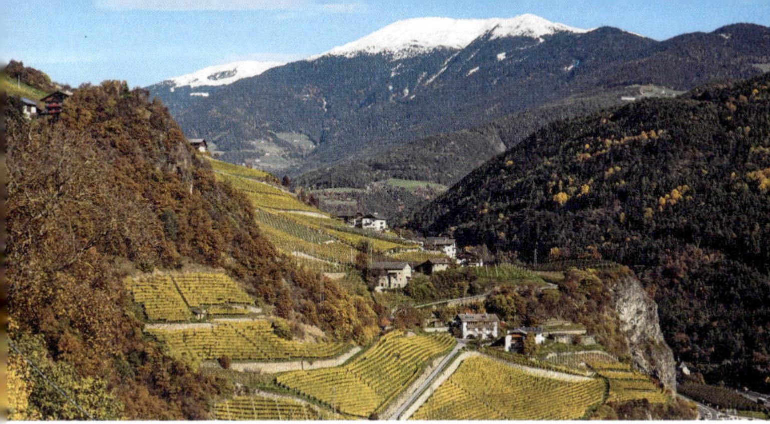

34 Zum Burghügel von Säben

Durch die Klausner Leiten

Für Wanderer und Weinliebhaber sind das Eisacktal und die Landschaft um Klausen sicher ein Höhepunkt! Bei diesem Ausflug von Klausen durch Leitach nach Pardell, Säben und zurück gibt es viel zu sehen: das mittelalterliche Städtchen Klausen, den Kloster- und Burgenkomplex von Säben, mehrere Buschenschänken und Gasthäuser. Und überaus reizvoll ist die Aussicht über den Klosterberg und zu den Dolomitenzacken der Villnösser Geisler.

Vom Dorfplatz in Klausen folgen wir dem Fuß- und Radweg am Eisackufer nordwärts, überqueren vor dem Schwimmbad die Staatsstraße und gehen am Gehsteig bis zur Landesstraße nach Feldthurns. Auf einem parallel dazu verlaufenden Steig (Nr. 15) neben

Das richtige Weinglas

Erst das richtige Glas bringt die Eigenschaften eines Weins voll zur Geltung, aber deshalb brauchen Sie nicht für jeden Wein ein eigenes Glas. Entscheidend ist ein Glas mit ausreichend langem Stiel: An diesem halten wir es nämlich fest, und nicht am Kelch, denn der Wein würde durch die Hand erwärmt. Der Kelch ist nach oben leicht verjüngend, so bündelt er die flüchtigen Aromen und unsere Nase nimmt sie besser wahr, und ganz wichtig: je dünnwandiger das Glas, desto exquisiter ist der Trinkgenuss. Gute Weingläser sind teuer, greifen Sie lieber zu einem Universalglas für Rot und Weiß als zu einem dickwandigen, plumpen. Sogar Bier schmeckt aus einem hochwertigen Universalglas besser.

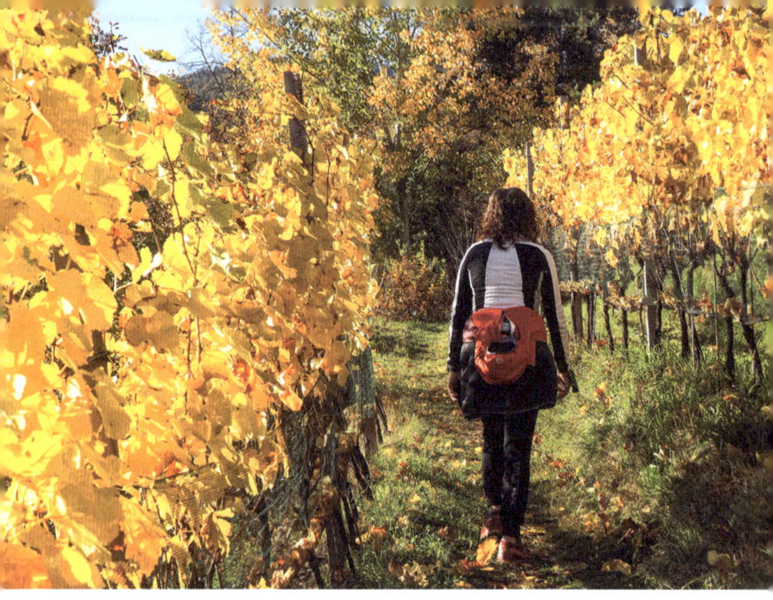

den Leitplanken wandern wir entlang. Nach dem großen Natursteingebäude, dem ehemaligen Sitz der Eisacktaler Kellereigenossenschaft, verlassen wir rechts die Feldthurner Straße und folgen den Markierungen durch schöne Weinberge und Trockenmauern. Tafeln erinnern uns, dass wir auf dem Weinweg unterwegs sind. Es geht bergauf, erneut über die Feldthurner Straße, der Weg dreht, taucht in Buschwald ein und quert nun den Berghang, wir sind in Richtung Klausen-Leitach unterwegs. Auf der asphaltierten Hofzufahrt kommen wir an einem Kruzifixus vorbei zum Hieng, einem Buschen-

Der Grüne Veltliner

Die Veltliner-Rebe kommt trotz ihres Namens nicht aus dem italienischen Veltlin (Valtellina), sondern aus Österreich, wo sie heute die wichtigste Rebsorte ist. Anfang des 20. Jh. gelangte der Grüne Veltliner ins Eisacktal und fand dort beste Bedingungen vor. Auf nur 27 ha werden ausgezeichnete Weine produziert. Lange hing ihm der Ruf eines Massenweins nach. Das sollte sich mit der Ertragsregulierung im Weinberg und besonderem Feingefühl für den Lesetermin ändern. Heute trifft man Veltliner, die ein ausgeprägtes, würziges Bukett aufweisen und ideal in der Flasche reifen können.

In den Weinbergen vom **Spitalerhof** in Leitach bei Klausen stehen alte Veltliner Rebstöcke, aus denen Hotelier und Weinbauer Michael Oberpertinger den „Muga", einen ganz speziellen Veltliner, keltert (siehe Einkehrtipp).

schank, der in toller Aussichtsposition mitten in Reben auf einem steilen Hang liegt. Beim Haus leiten uns Wegweiser durch Weinberge in Richtung Säben, das im Blick liegt. Nach einem kurzen Aufstieg trifft der Steig auf einen breiten Weg, noch wenige Gehminuten bergauf durch Weinberge und Apfelanlagen und wir erreichen unser Zwischenziel, den Gasthof Huber in Pardell. Für den Rückweg gehen wir kurz den Aufstiegsweg zurück und folgen nun den Wegweisern nach Säben. Wir erkunden den Burg- und Klosterberg mit den verschiedenen Kirchen und der Wehrmauer, durch schöne Weinberge schlängelt sich der Weg nach Klausen, das im Blick liegt. Durch die Dorfgasse des mittelalterlichen Städtchens wandern wir zum Stadttor hinaus zum Parkplatz zurück.

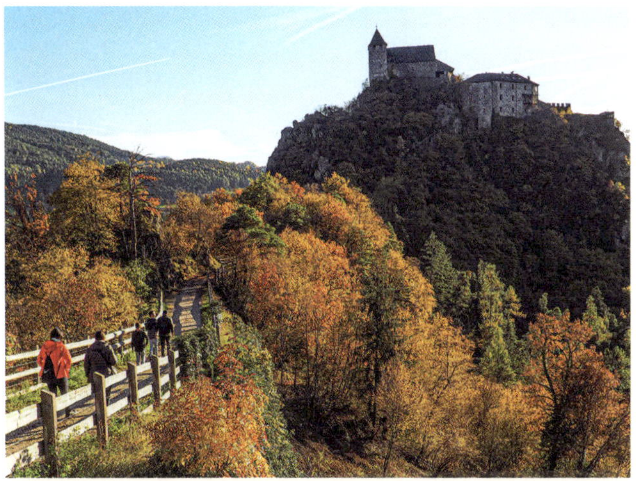

Felsenburg Säben

Auf einem Felsen hoch über dem reizenden mittelalterlichen Städtchen Klausen liegt majestätisch die geschichtsträchtige Felsenburg Säben, bis vor kurzem ein Frauenkloster. Bereits um das 4. Jh. bestand hier eine spätrömische Siedlung, auch eine romanische Bischofskathedrale aus dem 5./6. Jh. wurde nachgewiesen. Die Marienkapelle, die Liebfrauenkirche, die Klosterkirche sowie auf der Spitze der Felsenkuppe die um 1500 errichtete Heiligkreuzkirche mit dem Grabdenkmal des Bischofs Ingenuin (um 600) und der perspektivischen Freskendarstellung einer Säulenhalle können besichtigt werden. Kunsthistorisch Interessierten sei angesichts der Fülle der Sehenswürdigkeiten eine Führung angeraten (Anmeldung beim Tourismusverein Klausen, Tel. 0472 847424).

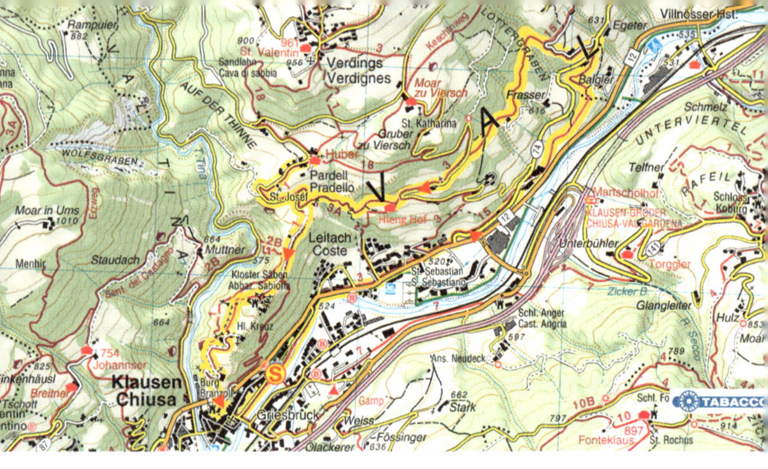

EINKEHRTIPPS

Gasthaus Huber: Traditionsgasthaus mit mehreren Stuben, Schankgarten, typische Südtiroler Speisen und Eigenbauwein. Pardell 50, Klausen, Tel. 0472 855479, März–Dez. geöffnet, Mo. Ruhetag

Hienghof: Uriger Buschenschank in toller Panoramalage, typische Eisacktaler Kost, hervorragender Eigenbauwein. Leitach 60, Klausen, Tel. 0472 847354, Ende Sept. – Mitte Dez. geöffnet, Ende Jan. – Ende April an den Wochenenden

Weingut und Genusshotel Spitalerhof: Das modern umgebaute Hotel liegt direkt am Wanderweg, einen Steinwurf von der Eisacktaler Kellerei entfernt. Michael Oberpertinger, Chef des Hauses und Weinbauer, steht selbst in der Küche und führt auch gerne durch die Weinberge, den Keller und in die Destillerie, aus der Edelbrände kommen. Ein Erlebnis sind die Weinverkostungen der Eigenbauweine. Leitach 46, Klausen, Tel. 0472 847612, www.spitalerhof.it

INFOS IN KÜRZE

- Abwechslungsreiche Wanderung im Zeichen von Wein und Kultur
- Klausen, Stadtzentrum, Marktplatz, 520 m
- ★★ Mittel
- 3 h
- 410 Hm
- 8,3 km
- Jederzeit
- Auf der Brennerstaatsstraße oder Autobahn (Ausfahrt Klausen) nach Klausen. Gebührenpflichtige Parkplätze am nördlichen Stadtrand, am Marktplatz. Freie Parkplätze am Schwimmbad
- Sowohl Bus- als auch Bahnhaltestelle, Fahrplan: www.suedtirolmobil.info

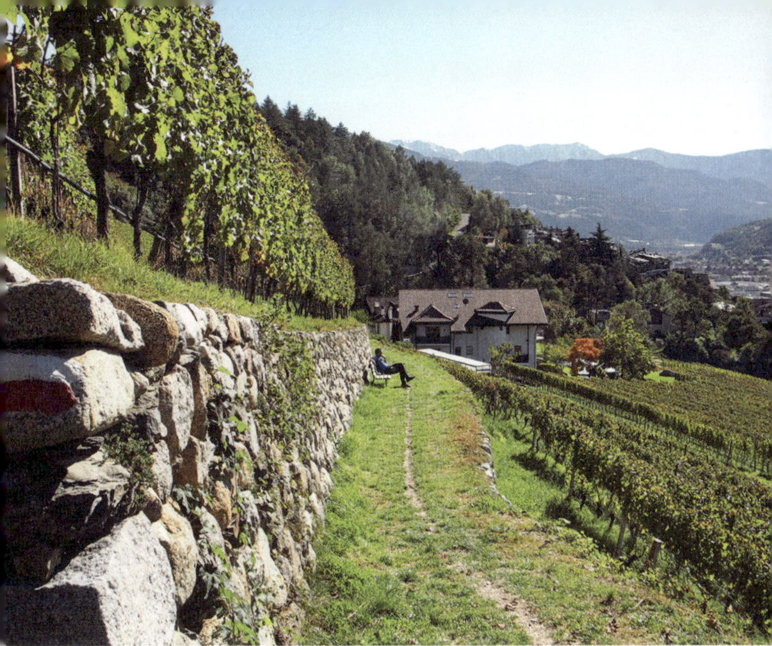

35 Von Brixen nach Kranebitt und Elvas

Auf die Sonnenseite der Bischofsstadt

Die Süd- und Westhänge des Höhenrückens im Nordosten von Brixen sind bestes Weinbaugebiet, während das daran anschließende Hochplateau mit den Dörfern Elvas, Raas und Natz-Schabs teils bewaldet, teils von Apfelanlagen überzogen ist. Ein Netz von schönen und leichten Wanderwegen überzieht die Hänge und die Hochfläche. Wie ein Amphitheater umfassen die sonnigen Weinbergterrassen den Talkessel mit dem geschichtsträchtigen kleinen Städtchen, in dem die vielen Kirchtürme an die Bedeutung Brixens als Sitz der fürstbischöflichen Geistlichkeit erinnern.

Wir starten in Brixen, an der Adler-Brücke über den Eisack. An der Ecke der Stufelser Gasse finden wir schon die hölzernen Wander-Wegweiser, wir folgen der Nr. 1, „Elvas", bergauf durch Stufels, den ältesten Stadtteil Brixens. An der Seeburg vorbei, durch ein Wäldchen und nun auf einem Steig erreichen wir die Einfahrt zum Buschenschank Guggerhof, gehen zum Hof und weiter bis zur Kante der Eisackschlucht. Der Weg (immer Nr. 1) geht zwischen Trockenmauern bergauf, nächstes Ziel ist das Örtchen Elvas. Am nordöstlichen Ortsende kehren wir beim Buschenschank Huberhof ein. Für

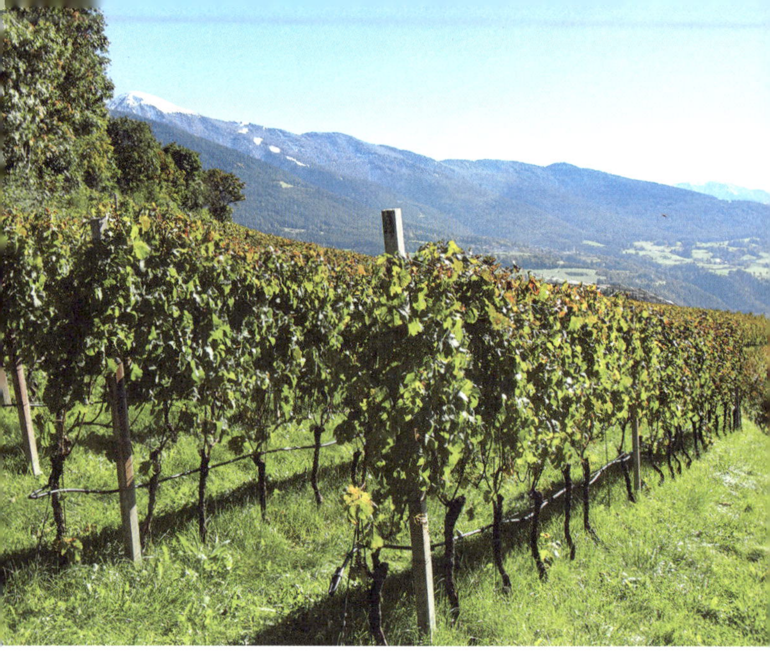

den Rückweg gehen wir ein Stück zurück, nach den letzten Häusern im Süden von Elvas biegen wir an einer Wegteilung rechts ab und umrunden einen bewaldeten Hügel, der Weg führt am Nachbau eines römischen Aussichtsturms und an geheimnisvollen Felszeichnungen vorbei. Teile unseres Wegs sind auch als „Archeoweg" ausgeschildert, finden sich doch interessante Zeugnisse der Vorgeschichte Brixens am Weg. Durch Apfelanlagen und Weinberge, entlang schöner Trockenmauern aus Granit kommen wir wieder zur Einfahrt des Guggerhofs. Wir nehmen dort wieder ein Stück des Aufstiegswegs, bei einer Kreuzung biegen wir rechts auf dem „Pinatzweg" mit der Nr. 10 ab, er bringt uns mit schönem Ausblick durch Weinberge und die Villensiedlung der Stadtteile Kranebitt und Stufels nach Brixen zurück.

Stufels und Elvas, uraltes Siedlungsgebiet

Archäologen haben im Brixner Stadtteil Stufels bedeutende Siedlungsspuren gefunden, auch auf den Hängen darüber bis Elvas lebten schon vor Jahrtausenden sesshafte Bauern, dort befanden sich deren Äcker und Weiden, wie Info-Tafeln am Weg erläutern. Zu sehen sind auch Gletscherschliffe mit eingravierten Grübchen und Mustern. In Elvas wird an Ausgrabungen gearbeitet, eine hölzerne Aussichtsplattform bietet tolle Ausblicke über das Tal. Der Nachbau eines Aussichtsturms und einer Palisade soll an die Besiedlung und Schutzbauten zur Römerzeit erinnern.

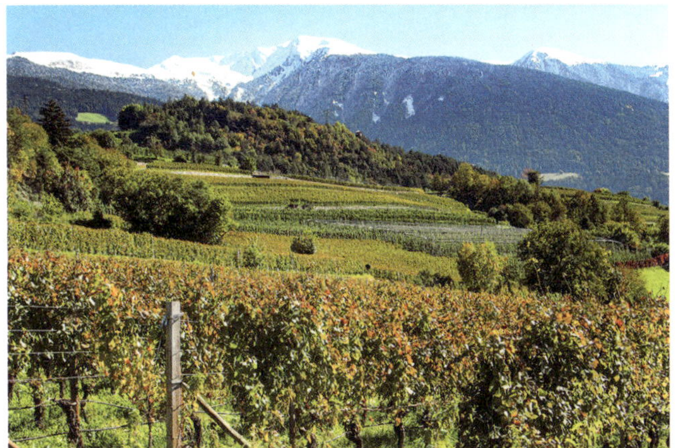

 Das Tal der Weißweine

Von Bozen nach Brixen zieht sich das Eisacktal hin, rechts liegen die Dolomiten, deren Spitzen hie und da hervorlugen, links wird es von den Sarner Alpen begrenzt. Anfangs eng und schluchtig, weitet es sich bei Klausen etwas, um bei Brixen in einen weiten Talkessel zu münden. Das Tal ist nicht nur eng, je weiter wir nach Norden kommen, wird es auch merklich kühler. Und genau dieses spezielle Mikroklima mit warmen Tagen und dem kühlen Bergwind nachts ist ideal für den Anbau von Weißweinen. Dazu kommen noch ganz besondere Bodenverhältnisse mit Schiefer, Gneis und Granit, bei Klausen steht der gebänderte Quarzphyllit an, zwischen Waidbruck und Bozen treffen wir auf Vulkanit (Bozner Porphyr), Geländeschultern bestehen oft aus schottrigen Gletschermoränen und Flussablagerungen. Diese Vielfalt überträgt sich auf die Weine: Sie schmecken nicht so fein, geschliffen, sondern leicht aufgeraut und „gripig", man spricht auch von der Mineralität im Wein.
Auf den sonnenexponierten Südhängen wurden bis in die 1960er-Jahre rote Reben (Zweigelt, Vernatsch) angepflanzt, meist für den lokalen Verbrauch. In den folgenden Jahren begann im Eisacktal der rasante Aufstieg der weißen Sorten. Das Eisacktal, nördlichstes Weinbaugebiet Italiens, entwickelte sich zum neuen Star der Weißweinszene. Die italienische Gastronomie verlangte nach frischen, fruchtigen Weißweinen – und die Produzenten freuen sich über den guten Absatz. Gegenwärtig werden 86 % Weißweine und 14 % Rotweine erzeugt, die vorherrschenden weißen Sorten sind Sylvaner, Müller-Thurgau, Kerner, Sauvignon, Gewürztraminer und etwas Veltliner. Auch im Eisacktal macht sich die Klimaerwärmung spürbar, die Reben klettern immer höher, die 1.000-m-Grenze ist schon überschritten.

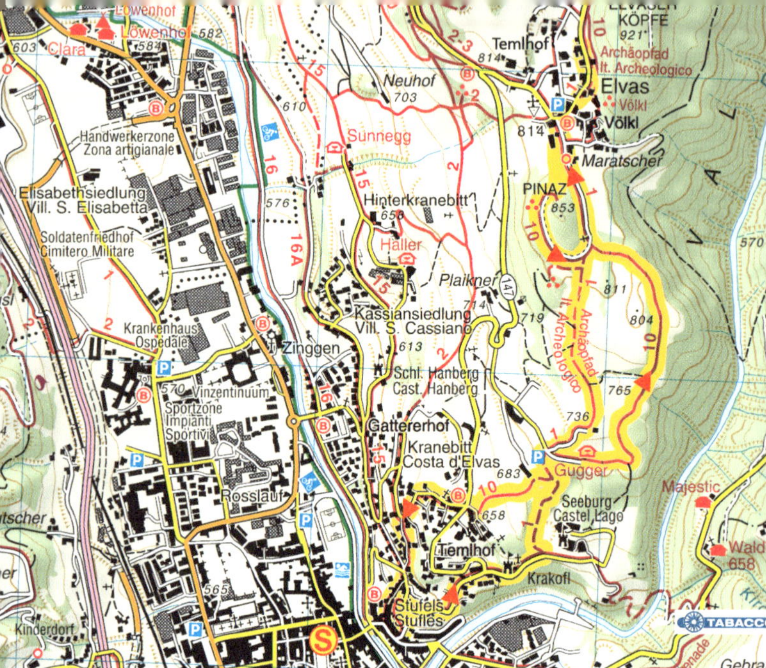

EINKEHRTIPPS

Buschenschank Guggerhof: Eine absolute Vorzeigeadresse, wo es nicht nur ausgezeichneten Rot- und Weißwein, sondern auch eine einfache, aber überaus schmackhafte Tiroler Kost gibt. Panoramaterrasse, Tische unter großer Pergola. Kranebitt 15, Brixen, Tel. 0472 835319, Mitte März – Mitte Mai und Mitte Sept. – Ende Nov. geöffnet, Mo. Ruhetag
Huberhof: Beliebtes Ausflugsgasthaus und Buschenschank, Eigenbauweine. Laugenstraße 27, Brixen-Elvas, Tel. 0472 830240, www.huberhof.net

INFOS IN KÜRZE

- Wanderung durch sonnige Weinhänge mit Brixen-Blick
- Brixen, Zentrum, Adlerbrücke
- Leicht
- 2 h 10 min
- 290 Hm
- 6,8 km
- Ganzjährig, bei wenig Schnee auch im Winter begehbar
- Start in Brixen
- Bus und Bahn bis Brixen, www.suedtirolmobil.info

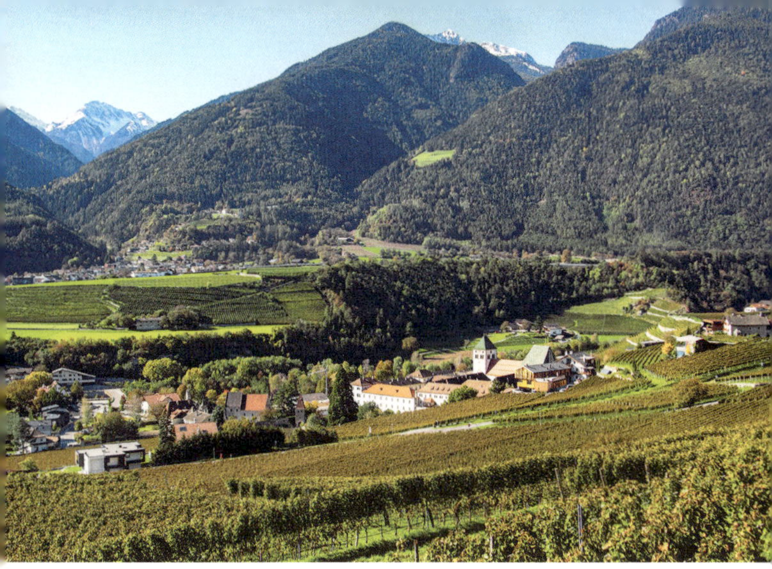

36 Durch die Weinberge beim Kloster Neustift

Im Einflussgebiet der Augustiner Chorherren

In einer geschützten Mulde nördlich von Brixen liegt das Kloster der Augustiner-Chorherren. Auf den sonnenverwöhnten Hängen breiten sich ausgedehnte Rebanlagen aus, es sind die nördlichsten zusammenhängenden Weingärten Italiens, hier wachsen die berühmten fruchtigen, spritzigen Eisacktaler Weißweine, Aushängeschilder der Südtiroler Weinkultur. Durch diese Landschaft unternehmen wir eine kurze Rundwanderung. Am Weg finden wir neben herrlicher Aussicht und besonderen Kunstschätzen im Kloster auch mehrere gute Einkehrmöglichkeiten.

Ausgangspunkt ist der Parkplatz beim Kloster Neustift, wo wir uns an der Panoramatafel kurz orientieren. Wir überqueren den Eisack und gehen über einen Asphaltweg, der nach den letzten Häusern von Neustift in einen geschotterten Feldweg übergeht, zum Griesserhof, einem bekannten Buschenschank und Weinhof. Die Markierung „T" auf blauem Feld („Törggelesteig") führt uns durch Apfelanlagen und Weinberge zum Schalderer Bach, an den Hotels Clara und Löwen (beides Einkehrmöglichkeiten) vorbei zum Eisack. Beim Käsespezialisten Degust geht es unter der Pustertaler Staats-

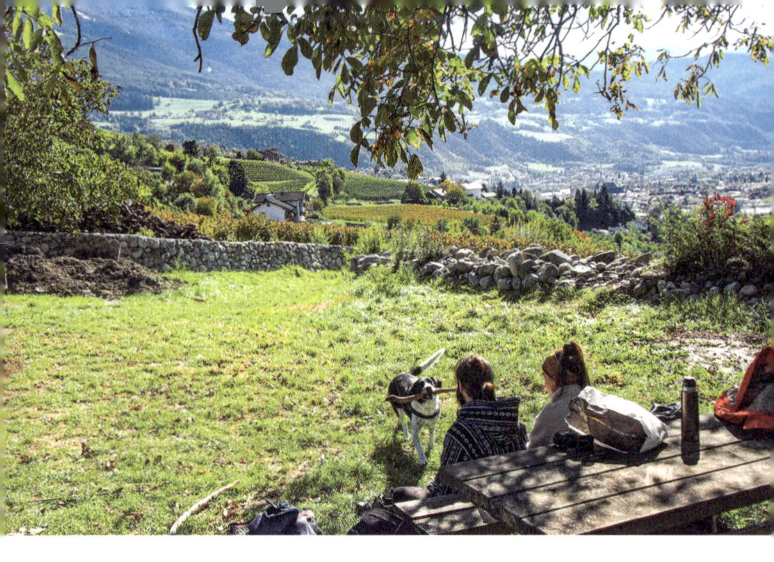

So ein Käse!

Der exklusive Käseladen Degust von Edith und Hansi Baumgartner liegt direkt am Weg, nahe der Eisackbrücke. Der ehemalige Sternekoch hat den Kochlöffel abgegeben und widmet sich mit Leidenschaft dem Käse, er wählt und veredelt Nischenprodukte kleiner Käsereien. Informieren Sie sich im Rahmen einer Degustation in seiner Käserei: Degust, Eisackstraße 22, Vahrn, Tel. 0472 849873, www.degust.com

Weinlagerung: Wie lange ist Wein haltbar?

Alte Weine in Ihrem Keller sind leider meist keine Schätze! Die meisten Weine werden trinkreif abgefüllt und sollten innerhalb von 2 bis max. 3 Jahren getrunken werden. Nur etwa 10–15 % der Weine können noch länger gelagert werden, von diesen wiederum profitieren nur wenige von der Lagerzeit und werden besser. Die meisten Weine werden vom Kellermeister so ausgebaut, dass sie schon nach der Abfüllung die optimale Trinkreife haben. Extrakt, Säure, Schwefelgehalt und Alkohol beeinflussen die Lagerfähigkeit, bei Rotweinen hängt sie hauptsächlich vom Tanningehalt ab. Bei Weißweinen ist die Säure der Garant für eine lange Lagerung. Ein guter Weinkeller sollte eine konstant kühle Temperatur (ca. 12°) aufweisen, dunkel und nicht zu trocken sein. Wer keinen Keller hat, lagert seine Weinbestände optimalerweise im Weinklimaschrank. Flaschen mit echtem Korken müssen liegend lagern. Auch die Flaschengröße wirkt sich positiv auf die Lagerung aus, deshalb greifen Weinliebhaber gerne zur Magnumflasche (1.500 ml).

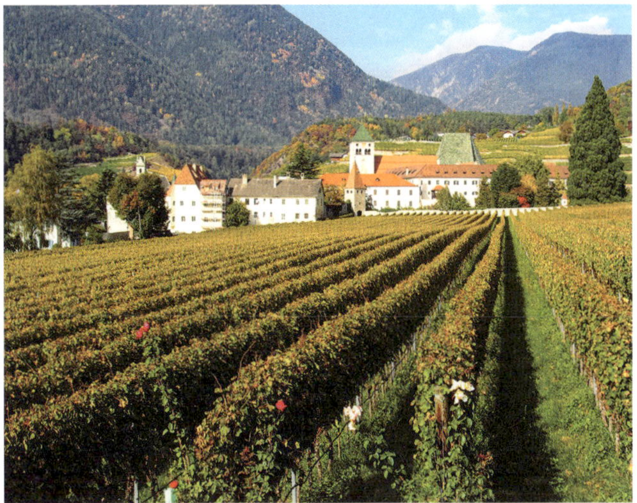

Kloster Neustift

Das Augustiner Chorherrenstift Neustift ist in jüngster Zeit besonders dank seiner Klosterkellerei, dem Schankbetrieb im Stiftskeller und dem Klosterladen zum Ziel der Touristenströme geworden. Berühmt sind die barocke Stiftskirche mit den Deckenfresken von Matthäus Günther, der mittelalterliche Kreuzgang, die Bibliothek und die Pinakothek. Nehmen Sie sich Zeit für eine Führung! Tel. 0472 824325, www.kloster-neustift.it, So. geschlossen

straße durch und nun am linken Eisackufer entlang auf dem gekiesten Rad- und Gehweg Richtung Brixen. Nach einem Kinderspielplatz dürfen wir die Abzweigung nach links auf einen kleinen Steig, einer Mauer entlang bergauf zum Gasthof Sunnegg (Einkehrmöglichkeit), nicht verpassen. Hier dreht der Weg (Nr. 15) nach Norden. An schönen Trockenmauern aus Granitsteinen entlang bringt er uns auf eine aussichtsreiche Anhöhe mit Tisch und Bank. Bald mündet der Feldweg in eine Asphaltstraße, hier geht es wieder kurz bergauf, der Markierung „Elvas" entlang, bis zu den Häusern der Siedlung Seiserleite. Von dort bringt uns die Straße in wenigen Minuten, wieder etwas bergab, zum traditionsreichen Buschenschank und Hotel Alter Pacher (Einkehrmöglichkeit), der, wie schon der Name sagt, am Bach in einer Mulde liegt. Hinter dem Haus führt ein Steig durch Weinreben und dann auf Asphalt zum Weinhof und Buschenschank Strasserhof, von dort kehren wir auf Steig Nr. 4 nach Neustift, das bereits im Blickfeld liegt, zurück.

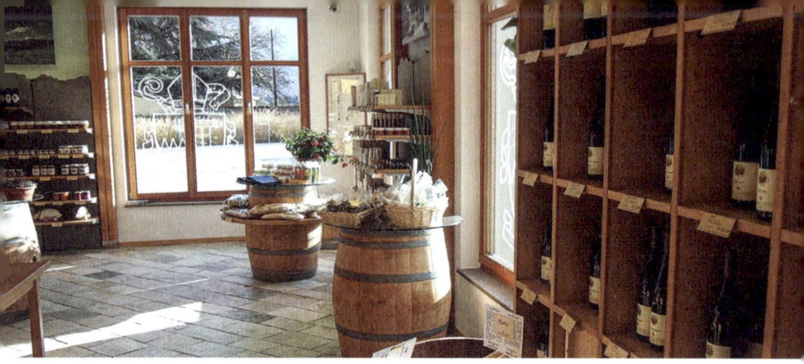

EINKEHRTIPPS

Sunnegg: Mitten in den Kranebitter Weinbergen gelegener Gasthof mit Brixen-Aussicht und guter Küche. Weinbergstraße 67, Brixen-Kranebitt, Tel. 0472 834760, www.sunnegg.com, Mi. und Do. Mittag Ruhetag
Griesserhof: Stilvoll und teils modern ausgebauter Bauern- und Weinhof. Grießweg 5, Vahrn, Tel. 0472 834805 und 339 6691485, www.griesserhof.it, Mitte Sept. – Ende Feb. geöffnet, Dez. – Ende Feb. Di. Ruhetag, Weinverkauf ganzjährig
Hotel Weingut Pacherhof: Historischer Weinhof, moderner An- und Erweiterungsbau mit Hotel. Michael-Pacher-Straße 1, Neustift/Vahrn, Tel. 0472 835717, www.pacherhof.com, 1. April – 10. Jan. geöffnet, Mo. Ruhetag
Strasserhof: Historischer Weinhof, schöne Stuben, erlesene Weine. Unterrain 8, Neustift/Vahrn, Tel. 0472 830804, www.strasserhof.info, Mitte Sept. – Ende Nov. ab 15 Uhr, Sa. und So. ab Mittag, Mo. Ruhetag

Der Sylvaner

In seiner grünen Spielart ist der Sylvaner die Hauptsorte des Eisacktals, wo die allermeisten der auf 69 ha in Südtirol angebauten Reben stehen. Diese alte Rebsorte ist in Deutschland weit verbreitet und wurde um 1900 in Südtirol eingeführt. In warmen Hanglagen mit schottrigen Verwitterungsböden zwischen 500 und 750 m fühlt sich die Sylvanerrebe besonders wohl, dann entwickelt der Wein kernige Säure und Fruchtigkeit. Charakteristisch für einen jungen Sylvaner ist der Duft nach frischen Kräutern und Heu, gönnt man ihm ein paar Jahre Flaschenreife, kann er mit Stachelbeeren-, Quitten- und Karamellnoten überraschen.

☞ Bei der Verkostung der typischen Eisacktaler Weine ist die **Klosterkellerei** ein Muss, wir treffen auf eine Konzentration von Kultur und auf über 800 Jahre Weintradition, ein Gesamterlebnis der Extraklasse. Augustiner Chorherrenstift Neustift, Stiftstraße 1, Vahrn, Tel. 0472 836189, www.kloster-neustift.it, So. Ruhetag!

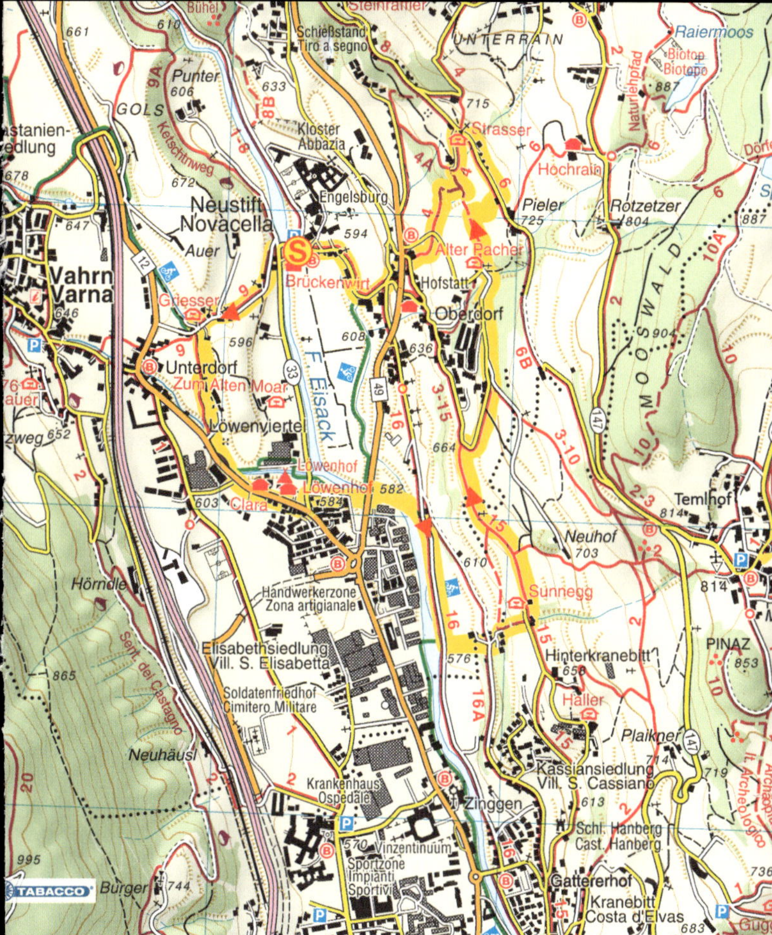

INFOS IN KÜRZE

- Einfache Rundwanderung durch die Brixner Weinberge, streckenweise auf dem mit „T" ausgeschilderten Törggelesteig
- Neustift, am Parkplatz beim Kloster, 590 m
- Leicht
- 1 h 40 min
- 160 Hm
- 6 km
- Frühjahr, Herbst
- Auf der SS 12, der Brennerstaatsstraße, bis Neustift am Nordrand von Brixen, Parkplatz Neustift, am Kloster
- Auch mit Linienbus von Brixen erreichbar, Fahrplan: www.suedtirolmobil.info
- Am Weg mehrere Weinhöfe für Weinprobe und -kauf, großes Angebot an Südtiroler Produkten im Klosterladen Neustift

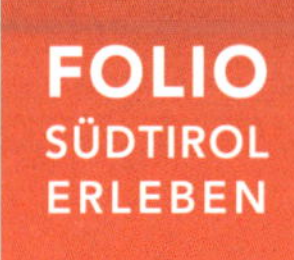

Mit Folio Südtirols schönste Seiten erleben!

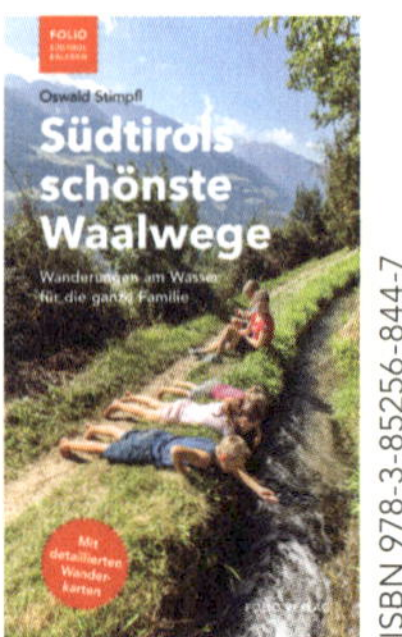

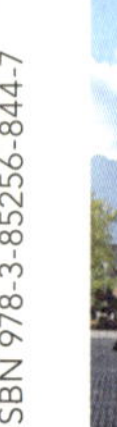

ISBN 978-3-85256-844-7

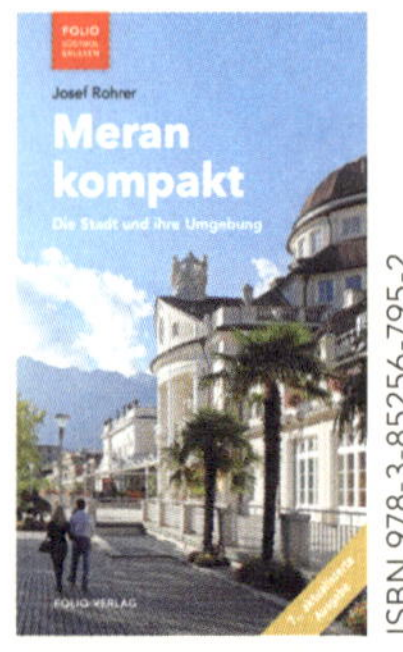

ISBN 978-3-85256-795-2

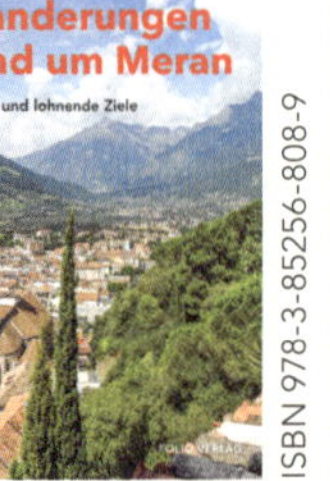

ISBN 978-3-85256-808-9

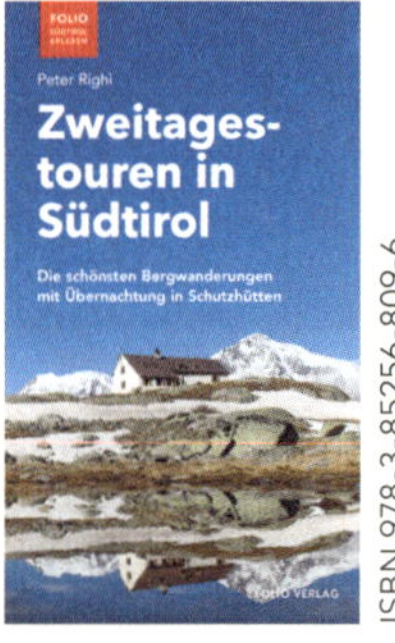

ISBN 978-3-85256-809-6

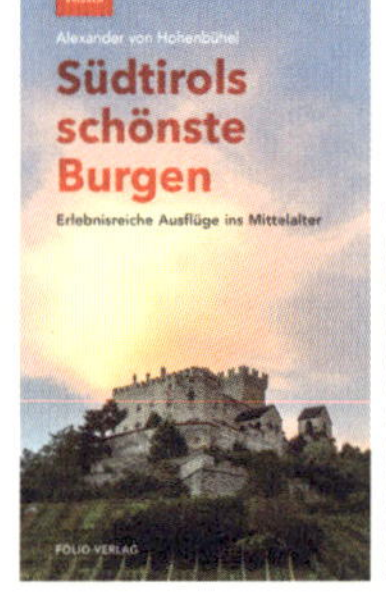

ISBN 978-3-85256-743-3

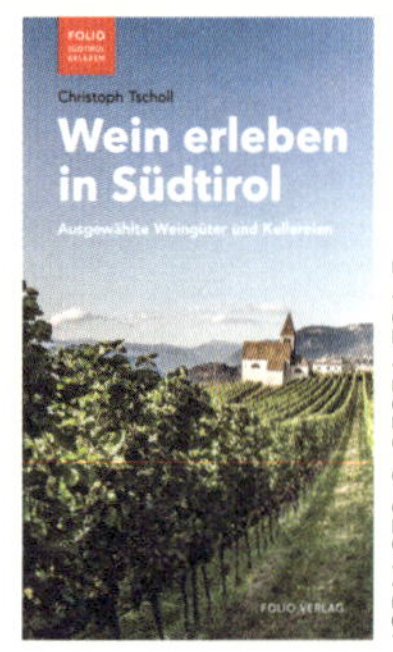

ISBN 978-3-85256-794-5

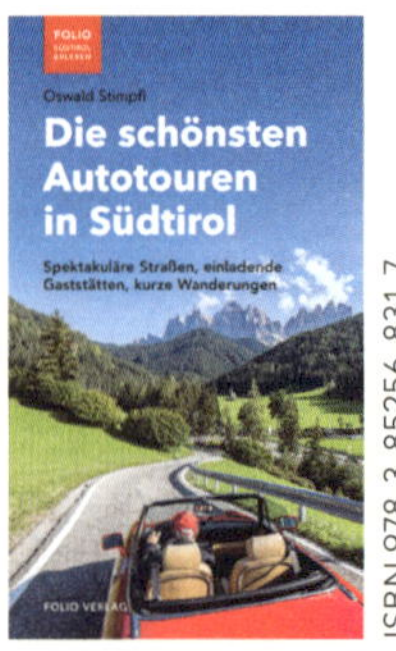

ISBN 978-3-85256-831-7

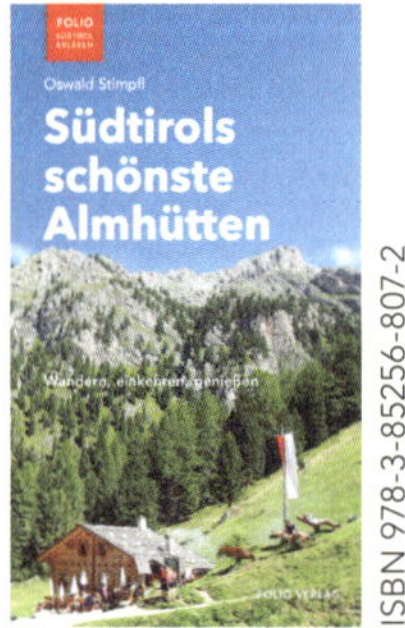

ISBN 978-3-85256-807-2

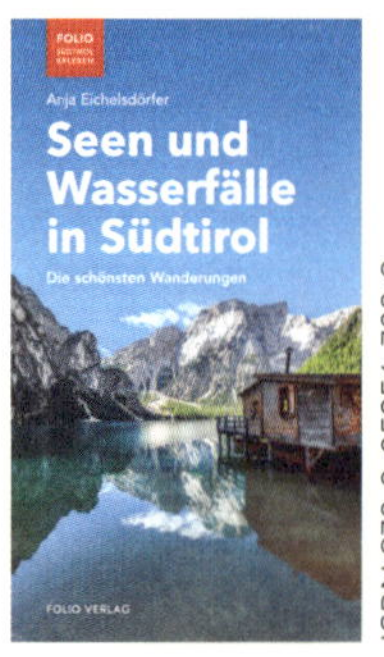

ISBN 978-3-85256-783-9

www.folioverlag.com